中小企業診断士2次試験

ふぞろいな答案分析 7

【2022～2023年版】

ふぞろいな合格答案プロジェクトチーム 編

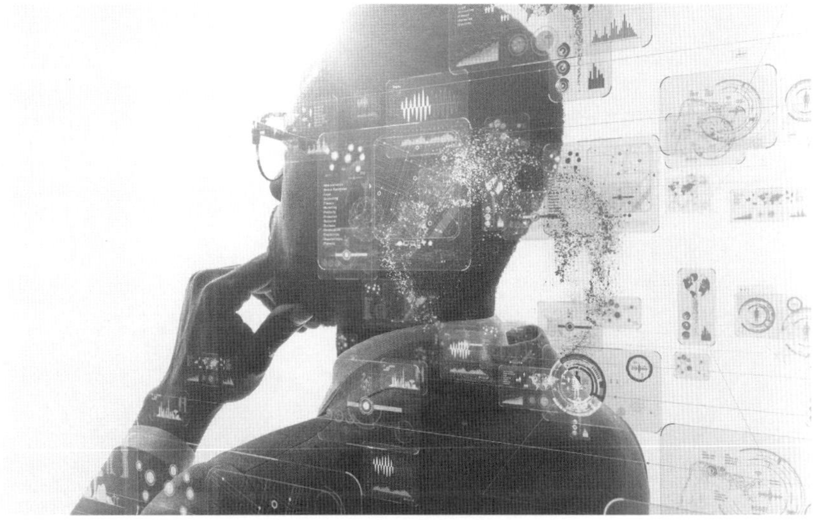

同友館

はじめに

『ふぞろいな答案分析７』は、中小企業診断士２次試験の合格を目指す受験生のために作成しています。令和４年度試験を分析した『ふぞろいな合格答案エピソード16』、令和３年度試験を分析した『ふぞろいな合格答案エピソード15』の２年分の本から「答案分析編」を再編集したものです。

分析した再現答案は、ふぞろい16では424枚、ふぞろい15では368枚です。年々、分析内容が充実していくと同時に、多くの受験生のご協力で成り立っていることを実感いたします。本書に掲載されていた答案分析に加え受験勉強に役立つ情報を掲載しています。ぜひ受験勉強にお役立てください。

『ふぞろいな合格答案』の理念

１．受験生第一主義

本書は、「受験生が求める、受験生に役立つ参考書づくりを通して、受験生に貢献していくこと」を目的としています。プロジェクトメンバーに２次試験受験生も交え、できる限り受験生の目線に合わせて、有益で質の高いコンテンツを目指しています。

２．「実際の合格答案」へのこだわり

「実際に合格した答案には何が書かれていたのか」、「合格を勝ち取った人は、どのような方法で合格答案を作成したのか」など、受験生の疑問と悩みは尽きません。我々は実際に十人十色の合格答案を数多く分析することで、実態のつかみにくい２次試験の輪郭をリアルに追求していきます。

３．不完全さの認識

採点方法や模範解答が公開されない中小企業診断士２次試験。しかし毎年1,600名前後の合格者は存在します。「合格者はどうやって２次試験を突破したのか？」、そんな疑問にプロジェクトメンバーが可能な限り収集したリソースの中で、大胆に仮説・検証を試みます。採点方法や模範解答を完璧に想定することは不可能である、という事実を謙虚に受け止め、認識したうえで、本書の編集制作に取り組みます。

４．「受験生の受験生による受験生のための」参考書

『ふぞろいな合格答案』は、２次試験受験生からの再現答案やアンケートなどによって成り立っています。ご協力いただいた皆様に心から感謝し、お預かりしたデータを最良の形にして、我々の同胞である次の受験生の糧となる内容の作成を使命としています。

令和４年度中小企業診断士試験より、２次試験の全科目を受験した方には、科目ごとの得点が通知されるようになりました。『ふぞろいな合格答案』は、得点結果に基づき、得点区分（ＡＡＡ、ＡＡ、Ａ、Ｂ、Ｃ、Ｄ。ただし、令和３年度試験のエピソード15では合格、Ａ、Ｂ、Ｃ、Ｄ）によって重みづけを行い、受験生の多くが解答したキーワードを加点要素として分析・採点しています。いただいた再現答案と実際の答案との差異や本試験との採点基準の相違などにより、ふぞろい流採点と開示得点には差異が生じる場合があります。ご了承ください。

目 次

本書の使い方

本書では、令和４年度、令和３年度で全部で792名の２次試験受験生にご協力いただき、収集した再現答案をもとに解答ランキングを作成し、分析を行いました。

合格者に限らず未合格者を含めた答案を、読者の皆様が分析しやすいように整理して、「解答ランキング」と「採点基準」を掲載しています。また、分析中に話題になった論点についての特別企画も併せて掲載しています。実際の本試験で書かれたＡ以上答案（令和３年度試験の「ふぞろい15」では合格＋Ａ答案）がどのように点数を積み重ねているのかを確認し、あなたの再現答案採点に活用してください。

【解答ランキングとふぞろい流採点基準の見方】

・解答キーワードの加点基準を「点数」として記載しています。あなたの再現答案の中に、記述されている「解答」と同じ、または同等のキーワードについて点数分を加算してください。

・右上の数は、提出いただいた再現答案のうち分析データとして採用した人数です。

・グラフ内の数字は、解答ランキングのキーワードを記述していた人数です。

●解答ランキングとふぞろい流採点基準

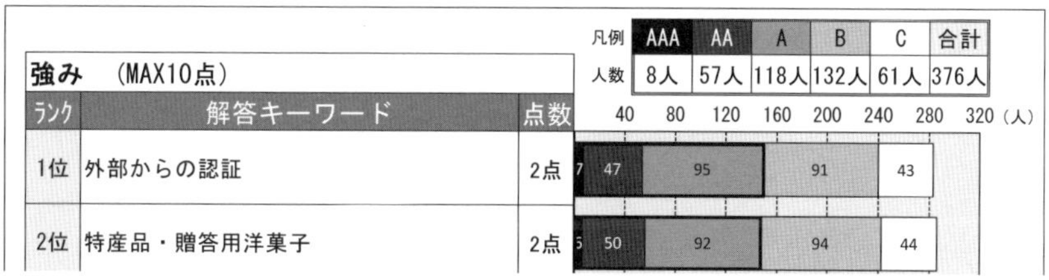

【解答ランキングと採点基準の掲載ルール】

「解答ランキング」と「採点基準」は以下のルールに則って掲載しています。

(1)　再現答案から、Ａ以上答案の解答数が多かったキーワード順、またＡ以上答案の数が同じ場合は全体の数に対してＡ以上答案の割合が高いほうを優先して解答ランキングを決定しています。

(2)　原則、上記ランキングに基づいて解答の多い順に点数を付与します。

(3)　解答に記述すべき要素をカテゴリーに分け、それぞれ「MAX 点」を設定しています。各カテゴリーのなかに含まれる解答キーワードが多く盛り込まれていても、採点上はMAX 点が上限となります。

【注意点】

(1)　「採点基準」は本試験の採点基準とは異なります。また、論理性や読みやすさは含んでいません。

(2)　たとえ正解のキーワードであっても、A以上答案で少数だったり、受験生全員が書けなかった場合は、低い点数になったり、掲載されない可能性があります。

(3)　題意に答えていないキーワードなど、妥当性が低いと判断される場合は採点を調整していることがあります。また、加点対象外でも参考に掲載する場合があります。

【再現答案】

・再現答案の**太字・下線**は、点数が付与されたキーワードです。

・答案の右上に記載された上付きの数字は点数を表しています。ただし、MAX点を上限として採点しているため、数字を足しても「点」と一致しない場合があります。

・「区」：一般社団法人中小企業診断協会より発表された「得点区分」を意味します。

●再現答案

区	再現答案	点	文字数
AAA	強みは①**高品質**[1]な農産物②**有能な従業員**[1]③地元百貨店での**贈答品**[2]販売④**地元菓子メーカーと連携**[1]した**人気**[1]洋菓子。⑤消費者ニーズに対応し**認証**[2]取得。弱みは①**不明確な業務分担**[3]②**需給調整への対応**[3]③新規就農者の**低い定着率**[3]。	17	100

【難易度】

「解答ランキング」の解答の傾向に応じて、「難易度」を設定し、それぞれ「みんなができた（★☆☆）」、「勝負の分かれ目（★★☆）」、「難しすぎる（★★★）」と分類しています。各設問の解答状況がイメージできます。

【活用例】

(1)　解答ランキングをみて自分の解答と比較する

A以上答案がどのように得点しているのか、どのようなキーワードを含んでいるのかを確認し自分の答案と比較してみましょう。また内容やその他のキーワード、比率をみて自分なりに過去問を分析しましょう。

(2)　再現答案を見る

受験生の再現答案が合格答案から順に掲載されていますので、受験時に到達すべき答案のレベル感を確認しましょう。A以上答案、B答案、C答案の違いを理解し、他の人の書き方などを参考にしましょう。

(3)　マイベスト答案を作る

自分なりのベスト答案を作ってみましょう。他の人の文章構成や表現方法を参考に自分の書きやすいベスト答案を作ることで、編集力が高まりより実戦的な解答力を養うことができるでしょう。

活用は人それぞれです。自分なりに活用することで効果的な学習に役立ててください。

～合格に一番大切なこと～

兎にも角にも諦めない！

第1章

令和4年度試験 答案分析

（2023年版）

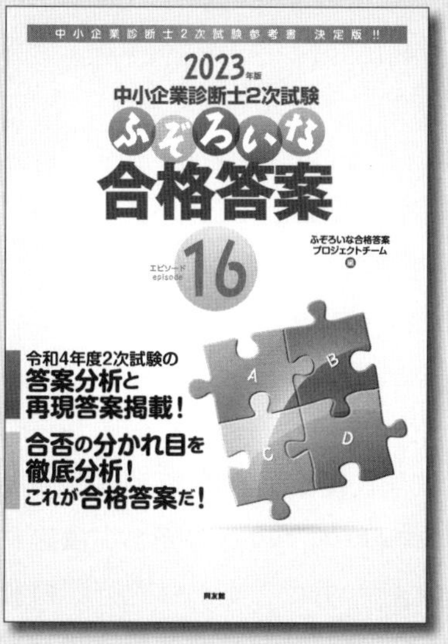

【登場人物紹介】

〈大空 真央（おおぞら まお（67歳 女））〉（以下、先生）
愛のある診断士を育てるため指導に励んでいる。職歴は旅館の女将から現代文講師など多岐にわたる。愛のない誤答への指摘は厳しいが、若者文化にも造詣の深い頼れる先生。

〈永友 柊斗（ながとも しゅうと）（36歳 男）〉（以下、永友）
長く海外で活躍していたが、数年前に帰国し受験への挑戦を開始。自慢のスタミナで過去問を何百周とこなしてきたが、それゆえに思考がパターン化してしまうことも。勉強の息抜きは体幹トレーニング。

〈ふぞ塾 多辺（ふぞじゅく たべ）（39歳 女）〉（以下、多辺）
グルメが大好きなストレート受験生。好きなお店の味を守るために経営の勉強が必要だと感じ試験に挑戦。素直な性格で、人の気持ちに寄り添いすぎるあまりセオリーから外れた解答を作ってしまうことも。

第1節　ふぞろいな答案分析

▶事例Ⅰ（組織・人事）

令和４年度　中小企業の診断及び助言に関する実務の事例Ⅰ（組織・人事）

Ａ社は、サツマイモ、レタス、トマト、苺（いちご）、トウモロコシなどを栽培・販売する農業法人（株式会社）である。資本金は1,000万円（現経営者とその弟が折半出資）、従業員数は40名（パート従業員10名を含む）である。Ａ社の所在地は、水稲農家や転作農家が多い地域である。

Ａ社は、戦前より代々、家族経営で水稲農家を営んできた。69歳になる現経営者は、幼い頃から農作業に触れてきた体験を通じて農業の面白さを自覚し、父親からは農業のイロハを叩き込まれた。当初、現経営者は水稲農業を引き継いだが、普通の農家と違うことがしたいと決心し、先代経営者から資金面のサポートを受け、1970年代初頭に施設園芸用ハウスを建設して苺の栽培と販売を始める。同社の苺は、糖度が高いことに加え、大粒で形状や色合いが良く人気を博した。県外からの需要に対応するため、1970年代後半にはハウス１棟、1980年代初頭にはハウス２棟を増設した。その頃から贈答用果物として地元の百貨店を中心に販売され始めた。1980年代後半にかけて、順調に売上高を拡大することができた。

他方、バブル経済崩壊後、贈答用の高級苺の売上高は陰りを見せ始める。現経営者は、次の一手として1990年代後半に作り方にこだわった野菜の栽培を始めた。当時限られた人員であったが、現経営者を含め農業経験が豊富な従業員が互いにうまく連携し、サツマイモを皮切りに、レタス、トマト、トウモロコシなど栽培する品種を徐々に広げていった。この頃から業務量の増加に伴い、パート従業員を雇用するようになった。

Ａ社は、バブル経済崩壊後の収益の減少を乗り越え、順調に事業を展開していたが、1990年代後半以降、価格競争の影響を受けるようになった。その頃、首都圏の大手流通業に勤めていた現経営者の弟が入社した。現経営者が生産を担い、弟は常務取締役として販売やその他の経営管理を担い、二人三脚で経営を行うようになる。現経営者と常務は、新しい収益の柱を模索する。そこで、打ち出したのが、「人にやさしく、環境にやさしい農業」というコンセプトであった。常務は、販売先の開拓に苦労したが、有機野菜の販売業者を見つけることができた。Ａ社は、この販売業者のアドバイスを受けながら、最終消費者が求める野菜作りを行い、2000年代前半に有機JASとJGAP（農業生産工程管理）の認証を受けた。

また、Ａ社では、地元の菓子メーカーと連携し、同社の栽培するサツマイモを使った洋菓子を共同開発した。もともと、Ａ社のサツマイモは、上品な甘さとホクホクとした食感

～合格に一番大切なこと～
何がなんでも受かりたいという気持ち。

があり人気商品であった。地元菓子メーカーと開発した洋菓子は、販売開始早々、地元の百貨店から贈答用としての引き合いが入る人気商品となった。この洋菓子は、地域の新たな特産品としての認知度を高めた。

他方、業容の拡大に伴い、経営が複雑化してきた。現経営者は職人気質で、仕事は見て盗めというタイプであった。また、Ａ社ではパート従業員だけではなく、家族や親族以外の正社員採用も行い従業員数も増加していた。しかし、従業員間で明確な役割分担がなされていなかった。そこに、需給調整の問題も生じてきた。作物は天候の影響を受ける。また収穫時期の違いなどによる季節的な繁閑がある。そのため、Ａ社では、繁忙期は従業員総出でも人手が足りず、パート従業員をスポットで雇用して対応する一方、閑散期は逆に人手が余るような状況であった。それに加え、主要な取引先からは、安定した品質と出荷が求められていた。

さらに、従業員の定着が悪く、新規就農者を確保することが難しかった。農業の仕事は、なかなか定時出社・定時退社で完結できる仕事ではない。台風などの際には、休日であっても突発的な対応が求められる。また、新参者が地域の農業関係者の中に溶け込み関係をつくることも難しかった。Ａ社では、農業経験者だけではなく、農業未経験者にも中途採用の門戸を開いていたが、帰属意識の高い従業員を確保することが難しかった。県の農業大学校の卒業生など新卒採用も始めたが、長く働き続けてくれる人材の確保は容易ではなかった。

2000年代半ばには、有機野菜の販売業者が廃業することになり、Ａ社はその事業を土地や施設、既存顧客を含めて譲渡されることになった。Ａ社は、そのタイミングで株式会社化（法人化）をした。Ａ社は、有機野菜の販売業者から事業を引き継いだ際、運よく大手中食業者と直接取引する機会を得た。この取引は、Ａ社に安定的な収益をもたらすことになった。大手中食業者からの要求水準は厳しかったものの、Ａ社は同社との取引を通じて対応能力を蓄積することができた。大手中食業者からの信頼も増し、売上高の依存割合が年々増加していった。このコロナ禍にあっても、大手中食業者以外の販売先の売上高は減少したが、デリバリー需要を背景に同社からの売上高は堅調であった。他方、ここ数年、Ａ社では、大手中食業者への対応に忙殺されるあまり、新たな品種の生産が思うようにできていない状況であった。

ここ数年、Ａ社では、直営店や食品加工の分野に展開を行っている。これらの業務は、常務が中心となって５名の生産に従事する若手従業員と５名のパート従業員が兼任の形で従事している。Ａ社は、2010年代半ばに自社工場を設置するとともに、地元の農協と契約し倉庫を借りることになった。自社工場では、外部取引先からパン生地を調達し、自社栽培の新鮮で旬の野菜（トマトやレタスなど）やフルーツを使ったサンドイッチや総菜商品などを製造し、既存の大手中食業者を含めた複数の業者に卸している。作り手や栽培方法が見える化された商品は、食の安全志向の高まりもあり人気を博している。

現在、直営店は、昨年入社した常務の娘（Ａ社後継者）が担当している。後継者は、大学卒業後、一貫して飲食サービス業で店舗マネジメントや商品開発の業務に従事してき

～合格に一番大切なこと～

諦めないこと！！！　合格している自分自身のイメージを持つこと。

た。農業については門外漢であったものの、現経営者や常務からの説得もあり、40歳の時に入社した。直営店では、サンドイッチや総菜商品、地元菓子メーカーと共同開発した洋菓子に加え、後継者が若手従業員からの提案を上手に取り入れ、搾りたてのトマトジュース、苺ジャムなどの商品を開発し、販売にこぎ着けている。現在、直営店はＡ社敷地の一部に設置されている。大きな駐車場を併設しており、地元の顧客に加え、噂を聞きつけて買い付けにくる都市部の顧客も取り込んでいる。また最近、若手従業員の提案で、オープンカフェ形式による飲食サービス（直営店に併設）を提供するようになった。消費者との接点ができることで、少しずつではあるがＡ社は自社商品に関する消費者の声を取得できるようになった。この分野は、着実に売上高を伸ばしてきたが、一方で、人手不足が顕著になってきており、生産を兼務する従業員だけでは対応できなくなりつつあった。Ａ社は、今後も地域に根ざした農業を基盤に据えつつ、新たな分野に挑戦したいと考えている。

コロナ禍をなんとか乗り切ったＡ社であるが、これまで経営の中枢を担ってきた現経営者と常務ともに60歳代後半を迎え、本格的に後継者への世代交代を検討し始める時期に差し掛かっている。現経営者は、今後のＡ社の事業展開について中小企業診断士に助言を求めた。

第１問（配点20点）

Ａ社が株式会社化（法人化）する以前において、同社の強みと弱みを100字以内で分析せよ。

第２問（配点20点）

Ａ社が新規就農者を獲得し定着させるために必要な施策について、中小企業診断士として100字以内で助言せよ。

第３問（配点20点）

Ａ社は大手中食業者とどのような取引関係を築いていくべきか、中小企業診断士として100字以内で助言せよ。

第４問（配点40点）

Ａ社の今後の戦略展開にあたって、以下の設問に答えよ。

（設問１）

Ａ社は今後の事業展開にあたり、どのような組織構造を構築すべきか、中小企業診断士として50字以内で助言せよ。

（設問２）

現経営者は、今後５年程度の期間で、後継者を中心とした組織体制にすることを検討している。その際、どのように権限委譲や人員配置を行っていくべきか、中小企業診断士として100字以内で助言せよ。

第１問（配点20点）【難易度　★☆☆　みんなができた】

Ａ社が株式会社化（法人化）する以前において、同社の強みと弱みを100字以内で分析せよ。

●出題の趣旨

法人化前における内部環境分析に関わる問題である。

●解答ランキングとふぞろい流採点基準

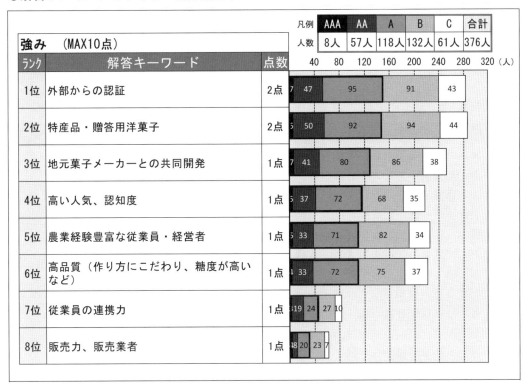

強み　（MAX10点）

ランク	解答キーワード	点数
1位	外部からの認証	2点
2位	特産品・贈答用洋菓子	2点
3位	地元菓子メーカーとの共同開発	1点
4位	高い人気、認知度	1点
5位	農業経験豊富な従業員・経営者	1点
6位	高品質（作り方にこだわり、糖度が高いなど）	1点
7位	従業員の連携力	1点
8位	販売力、販売業者	1点

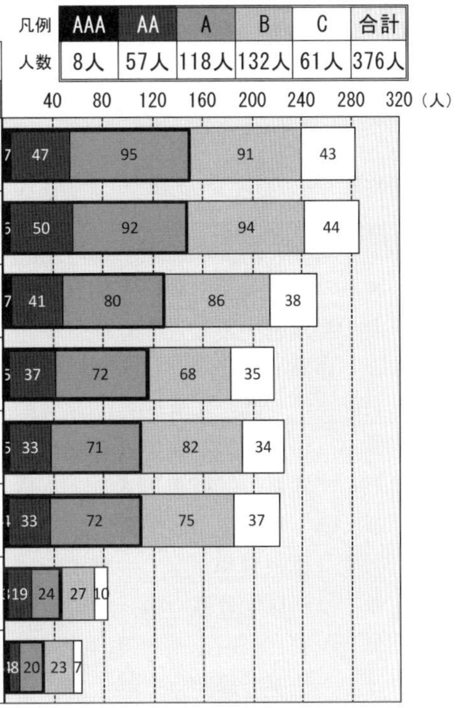

～合格に一番大切なこと～
最後の１分まで、１点をもぎ取りに行く根性。

弱み　（MAX10点）

ランク	解答キーワード	点数
1位	定着率の低さ	3点
2位	組織体制の弱さ（役割分担があいまい、未標準化など）	3点
3位	繁閑への対応力	3点
4位	教育体制	2点
5位	人材獲得力	1点

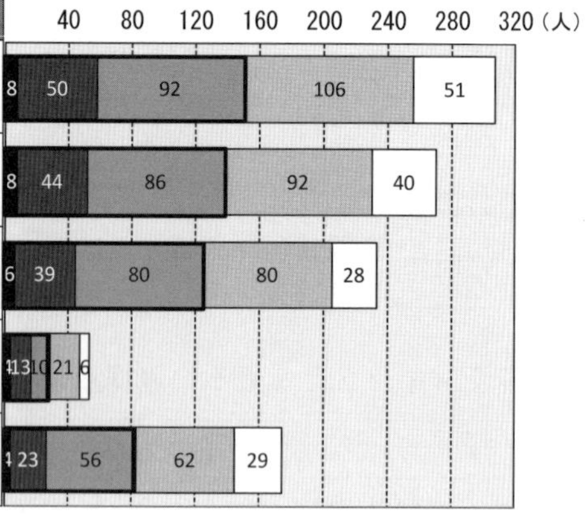

●再現答案

区	再現答案	点	文字数
AAA	強みは①高品質[1]な農産物②有能な従業員[1]③地元百貨店での贈答品[2]販売④地元菓子メーカーと連携[1]した人気[1]洋菓子。⑤消費者ニーズに対応し認証[2]取得。弱みは①不明確な業務分担[3]②需給調整への対応[3]③新規就農者の低い定着率[3]。	17	100
A	強みは①高品質[1]な苺・地元メーカーと共同開発[1]した洋菓子[2]が贈答品として人気[1]、②有機ＪＡＳ・ＪＧＡＰの認証[2]を受け高品質な生産体制。弱みは①定着率が低い[3]、②需給調整の問題に苦慮[3]、③社員間で明確な役割分担がなく[3]非効率。	16	100
B	強みは、経験豊富な職人[1]による高品質[1]な商品の評価が高く[1]、百貨店から引き合いが入る人気商品があること。弱みは、業容の拡大にあっても仕事が標準化されておらず[3]、繁閑の調整ができないこと[3]、従業員の定着が悪い[3]こと。	12	100
C	強みは①高糖度で大粒な形状等が良い[1]苺②地元メーカーと共同開発[1]したこだわりの栽培で作ったサツマイモを使った洋菓子[2]。弱みは①繁閑状況に応じた雇用が困難[3]であり②従業員の帰属意識が低く、定着率が低い[3]こと。	10	98

AAA：≧80，AA：79～70，A：69～60，B：59～50，C：49～40，D：≦39

～合格に一番大切なこと～

諦めない気持ち。

●解答のポイント

与件文のなかから時制に即した強み・弱みに関する記述をピックアップし、限られた文字数のなかで、要点を多面的に盛り込めるかがポイントだった。

【設問解釈】

先生：令和4年度の1問目、張り切っていくで。この問題、2人はどない対応したんかな？

永友：SWOT分析はドリブルと同じ基礎中の基礎。どんどん与件文から抜き出したっス。

多辺：え～、「株式会社化（法人化）する以前」って書いてあるよ～。

先生：多辺、あんたには時制への意識があるなぁ。せや、時制の条件は絶対に守らないとあかん。

永友：しまった、裏をとられた……。

【強み】

先生：切り替えていくで。A社の強みについては、どないな感じで考えたん？

永友：与件文にばっちり書いてある「農業経験が豊富な従業員」「有機JASとJGAPの認証」「地域の新たな特産品」のハットトリックで決まりっス。

多辺：それと、従業員が連携して品種を拡大していること、特産品を地元の菓子メーカーと共同開発する開発力、認知度の高さ、なんかも強みなんじゃない？

先生：2人とも、ええ感じや。特に認証と特産品についてはA以上答案では8割以上が解答しとる。高得点者は幅広く強みを解答している傾向があったから、文章をうまく要約する力も試される問題やったんや。

【弱み】

先生：続いて、弱みや。2人はどない解答したんや？

多辺：おすすめのスイーツくらい、これは自信ある～。「従業員の定着が悪く」って書いてるよ。

先生：ええ感じや。従業員の定着については、A以上答案では8割以上が解答している外されへんポイントや。一方、人材獲得力の弱さを解答したA以上答案は4割5分。こちらはA評価以上とB評価以下の受験者の割合に大きな差がなかったことから、大きな得点源とはならんかったみたいやな。

永友：先生、オレは「需給調整の問題」を解答に入れたっス。業務の繁閑に対応できていないことは弱みっス。あとは、「明確な役割分担がされていなかった」というのも見逃せないチャンスボール！　キーワードを自分の答案へシュート！

先生：永友の言うとおり、定着率だけでなく、需給調整（3点）、役割分担（3点）も得点源になったようや。さらに言えば、高得点者は教育体制（2点）にも触れとる！　つまり、弱みも多面的な解答が必要やったんや。

～2次試験で学んだ人生哲学～

蓋を開けるまではわからない。

第２問（配点20点）【難易度　★★☆　勝負の分かれ目】

　Ａ社が新規就農者を獲得し定着させるために必要な施策について、中小企業診断士として100字以内で助言せよ。

●出題の趣旨

基盤事業における人材の採用と定着の方法について、助言する能力を問う問題である。

●解答ランキングとふぞろい流採点基準

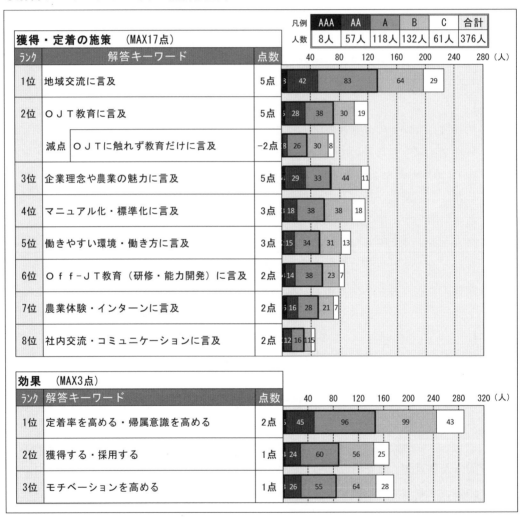

凡例	AAA	AA	A	B	C	合計
人数	8人	57人	118人	132人	61人	376人

獲得・定着の施策　（MAX17点）

ランク	解答キーワード	点数
1位	地域交流に言及	5点
2位	ＯＪＴ教育に言及	5点
減点	ＯＪＴに触れず教育だけに言及	−2点
3位	企業理念や農業の魅力に言及	5点
4位	マニュアル化・標準化に言及	3点
5位	働きやすい環境・働き方に言及	3点
6位	Ｏｆｆ−ＪＴ教育（研修・能力開発）に言及	2点
7位	農業体験・インターンに言及	2点
8位	社内交流・コミュニケーションに言及	2点

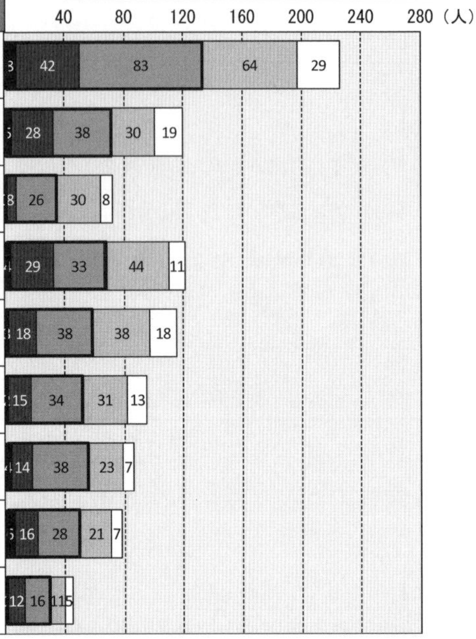

効果　（MAX3点）

ランク	解答キーワード	点数
1位	定着率を高める・帰属意識を高める	2点
2位	獲得する・採用する	1点
3位	モチベーションを高める	1点

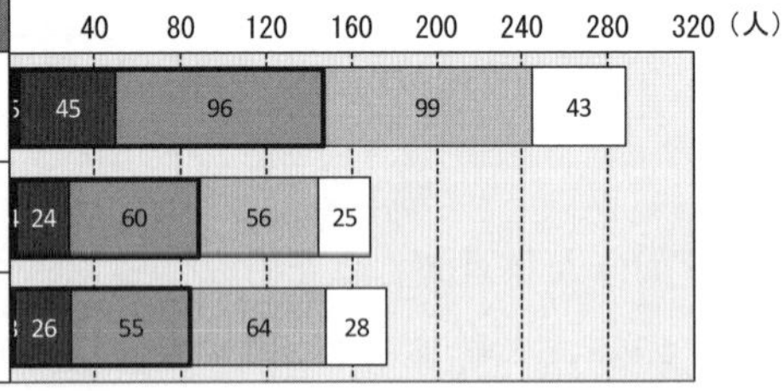

〜２次試験で学んだ人生哲学〜

難関資格は道のりが長い。

●再現答案

区	再現答案	点	文字数
AAA	施策は①**就労体験やインターンシップ制度**[2]を設け事業の理解を促す事②業務の**標準化**[3]を行い、**ＯＪＴを行う等教育**[5]体制を整える事③**地域の農業関係者との交流機会**[5]を提供する事。以上で**新規就労者を増やし**[1]**定着率を高める**[2]。	18	100
AA	①**企業コンセプト**[5]からビジョン構築し共有し一体感醸成②**作業標準化**[3]と計画的**ＯＪＴ教育**[5]で若手へ承継③職務内容と公平な評価制度整備し納得感高め④**社内交流**[2]高め繁閑応じ柔軟な勤務体制で**労働環境整備**[3]し満足度向上図る。	17	100
A	施策は①**コンセプト**[5]を内外に明確に打出し②業務内容を**マニュアル化**[3]して**ＯＪＴ等で教育**[5]し誰でもわかりやすく覚えられるようにし③役割分担を明確にし④繁閑に応じて柔軟な勤務体系にする事で、**士気向上**[1]・**定着率向上**[2]図る。	16	100
B	獲得面では、**コンセプト**[5]に共感できる人材に対し**インターンシップや職業体験**[2]を行い**採用**[1]につなげる。定着面では、業務のシフト制で突発的な対応に応え、業務の**マニュアル化**[3]、初期、中期等段階的な**教育**[3]を行う事である。	14	100
C	施策は①従業員の役割分担の明確化②ノウハウを持つ経営者達による**勉強会**[2]の開催と**マニュアル化**[3]③表彰制度の導入と成果給を導入④**イベントや社内報**[2]によりコミュニケーションの活性化効果は**モラール向上**[1]と組織活性化。	8	100

●解答のポイント

獲得と定着の施策について多面的に解答し、効果まで示すことがポイントだった。

【何を書くか、どう書くか】

先生：さて、あんたら第2問はできたんか？

永友：余裕っス。獲得の施策はインターンや職場体験で、定着の施策はOJTで丁寧な教育したり、働きやすい環境を整えたりで……ってあれ？　働きやすい環境の整備は獲得でもあるのか？

多辺：永友、それは余裕って言わないと思う～。

先生：せやなぁ～。でも確かに今回は獲得と定着を区別するのが難しかったみたいや。実際に受験生の多くが施策として区別せずに書いとったね。だからあんたみたいに悩んでまうのもしゃーないわ。

永友：じゃあ獲得と定着は分けずに、過去問でやったように賃金や能力開発、評価などの観点から波状攻撃を仕掛けていけば、高得点も狙えるっスね！

～2次試験で学んだ人生哲学～

思ったとおりにはならない。だから面白い。

多辺：私は地域の農業関係者との交流も大事な施策だと思うな～。

先生：そう、そのポイントに気づけた人が全体解答数でも、A以上答案数でも多かったんや。多辺、あんたさすがやわ。

多辺：まぁね～。

先生：それに引き換え、永友！　なんでもフレームワークに当てはめたらええわけちゃうで。施策の解答キーワード見ても８つには、育成の悩みを解決したり、逆に強みのコンセプトを活用したりする施策などが入っていて、経営環境に沿った解答が求められてるんや。

永友：じゃあシフト調整とかはどうっスか？

先生：惜しいけどもう一歩必要やな。たとえば突発的な対応のためのシフト調整みたいな断片的な表現だと点数にはならず、労働環境の改善のような大きな視点が入ると３点加点やったんちゃうか。

永友：そうやってベスト８以上を狙っていくってことっスね！

先生：なんかちょっとちゃう気もするけど、まぁええか。さらに言うと、配点の高いと思われるキーワードを押さえつつ３つ以上のキーワードは書くという多面的な解答をしないと高得点は難しいで。

永友：ひぇ～、出題者には「受験生にやさしく」をコンセプトにしてほしいっス。

多辺：はぁ～い！　それじゃあ次に行きましょ～。

先生：あんたら、まだ話は終わってへんで。まさか施策を並べて終わりになんてしてへんやろうな？

多辺：当たり前ですよ～。最後は、ちゃんと「新規就農者を獲得して定着させる」って締めたよ。

永友：オレはモチベーション上げていくって繋げました！

先生：せや、実際に「獲得は～」と書き出す人に比べて、「～して獲得させる」と効果として書いた人のほうが、高得点者が多かったんや。

永友：何を書くかだけじゃなく、どう書くかまで考えるべきってことっスね。よし、これで４年後はいける気がするぞ！　ブラボー！

先生：なんでやねん！　試験は今年もあるんやで。

～２次試験で学んだ人生哲学～

人生も２次試験と同じ。正解がわからなくて当然。

第３問（配点20点）【難易度　★☆☆　みんなができた】

Ａ社は大手中食業者とどのような取引関係を築いていくべきか、中小企業診断士として100字以内で助言せよ。

●出題の趣旨

主要取引先との関係の強化と新しい分野の探索について、助言する能力を問う問題である。

●解答ランキングとふぞろい流採点基準

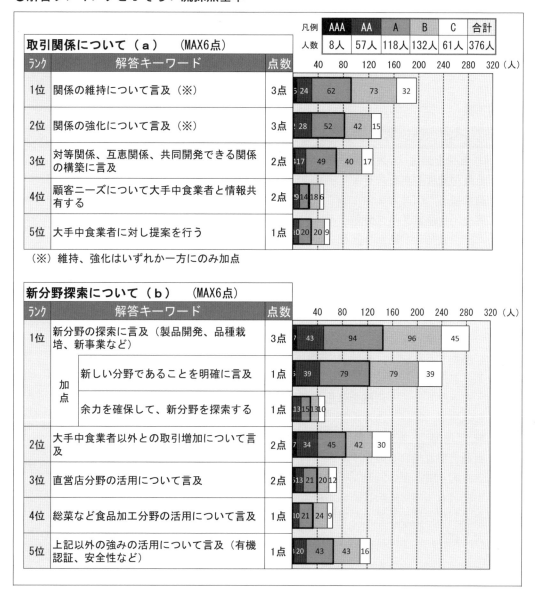

凡例	AAA	AA	A	B	C	合計
人数	8人	57人	118人	132人	61人	376人

取引関係について（ａ）　（MAX6点）

ランク	解答キーワード	点数
1位	関係の維持について言及（※）	3点
2位	関係の強化について言及（※）	3点
3位	対等関係、互恵関係、共同開発できる関係の構築に言及	2点
4位	顧客ニーズについて大手中食業者と情報共有する	2点
5位	大手中食業者に対し提案を行う	1点

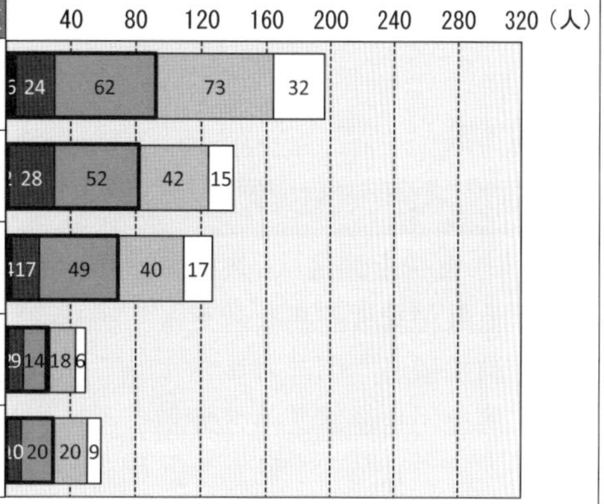

（※）維持、強化はいずれか一方にのみ加点

新分野探索について（ｂ）　（MAX6点）

ランク	解答キーワード	点数
1位	新分野の探索に言及（製品開発、品種栽培、新事業など）	3点
加点	新しい分野であることを明確に言及	1点
加点	余力を確保して、新分野を探索する	1点
2位	大手中食業者以外との取引増加について言及	2点
3位	直営店分野の活用について言及	2点
4位	総菜など食品加工分野の活用について言及	1点
5位	上記以外の強みの活用について言及（有機認証、安全性など）	1点

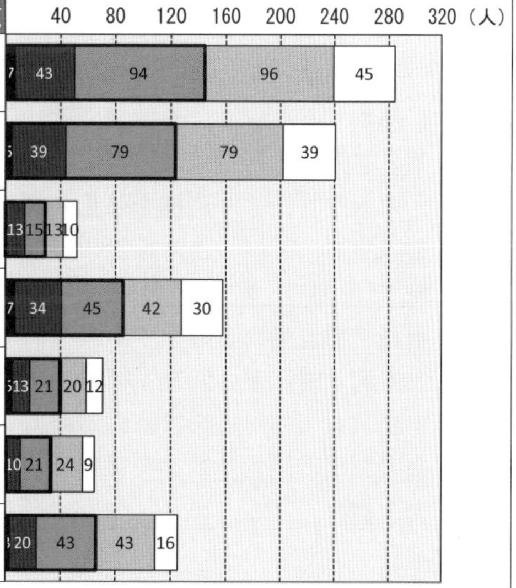

継続は力なり。

効果　（MAX8点）

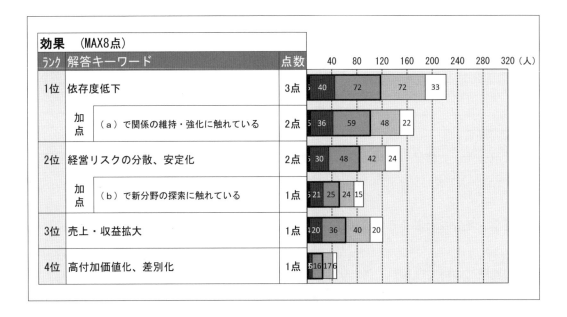

ランク	解答キーワード		点数
1位	依存度低下		3点
	加点	（a）で関係の維持・強化に触れている	2点
2位	経営リスクの分散、安定化		2点
	加点	（b）で新分野の探索に触れている	1点
3位	売上・収益拡大		1点
4位	高付加価値化、差別化		1点

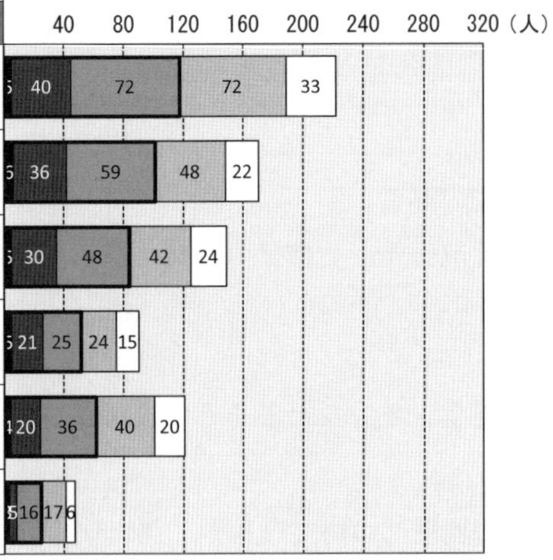

●**再現答案**

区	再現答案	点	文字数
AA	①連携を強化[3]し共同開発[2]を提案して新[1]品種の生産[3]を行う②最終消費者の声を共有[2]してもらい商品開発に活かす。以上を行い総菜商品[1]の開発力を強化して中食業者以外[2]の売上も拡大し売上依存度を下げ[3+2]経営リスク分散[2+1]する。	20	99
AA	大手中食業者と新たな[1]品種[3]の共同開発[2]を行い、開発力を強化するとともに関係性を強化[3]する。併せて大手中食業者の売上げ依存からの脱却[3+2]を目指し、自社の生産性を向上させて生まれた余力[1]を他社からの売上向上[2]に生かす。	17	100
A	コロナ禍でも売上が堅調である大手中食業者との取引関係は維持[3]しつつ、競争とならないような販路を開拓[2]し、品種生産等新たな[1]分野に挑戦[3]する。以上より競争回避しつつ安定した売上を獲得、経営のリスク分散[2+1]を図る。	12	99
B	①大手中食業者と連携を強化[3]しデリバリー需要に合った顧客ニーズを収集[2]し、蓄積した対応能力を活かし顧客ニーズを反映した品種栽培や地域ブランド製品を共同[2]開発する[3]。②百貨店も加え販路と学習機会を確保[2]する。	10	98
C	長期的取引と競合回避を前提に取引量を減らすべき。理由は①大手中食業者への対応忙殺による経営資源圧迫を減らし繁忙期・開発の余力創出[1]②経営リスク分散[2]③新[1]市場・顧客接点拡大[3]でニーズ発掘や売上拡大[1]を図るため。	8	100

●解答のポイント

大手中食業者との取引関係について助言することに加え、与件文を根拠として新たな分野への挑戦について助言することがポイントであった。

【設問文と与件文から解答に盛り込むべき要素を見つける】

永友：この問題は結構解きやすかったっス。自信あるっス！

多辺：え～。私は設問文が抽象的でよくわからないと思った～。

先生：せやなぁ。多辺は抽象的と言うたけど、なんでそう思ったんや？

多辺：私、嘘つけないんで言いますけど、大手中食業者のことを厄介に思っているのか、それとももっと親密になりたいのか、態度をはっきりさせてほしいです～。決断力のない男って嫌い～。

先生：多辺、1つ聞いてええか？　取引をなくしてしまうんか？

多辺：……。そこまではいかないと思います～。厳しく鍛えてもらったご恩がありますからね～。

永友：安定的な収益をもたらしてくれたうえに、コロナ禍であっても売上が堅調だった取引先なんで、さらに友好的な関係を構築、ってことっスよね。よっしゃ！

多辺：永友、それだけじゃ足りないと思う～。与件文には、新たな品種の生産が思うようにできていないとか、新たな分野に挑戦したいとか書いてあるよ～。今の関係に社長は満足してないと思うのよね～。

先生：ええか、大切なことはな、社長の気持ちに寄り添うことやねん。社長は大手中食業者ともええ関係を築きたい、でも新しい分野に挑戦したいねん。せやから、中小企業診断士として求められとるんは、現実的なアドバイスと社長の思いが重なる部分を見つけて解答を作ること、というわけやな。

永友：ちなみに、オレは関係強化って書いたんスけど、先輩はどうしました？

多辺：え～、私は関係を維持するって書いたけど、間違っていたのかな～。

先生：関係強化と書いとるんはA以上答案が占める比率が高かったけど、維持と書いとる答案もA以上に結構あったわ。せやから合否を分けるような大きな点差はついてない可能性があるなぁ。

【効果について】

永友：やっぱ助言ときたら効果っスよね。

先生：あんた、ただ効果だけを並べたらええと思っとらんか？　そこに根拠はあるんか？

多辺：社長に助言するんだから、説得力があるほうがいいよね～。スイーツも、味と見た目の両方がそろってこそ食べたときに幸せな気持ちが増すよね～。

先生：なんで社長が大手中食業者との関係に悩んだり、新しいことをやりたいと思ったり

～2次試験で学んだ人生哲学～

努力した者が報われるとは限らない。しかし、成功した者は必ず努力している。

しとるんか考えてみ。現状の課題を解決したいからやろ？　ちゃうか？

永友：社長の思いに寄り添えるようにしっかりトレーニングするっス。

先生：Ａ以上答案では、関係は維持しつつ依存度は低下させるとか、新分野に挑戦して経営リスクを分散させるとか、社長に寄り添っとる答案が多かったんやで。答案数は少なかったけど、徐々に依存度を低下させると記載して時間軸を意識した答案もＡ以上では見かけたで。この答案なら、現在のＡ社と大手中食業者との関係に配慮しつつ、将来のＡ社のためを思った提案をしとるというのが伝わるな。

多辺：やっぱり愛が必要だね～。私も、推しがいるから頑張れるって気持ちを忘れずに、試験勉強頑張らないと～！

Column

したい人10,000人、始める人100人、続ける人１人

「したい人10,000人、始める人100人、続ける人１人」とはよく言ったものですが、自分がその１人に入れるかは、結局自分次第なのだと実感しました。私が初めて中小企業診断士を知ったのは、会社の先輩との飲み会でした。「俺も受けてみようと思うから、一緒に受けようや」と言われて二つ返事で「はい！」と答えた私でしたが、調べてみると予想以上に難しい資格であることを知りました。別のときにも部長が中小企業診断士を取ってみたいと言っていたり、大学時代に実は目指していた友人もいました。

初めは自分に継続して勉強できる自信もなかったですが、今勉強しないでいつ勉強するんだという気持ちで勉強を続けました。続けていくうちに、勉強が生活の一部に溶け込んでいき、土日も朝９時に図書館に行くことが普通になっていました。結果的に私は運を呼び寄せて合格できましたが、結局先輩と友人は途中で諦めてしまい、部長は勉強すらしていませんでした。だからこそ、まずは一歩踏みだすこと、そしてそれを習慣にしていくことがゴールに向かう絶対的なルートなのだと感じました。　（いっけー）

～２次試験で学んだ人生哲学～

やればできる！　動き出さなければ何も始まらない。

第４問（配点40点）

Ａ社の今後の戦略展開にあたって、以下の設問に答えよ。

（設問１）【難易度　★★★　難しすぎる】

Ａ社は今後の事業展開にあたり、どのような組織構造を構築すべきか、中小企業診断士として50字以内で助言せよ。

●出題の趣旨

経営戦略の展開にあたっての経営組織の構造について、助言する能力を問う問題である。

●解答ランキングとふぞろい流採点基準

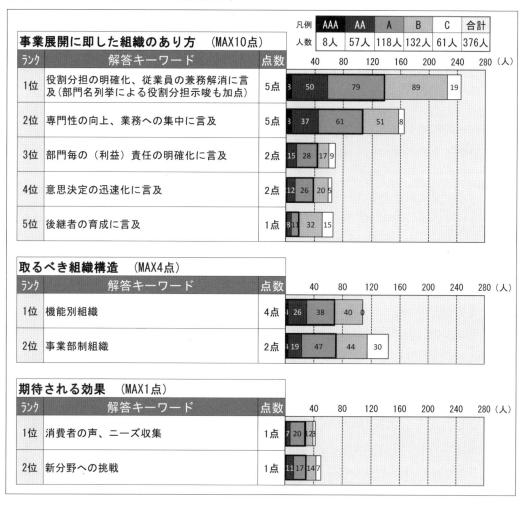

凡例	AAA	AA	A	B	C	合計
人数	8人	57人	118人	132人	61人	376人

事業展開に即した組織のあり方　（MAX10点）

ランク	解答キーワード	点数
1位	役割分担の明確化、従業員の兼務解消に言及（部門名列挙による役割分担示唆も加点）	5点
2位	専門性の向上、業務への集中に言及	5点
3位	部門毎の（利益）責任の明確化に言及	2点
4位	意思決定の迅速化に言及	2点
5位	後継者の育成に言及	1点

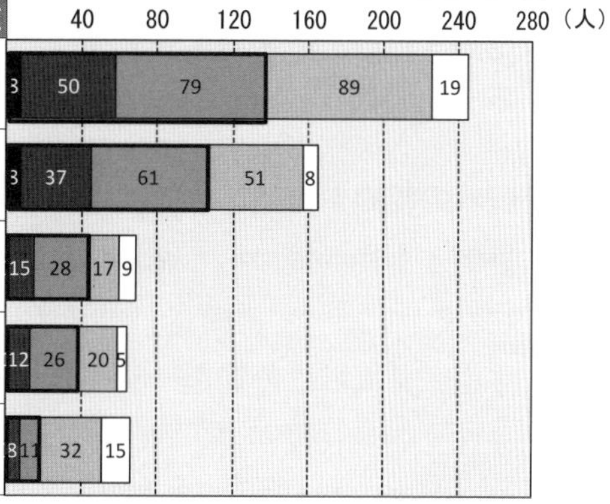

取るべき組織構造　（MAX4点）

ランク	解答キーワード	点数
1位	機能別組織	4点
2位	事業部制組織	2点

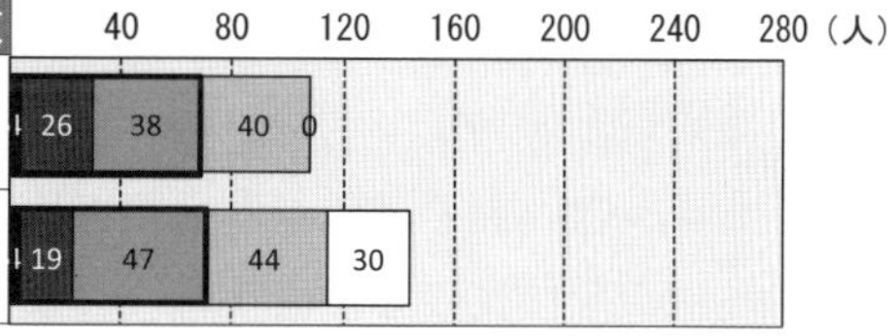

期待される効果　（MAX1点）

ランク	解答キーワード	点数
1位	消費者の声、ニーズ収集	1点
2位	新分野への挑戦	1点

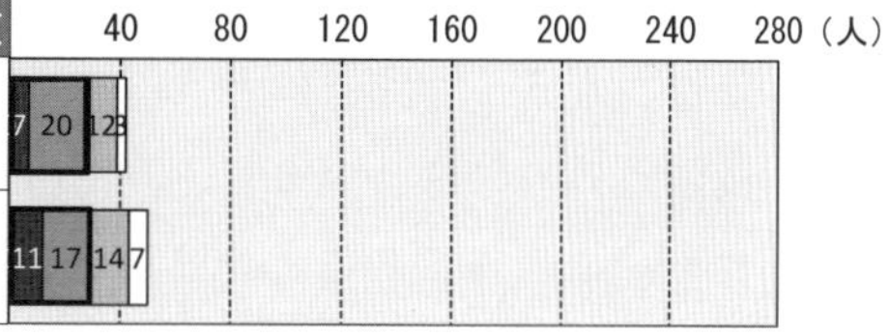

～２次試験で学んだ人生哲学～

試験に合格することがゴールではない。

●再現答案

区	再現答案	点	文字数
AAA	①**機能別組織**[4]に移行し、**役割分担の明確化**[5]で**専門性を高める**[5]②新分野に専任担当を置き、**新分野の探索**[1]を促す。	15	50
AA	生産・営業・商品開発など従業員の**役割を明確化**[5]し、**専門性を発揮**[5]するための**機能別組織**[4]を構築すべきである。	14	50
A	**事業部制組織**[2]を採用し、①**専門性の追求**[5]、②**利益責任の明確化**[2]、③**迅速な意思決定**[2]、で売上向上を図る。	11	47
B	**直営店と飲食サービス部門を独立**[5]させる**事業部制組織**[2]構造にし、後継者に権限を与えて、**事業承継**[1]に備える。	8	49

●解答のポイント

兼務の従業員だけでは新分野の事業に対応できなくなりつつあるというＡ社の問題を解決するための組織のあり方を解答できたかがポイントとなった。

【新分野への挑戦を可能とする組織のあり方】

先生：事例Ⅰも終盤戦の第４問。（設問１）と（設問２）に分かれての出題や。

多辺：（設問１）は「組織構造」がダイレクトに問われてて、びっくりした～。

先生：まず、２人はこの問題を見てどう取り組んだのか聞かせてもらおか。

永友：与件文の第10段落に、「生産を兼務する従業員だけでは対応できなくなりつつあった」とあったから、「農業生産」、「食品加工」、「直営店」の事業部制組織を前提に、意思決定の迅速化や後継者育成などの、事業部制組織のメリットを書いたっス。

先生：なんでやねん！　設問文をよう見てみ。「今後の事業展開にあたり、どのような組織構造を構築すべきか」の「今後の事業展開」がすっぽり抜け落ちとるやないの。

永友：しまった。裏を取られた……。

多辺：私は、与件文の第10段落に「今後も地域に根ざした農業を基盤に据えつつ、新たな分野に挑戦したい」というＡ社の将来像があったから、新分野へ挑戦するためには、どのような組織のあり方が望ましいかから解答を考えた～。

先生：ほな、もう１つ聞くけど、「新たな分野への挑戦」は何のことやろか？

永友：農業以外の分野、つまり、直営店や食品加工の分野のことっス。

先生：せや。ここまでのことをまとめると、「地域に根ざした農業」は従来どおり守り続けたうえで、「直営店、食品加工」を新分野として挑戦していくためにどのような組織のあり方が望ましいかをこの設問を通じて考えるんや。

～診断士試験を受験してよかったこと～

仕事で臆せず質問できるようになった（診断士でもわからんなら聞いてもええやろの精神）。

【課題を解決する組織のあり方とは？】

先生：もう少し具体的に見ていこか。新分野に挑戦していくための課題は何や？

多辺：「生産を兼務する従業員だけでは対応できない」ってことから、兼務を解消して、役割分担を明確化するっていうのがポイントになりそうですね～。

先生：せや。ただ「兼務の解消」については多くの受験生が書けてたんや。得点の上積みを狙うには、新分野の事業を強化するために必要なことを考える必要があったんや。

永友：新分野の事業を強化……。「従業員の専門性を高めることで新分野に注力できるようにする」ということか。よっしゃー、ナイスタックル！

先生：あんた、ええとこに気づいたなぁ。『ふぞろい』に寄せられた再現答案を見ても、「専門性の向上」について言及した解答のうち、実に6割以上がＡ以上答案やった。このポイントを書けたかどうかが点数に大きく影響したと考えられるんや。

【機能別組織？　事業部制組織？　さぁ、どっち？】

先生：まず、言うておくけど、Ａ以上答案のほぼ4分の1が「○○組織」と直接言及してないことから、「役割の明確化」「専門性の向上」のほうが「○○組織」よりも解答要素として重要やったと思われるんや。そのうえで組織構造について考えていこか。

永友：オレは、さっき言ったとおり、深く考えずに事業部制組織と書いてしまったっス。

多辺：私は機能別組織って書いた～。従業員が40人の会社で、兼務が発生している状態なのに、事業部制組織を採用できるほどのリソースがあると思えないよ。

先生：ええ指摘や。事業部制組織のデメリットの1つに、「経理や調達などの『職能』が各事業部で重複する」ということがあるけど、現在の会社の規模を考えると、そんな余裕はないはずや。現在の組織形態が役割を明確化できていない状態だと考えると、まずは、機能別組織を採用するほうが解答としての妥当性が高そうや。実際、機能別組織と書いた答案のうち、6割以上がＡ以上答案やったけど、事業部制組織のＡ以上答案は4割強にとどまっとる。さらに、事業部制組織を解答に書いた人でも、意思決定の迅速化や後継者育成など、1次試験の知識からメリットを書いただけの解答は得点が伸びてないんや。

多辺：この設問を解いているときに、マトリックス組織も思い浮かんだんだけど～。

先生：マトリックス組織について書いている受験生も一部にいたけど、Ａ以上答案はほとんどなかったんや。与件文に沿った解答ではないということやな。

永友：先生の言うように、まずはＡ社の現状や将来像を正しく踏まえたうえで、組織構造にも言及すると高得点が狙えたんっスね。オレも、2次試験の得点王になれるように頑張るっス。

先生：永友、よう言うた！　その意気や。頑張ってや。

～診断士試験を受験してよかったこと～

経営について体系的に学ぶことができた。

（設問２）【難易度　★★★　難しすぎる】

現経営者は、今後５年程度の期間で、後継者を中心とした組織体制にすることを検討している。その際、どのように権限委譲や人員配置を行っていくべきか、中小企業診断士として100字以内で助言せよ。

●出題の趣旨

円滑な次世代経営体制への移行プロセスについて、助言する能力を問う問題である。

●解答ランキングとふぞろい流採点基準

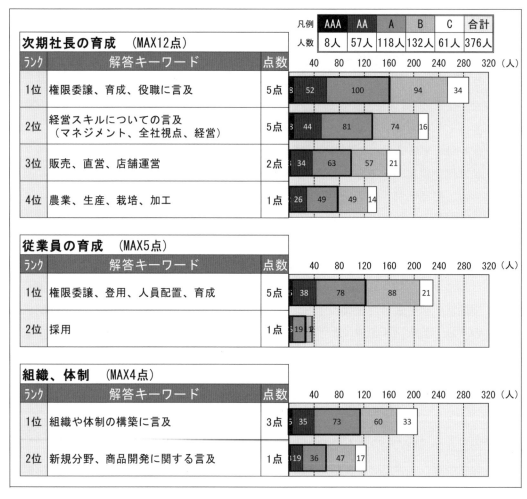

凡例	AAA	AA	A	B	C	合計
人数	8人	57人	118人	132人	61人	376人

次期社長の育成　（MAX12点）

ランク	解答キーワード	点数
1位	権限委譲、育成、役職に言及	5点
2位	経営スキルについての言及（マネジメント、全社視点、経営）	5点
3位	販売、直営、店舗運営	2点
4位	農業、生産、栽培、加工	1点

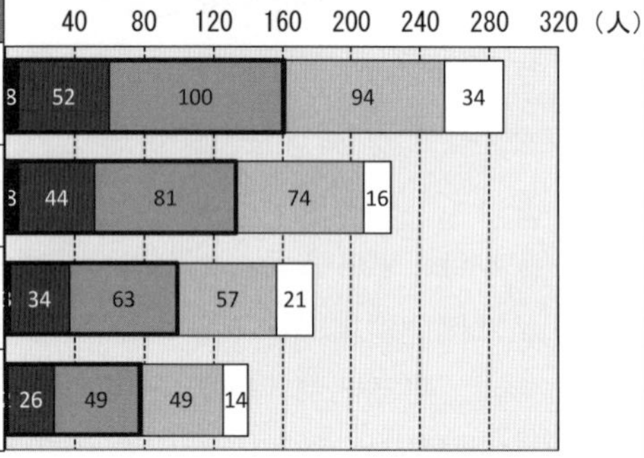

従業員の育成　（MAX5点）

ランク	解答キーワード	点数
1位	権限委譲、登用、人員配置、育成	5点
2位	採用	1点

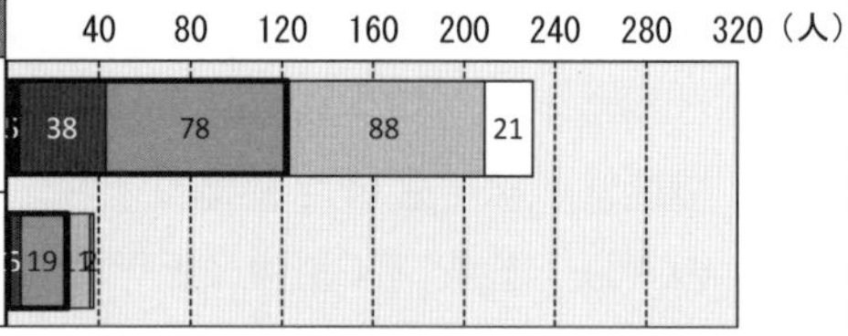

組織、体制　（MAX4点）

ランク	解答キーワード	点数
1位	組織や体制の構築に言及	3点
2位	新規分野、商品開発に関する言及	1点

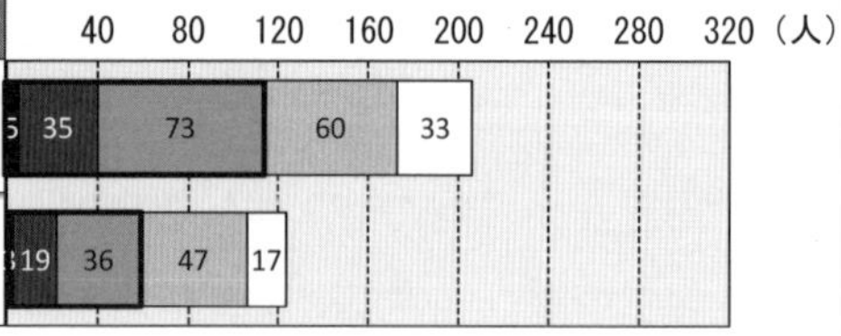

～診断士試験を受験してよかったこと～
友だち増えた！

円滑な事業承継　(MAX4点)

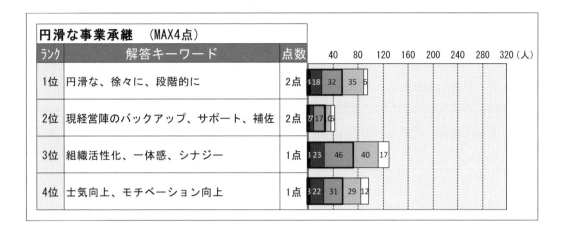

ランク	解答キーワード	点数
1位	円滑な、徐々に、段階的に	2点
2位	現経営陣のバックアップ、サポート、補佐	2点
3位	組織活性化、一体感、シナジー	1点
4位	士気向上、モチベーション向上	1点

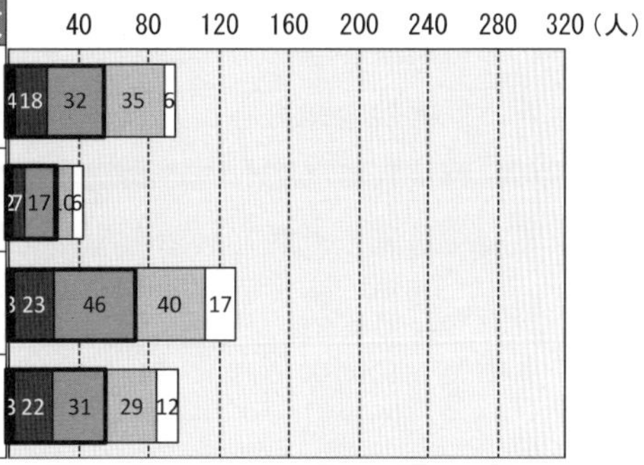

●再現答案

区	再現答案	点	文字数
AAA	若手従業員を部門長としその下にパート従業員を**配置**[5]し、A社**後継者が全体を管理**[5]する人員配置とする。**現経営者が補佐**[2]として助言できるような**組織体制**[3]とし**段階的に権限委譲**[2]を行い、若手従業員と**A社後継者の育成**[5]を行う。	22	100
A	後継者へ段階的な権限委譲を行い、部門長として社長から**経営ノウハウ**[5]を**教育・承継**[5]する。取引先・社内への理解を深め、**バックアップ**[2]**体制を構築**[3]する。以上より、後継者の負荷低減しつつ**円滑な**[2]承継を図る。	17	94
B	助言は①家族や親族以外の正社員で**優秀者を役員に登用**[5]し、経営陣として育成する事により**モラール向上**[1]を図り②営業や企画の経験者を中途**採用**[1]して**社内活性化**[1]を図り、新たな品種の**開発**[1]を行える**体制作り**[3]を行う事である。	11	100
C	**組織体制**[3]は、①公平な評価制度を作り、提案制度を設置する。②採用された提案の事業化を行い、若手従業員を責任者に**配置**[5]し、権限委譲を行なう。以上により、**新たな分野**[1]に挑戦をする会社風土を醸成する。	9	94

●解答のポイント

円滑な事業承継に向けて、後継者および従業員に対する適切な権限委譲や組織構築のための適切な人員の配置が行えているかどうかを多面的に解答することがポイントだった。

～診断士試験を受験してよかったこと～

経営知識全般が体系的に身に付いた。

【解答の視点について】

先生：さ、最後や。前年度に続いて事業承継についての設問が出題されたんやけど、２人とも対策はできとるんか？

永友：若い世代の台頭もあって自分の地位を脅かされることもあるけど、体幹トレーニングで対策してきました。事業承継もばっちりっスよ、先生！

先生：そんな対策で点数とれると思っとるんか？

多辺：永友、それは違うと思う～。私は、最近行きつけのスイーツ屋さんで２代目に事業承継をした例があって、具体的な事例を毎日見て勉強してきたから対策はばっちり～。

先生：あんた、それええなあ。

永友：先輩、さすがっス！

先生：今回の事業承継は前年と違って、５年程度という期間を区切って事業承継の体制を作る設問だったんや。これまでにはない形で受験生はみな戸惑ったと思うわ。

多辺：組織体制の確立、権限委譲、人員配置、といった文言が設問文にあったので、とっかかりやすかったな～。

先生：あんた、設問文に寄り添っとるなぁ。後継者や従業員への権限委譲、人員配置、そして組織に対する言及、これらがそろった答案は得点が高い傾向にあったんや。

多辺：まぁね～。スイーツ屋さんでも課題になっていたから、先代や２代目と会話するとき、助言してみた～。

永友：オレは生まれながらにしてサイドバックだけど、先輩は生まれながらの診断士なんスか！

多辺：スイーツ屋さん以外は興味ないけどね～。

【後継者、従業員への権限委譲、人員配置について】

先生：権限委譲や人員配置については具体的にどんな答案を考えたんや？

多辺：私は後継者に権限を委譲しつつ、それをサポートするように従業員への権限を委譲したり人員の配置を見直したりする施策を考えてみました～。スイーツ屋さんでも同じ感じでやってうまくいっていたし、これは自信ある。

永友：オレは「後継者への世代交代」という与件文に寄り添って、全権を後継者に渡すトップダウン形式の権限委譲を考えたっス。

先生：１つ聞いてええか？　永友、それで従業員はついてくると思うんか？　従業員に対する愛はあるんか？　設問文に寄り添うんやで。

永友：しまった。与件文のフェイントにだまされた。設問文に寄り添う気持ちか。ダッシュしまくって設問文にも対応できるようにしないと。

多辺：永友、甘すぎだよ～。スイーツだったらそれでもいいけど、試験ではだめだよ～。

先生：これまでにない問われ方をしても、設問文に素直に答える気持ちを忘れたらあかん。

～診断士試験を受験してよかったこと～

ビジネスマンとしての自信がついたこと、ふぞろいのメンバーと出会えたこと。

愛をもって接するんや！

【事業承継における士気向上と組織活性化について】

先生：最後は定番の士気向上と組織活性化や。この２つ、あんたらは答案に書いたんか？

永友：もちろんっス。過去問を見ても事例Ⅰの最後の問題は、「士気向上、組織活性化を図る」って書いておけば得点が取れそうだったからっス！

多辺：それって与件文も設問文にも寄り添ってないよね。私は、書かなかったな～。

先生：今回は、今後５年程度の期間で、後継者を中心とした組織体制にすることが設問文で問われとるから、事業承継が最終的な目的になっとるんや。せやから、その手段として、士気向上や組織活性化が書けていれば得点が入ったと思われるで。ただ、C、D答案にも書いているケースが多く、合否を分けるキーワードではなかったみたいやな。永友のような与件文にも設問文にも寄り添っていない答案は論外や。何回も過去問を解きすぎて頭が凝り固まっているんやないか？

永友：体幹トレーニングやダッシュだけじゃなく、ストレッチも必要ってことっスね。次回の試験に向けて頑張ります！

多辺：それって試験勉強なのかな～。あ～お腹すいた～。スイーツ食べよ～。

先生：あんたら、はよ勉強せえ！

Column

自分にとっての受験理由

診断士の勉強をしているとき、「めんどくさい！　この時間無駄かも…」と感じてしまうことがたびたびありました（笑）。今振り返ってみて、科目数の多さや内容の難しさもあるものの、２次試験は模範解答が発表されないため正誤のフィードバックを受けられず、自分のやっている勉強の意味がわかりにくかったことが、そのように感じた一番の理由だったように思います。もちろん試験制度の変更を提案するという方法もありますが、模範解答を発表しないと決められている以上、ひとまずそのなかでなんとかするしかありません。徒労を感じたとき、自分はなぜ診断士を受けているんだっけ？　と自分にとっての受験理由をそのつど思い出し、どうにか受験までたどり着くことができました。

一人ひとり異なる背景を抱えながら勉強し、大変なことも多いかもしれませんが、たまに一旦停止して、自分にとっての受験理由を思い出してみるのもよいかもしれません。その結果、勉強を続けることになってもお休みすることになっても、きっとより納得できる結果が待っているはずです。皆さんのご健闘をお祈りしています！　（かじしゅん）

～診断士試験を受験してよかったこと～

職場で起きている問題（組織や人間関係、作業効率など）について分析・説得できる力がついた。

事例Ⅰ特別企画

深刻化する人手不足問題に対処する人事施策

【人手不足解消は中小企業にとって大きな課題】

先生：そこに人はおるんか！？

永友：うぉーっ、びっくりした。いきなりどうしたんスか、先生。

先生：令和４年度の第２問で「人材の獲得と定着」が問われた理由は、中小企業が「人手不足」という喫緊の問題に直面しとることが背景にあると考えられるんや。

多辺：確かに、私の行きつけのカフェの店長も、アルバイトを募集しているけど人材がなかなか集まらないって言ってた～。

永友：ニュースでも「人手不足が深刻」っていう記事をよく見るようになったけど、実際、どのくらい深刻なんっスか？

先生：ええ質問や。2022年版の中小企業白書の表を見てみよか。

図表１　業種別に見た、従業員数過不足 DI の推移

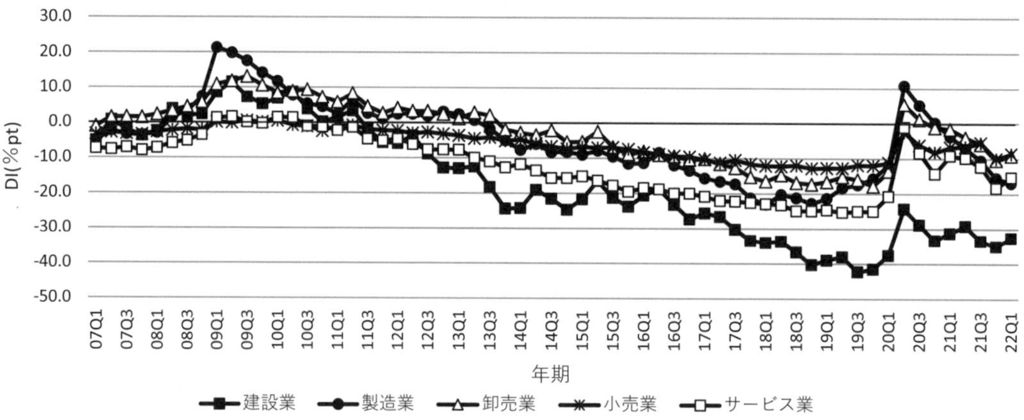

資料：中小企業庁・（独）中小企業基盤整備機構「中小企業景況調査」

（注）　従業員数過不足 DI とは、従業員の今期の状況について、「過剰」と答えた企業の割合（%）から「不足」と答えた企業の割合（%）を引いたもの。

（出所：『2022年版　中小企業白書』第1-1-48図、Ⅰ-40p より『ふぞろい16』作成）

多辺：マイナス幅が大きいほど、人手不足が深刻っていうことですよね～？

先生：そのとおりや。新型コロナウイルスが流行した2020年あたりに一時的に弱まったけど、足元では人手不足感が再度強まってきとる。上の表にもあるとおり、人手不足問題はあらゆる業種の中小企業が直面する大問題やねん。新型コロナウイルスによる業況悪化からの回復を目指す企業にとっても悩みの種となっとるんや。

～診断士試験を受験してよかったこと～

キャリアが広がる可能性を得られたこと。

【工夫を凝らした人手不足への対処法】

多辺：人手不足にうまく対処する方法はあるんですか？

永友：これは茶化（サハホイヒ）のフレームワーク使うしかないっス。やりがいアピールして「採用」、「配置」で組織活性化、「報酬」アップと「育成」、そして「評価」を成果主義にすることでモチベーションアップだ。茶化の美しいパス回しからの採用と定着でゴーーールッ！！

先生：永友！　ほんまに、それだけでええんか？「茶化」は確かに事例Ⅰを解くには大いに役立つフレームワークやけど、企業の実情に寄り添って考えなあかんわ。

多辺：はい出た〜、知識やフレームワークが先行するタイプ〜。でも、企業が現場で人手不足にどのように向き合っているかは確かに気になる〜。

先生：中小企業庁が人手不足問題に対応した企業の事例集をホームページで公開してはるんやけど、２人は知ってるか？　勉強になるから、一部だけやけど見てみよか。

図表２　中小企業庁が公表した人手不足対応の事例（抜粋）

所在地	規模	業種	課題と対応のポイント
福島県	320人	警備業	【課題：業界的な慢性的人手不足解消】 ①採用の**ターゲットを就職氷河期世代(35~54歳)に設定** ②採用活動のプレゼンを「業務説明型」から**「共感型」にシフト** ③各営業所所長クラスからの**きめ細いヒアリング**
岡山県	11人	製造業	【課題：事業承継による変革期における中核人材不足の対応】 ①**採用者が担う業務の切り出しと人材像の明確化**（それまでは役員が兼務） ②求める人材像を精査し、**採用対象を業界未経験者にも拡大** ③**社員に明確なキャリアパスを示す**と同時に、働きがい向上の機運醸成
徳島県	264人	建物管理、建築工事業	【課題：採用後の早期離職の防止】 ①「高齢者：新聞・求人誌、若者：WEB・SNS」と採用時の**媒体の使い分け** ②入社後の習熟度や希望に応じた**「カスタム型研修」の導入** ③人事部門による**月２回以上の面談、勤務場所変更等への柔軟な対応**

（出所：中小企業庁「人手不足の対応事例集（令和３年度）」より『ふぞろい16』作成）

先生：事例集にはほかにも、さまざまな業種の企業の具体的な対応事例が載ってるから、詳しくは中小企業庁のホームページを見てほしいねんけど、２人はどない感じた？

多辺：いずれの企業も、「ターゲットの設定」や「採用者に応じた研修方法」と、求める人材像を明確化したうえで、採用後も社員に寄り添ってフォローしていることがわかりますよね〜。

永友：令和４年度の事例Ⅰでも、「企業や農業の魅力や理念を伝える」がキーワードとなってたけど、中小企業庁が紹介している実例を見て、もっとイメージを膨らませてみようと思ったっス。

〜診断士試験を受験してよかったこと〜

事例Ⅲは勉強になった（営業していたときに、顧客企業の工場見学で見たことがやっと理解できた）。

【能力開発によるモチベーションアップの重要性】

先生：今回の事例Ⅰ第２問の解答キーワードとして、「OJTでの研修」があったけど、実は中小企業白書のなかでも、能力開発と従業員のモチベーションの関係について興味深い結果が出とる。次はこの表を見てみよか。

図表３　能力開発に対する積極性別に見た、従業員の仕事に対する意欲

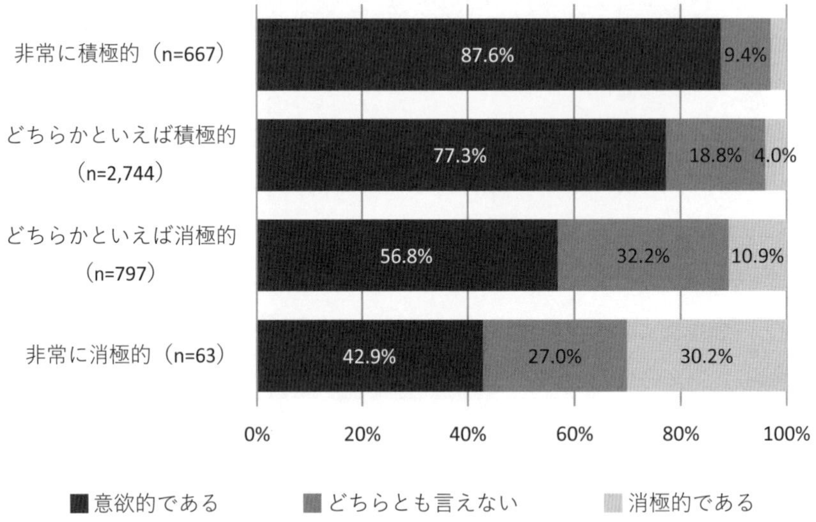

資料：（株）帝国データバンク「中小企業の経営力及び組織に関する調査」
（出所：『2022年版　中小企業白書』第2-2-19図、Ⅱ-98p）

永友：サッカーだと、契約金や年俸が評価指標になって、そのチームでプレーするモチベーションになることはよくあるっス。これを見ると、能力開発も従業員のモチベーションアップにつながることが明確っスね。

先生：せやねん。中小企業白書では、「企業は従業員の能力開発を行い、また、適切な人事施策（報酬や評価）により従業員の能力やモチベーションを高める取組を実施することが重要」と指摘してはる。つまり、研修により従業員が能力やモチベーションを高く持っとることは、従業員の定着にもつながり、人手不足への対応にもつながるし、スキルを持った従業員の確保で他社との差別化にもつながるということや。

多辺：人事施策をうまく組み合わせていくことが人手不足への対処にも有効ってことね～。

【事例Ⅰの過去問に見る採用・モチベーション向上の方法】

先生：ほな、ここからは事例Ⅰの過去問を見ていこか。事例Ⅰでは、有能な社員を確保し続けるための人事施策や社員のモラールを向上させる取り組みなど、広い意味で人手不足への対処にもつながる人事施策が頻繁に問われとる。

永友：オレなりに近年の人事施策の出題をまとめてみたんで、ちょっと見てほしいっス。

～診断士試験を受験してよかったこと～

いろいろな業界、立場の人と知り合えたこと。

図表4　近年の事例Ⅰにおける「人事施策」の主な出題

年度	A社の業種	設問	設問内容	想定される解答例
R2	酒蔵	4	グループ全体の人事制度を確立していくための留意点	成果主義、適正な評価、権限委譲、グループをまたいだ適正配置
R1	葉タバコ乾燥事業者	4	社員のモラールが上がった理由	成果主義、ドメインの明確化＆共有、古い考えを持つ社員のリストラ
H30	エレクトロニクスメーカー	4	チャレンジ精神や独創性を維持していくための施策	権限委譲、外部研究への参画機会、成果主義、基礎研究への適正評価、技術者交流の促進
H28	学校アルバムの印刷業者	3	有能な人材を確保していくための人事施策	社員研修の充実、経営理念、成果主義、適正な評価、働きやすい環境づくり
H27	スポーツ用品メーカー	4	成果主義を導入しない理由	ベテランの士気向上、一体感の醸成、長期的目線の育成
H25	サプリメント販売業者	2-2	非正規が低い離職率を維持していくための施策	リーダー制度、教育制度、表彰制度、評価制度、標準化、業務改善提案制度

多辺：確かに、平成25年度の「非正規が低い離職率を維持していくための施策」や平成28年度の「有能な人材を確保していくための人事施策」なんかは、まさに人材の「定着」に焦点が当たってるね～。

永友：平成30年度の「チャレンジ精神や独創性を維持していくための施策」や令和元年度の「社員のモラールが上がった理由」なんかも、従業員にモチベーション高く働いてもらうという意味で重要な論点っスね。

先生：面白いポイントでいうと、平成27年度の問題では、「成果主義を導入しない理由」として、「ベテランの士気向上を図ったり、長期的な目線での育成を行う」ということが解答例となっとるけど、令和元年度の問題では、「社員のモラールが上がった理由」として成果主義に言及されとる。こうしてみてもわかるように、何より大切なことは、事例企業の置かれている環境や社長の気持ちに寄り添った解答を作成することや。それだけは絶対に忘れたらあかんで。

2人：はいっ！！

【試験勉強のモチベーションは？】

先生：ところで永友、多辺。2人は試験勉強のモチベーションは十分に維持できとるか？

多辺：私は、事例1つ解き終えたら、ご褒美のスイーツ食べるようにしてモチベーションを維持してます～。

永友：オレは、合格後のキャリアプランをいろいろ想像して、それをモチベーションにしてる。あとは、勉強の合間の体幹トレーニング。体幹トレーニングのあとの勉強が一番集中できるっス。

先生：診断士試験の勉強はどうしても長丁場になってまう。2人とも、自分なりの方法でモチベーションを維持しながら頑張ってや。

～診断士試験を受験してよかったこと～

自信を持てた。

ふぞろい流ベスト答案　事例Ⅰ

第1問（配点20点）　100字　【得点】20点

強みは①農業経験豊富な従業員[1]の連携[1]による高品質な野菜[1]の栽培②認証を受けた有機野菜[2]の販売力[1]③共同開発[1]した特産品[2]の認知度[1]。弱みは①従業員の定着悪く[3]②役割分担あいまい[3]で③繁閑への対応力低く[3]④教育体制が弱い[2]点。

第2問（配点20点）　98字　【得点】20点

施策は①農業体験[2]を通してA社のコンセプト[5]を伝え、②作業の標準化[3]やOJT教育[5]で働きやすい環境を整え[3]、③地域の農業関係者との交流[5]で溶け込みやすくすることで、士気を向上[1]させ、新規就農者を獲得[1]し定着[2]させる。

第3問（配点20点）　100字　【得点】20点

顧客ニーズの共有[2]、共同開発[2]に取り組み関係を強化[3]する。あわせて直営店事業[2]で収集したニーズや食品加工技術[1]を活用し新[1]製品を開発[3]し新規取引先を開拓[2]する。以上により、徐々に依存度を下げ[5]、経営リスクの分散[3]を図る。

第4問（配点40点）

（設問1）　50字　【得点】15点

従業員の役割明確化[5]と専門性向上[5]を図るため機能別組織[4]を採用。新分野への挑戦[1]を可能とする組織構造とする。

（設問2）　100字　【得点】25点

後継者を直営店[2]と農業[1]を統括するポジションに配置し、経営スキル[5]向上を図る[5]。直営店は従業員に権限委譲[5]し、新商品開発[1]を促進する体制[3]を構築する。現経営陣は後継者や従業員を補佐[2]し、円滑な[2]事業承継のサポートを行う。

～資格以外に得られたこと～

ふぞろいな仲間。

ふぞろい流採点基準による採点

100点

第１問：強み・弱みについて、重要度が高いと考えられる要素を多面的に取り入れることを意識して記述しました。
第２問：「○○で△△をし、○○で△△をし、□□させる」と並列列挙し、Ａ社の経営環境を踏まえた施策と、その期待効果について多面的に記述しました。
第３問：大手中食業者と対等な関係を築き関係を強化すべきとの助言に加え、Ａ社の新たな分野への挑戦を後押しすることでどのような効果が得られるかを記述しました。
第４問（設問１）：今後の事業展開を意識し、役割分担の明確化と専門性の向上をキーワードとしたうえで、「機能別組織」がＡ社の現状により適していると考え、記述しました。
第４問（設問２）：後継者への権限委譲、従業員への権限委譲や人員配置、さらに現経営陣によるサポート体制を構築することを多面的に記述しました。

Column

体調管理は０次試験

私たちが受験した令和４年は、まだ全国的に新型コロナウイルスが蔓延り、マスクの着用がほぼ義務化されていた時期でした。特に１次試験のあった８月は、第７波と呼ばれる流行の真っ只中。その一方で、前年まで設定されていた、新型コロナウイルスによる返金措置や科目合格延長制度は廃止。私たち受験生たちは見えない敵に怯え、徹底的に健康管理に気を遣っていました。「体調管理は０次試験」というどこかで聞いた話を、心の底から実感したものです。

さて、皆さんがこれを読む頃、新型コロナウイルスは過去のものとなっているのでしょうか。街中でマスクをする人は珍しくなっているのでしょうか。そうであることを望んでいますが、だとしても、受験生は健康管理が第一。どんなに圧倒的な実力を持っていても、当日の体調が悪ければ勝負の土俵にすら立てません。私の知り合いにも、感染して受験を断念した方がいます。どうか、体調に気をつけて。これを読む皆さんが、万全の状態で戦いに臨まれることを願っています。　（やーみん）

～資格以外に得られたこと～

ふぞろいのメンバーやTwitter上の勉強仲間。

事例Ⅱ（マーケティング・流通）

令和４年度　中小企業の診断及び助言に関する実務の事例Ⅱ（マーケティング・流通）

Ｂ社は資本金3,000万円、従業者数は45名（うちパート従業員21名）で、食肉と食肉加工品の製造・販売を行う事業者である。現在の事業所は本社、工場、直営小売店１店舗である。2021年度の販売額は約９億円で、取扱商品は牛肉・豚肉・鶏肉・食肉加工品である。

Ｂ社はＸ県の大都市近郊に立地する。高速道路のインターチェンジからも近く、車の利便性は良いエリアだ。Ｂ社の周辺には、大規模な田畑を所有する古くからの住民もいるが、工業団地があるため、現役世代が家族で居住する集合住宅も多い。

1955年、Ｂ社はこの地で牛肉、豚肉、鶏肉、肉の端材を使った揚げたてコロッケなどの総菜を販売する食肉小売店を開業した。当時の食肉消費拡大の波に乗って順調に売り上げを伸ばしたＢ社は、1960年代に入ると、食肉小売事業に加え、地域の百貨店や近隣のスーパーなどの大型小売業へ食肉を納入する事業を手がけるようになった。

百貨店やスーパーを取引先としてきたこともあって、Ｂ社の商品はクオリティの高さに定評がある。仕入れ元からのＢ社に対する信頼も厚く、良い食肉を仕入れられる体制が整っている。Ｂ社は、百貨店向けには贈答用を含めた最高級品質の食肉や食肉加工品の販売を行い、直営の食肉小売店では対面接客による買物客のニーズに合わせた販売を行い、スーパー向けには食卓で日常使いしやすいカット肉やスライス肉などの販売を行っており、さまざまな食肉の消費機会に対応できる事業者である。

大型小売業の成長とともにＢ社も成長していたが、1980年代後半以降、スーパーは大手食肉卸売業者と取引を行うようになったため、Ｂ社からスーパーへの納入量は徐々に減少していった。現在、Ｂ社の周囲５km 圏内には広大な駐車場を構える全国チェーンのスーパーが３店舗あり、食肉も取り扱っているが、いずれもＢ社との取引関係はない。

こうした経営環境の変化を前に、Ｂ社社長は、直営の食肉小売店での販売と百貨店やスーパーを主要取引先とする商売を続けていくことに危機を感じた。そこで1990年代に入ってすぐ、次に挙げる３点で事業内容の見直しを行った。

第１に、新たな取引先の開拓である。従来の百貨店やスーパーとの取引に加え、県内や隣接県のホテル・旅館、飲食店などに活路を見出した。Ｂ社のあるＸ県は、都市部と自然豊かな場所がともに存在し、高速道路で行き来できる。また、野菜・果物・畜産などの農業、漁業、機械や食品などの工業、大型ショッピングセンターなどの商業、観光サービス業がバランスよく発展している。山の幸、海の幸の特産品にも恵まれ、大規模な集客施設もあれば、四季それぞれに見どころのある観光エリアもあり、新たな取引先探しには事欠かなかった。

第２に、自社工場を新設し、食肉加工品製造も行えるようにした。高い技術力を有する

〜資格以外に得られたこと〜

新しい仲間とのつながり。

職人をB社に招き入れ、良質でおいしい食肉加工品を製造できる体制を整えた。これによって、B社は最高級のハムやソーセージ、ローストビーフなどの食肉加工品を自社ブランドで開発できるようになった。単品販売もできるうえ、詰め合わせれば贈答品にもなり、これら食肉加工品は直営小売店や高速道路の土産物店、道の駅などで販売している。また、取引先のニーズに応じて、相手先ブランドでの食肉加工品製造を請け負うことも可能になった。

これと関連して第3に、取引先へのコンサルテーションも手がけるようになった。自社工場設立以前、B社は食肉販売を主な事業としていたため、取り扱う商品は標準的なカットやスライスを施した食肉であり、高度な加工を必要としなかった。しかし、ホテル・旅館や飲食店との取引の場合、販売先の調理の都合に合わせた形状のカットや、指定された個数でのパッキング、途中工程までの調理済み商品が求められるなど、顧客ニーズにきめ細かく合わせることが必要となってきた。B社は自社工場という加工の場をもつことによって、個々の顧客の要望に応じた納品が可能になった。最近では、飲食店に対してメニュー提案を行ったり、その半加工を請け負ったりすることも増えている。

事業見直しを進めた現在、B社取引先の多くは1990年代以降に開拓した事業者となった。2019年度時点でのB社の売上構成比は、卸売事業が9割、直営小売事業が1割である。折からのインバウンド需要の拡大を受け、ホテル・旅館との取引は絶好調であった。加えて2020年夏には東京オリンピック・パラリンピックを控え、B社はさらなる飛躍を期待し、冷凍在庫も積み増していた。

ところが、国内での新型コロナウイルス感染症の発生を受け、ホテル・旅館や飲食店などを主要取引先とするB社の経営は大打撃を受けた。B社の2020年度の売り上げは、2019年度のおよそ半分となった。2021年度の売り上げも2020年度から多少回復がみられる程度だ。東京オリンピック・パラリンピックのために積み増した冷凍在庫をさばくため、B社は大手ネットショッピングモールに出店し、焼肉用やステーキ用として冷凍肉の販売も試してみた。しかし、コロナ禍で同じことを考えた食肉販売業者は多く、B社紹介ページはネット上で埋もれ、消費者の目にはほとんど留まらないようだった。B社にとってせめてもの救いは、直営の食肉小売店であった。コロナ禍の巣ごもり需要拡大の影響で、開業以来、とくに何の手も打って来なかった食肉小売店での販売だけが急上昇した。料理の楽しさに目覚めた客や、作りたての揚げ物を買い求める客が、食肉専門店の魅力に気づいて足を運ぶようになった結果だった。

B社社長はこの2年以上、コロナ禍で長期にわたって取引が激減しているホテル・旅館や、続々と閉店する飲食店を目の当たりにしてきた。もちろんB社の販売先の多くはまだ残っているが、コロナ収束後、これらの事業者がすぐにコロナ前の水準で取引してくれるようになるとはとても思えずにいる。

B社社長は高齢のため、同社専務を務める息子がまもなく事業を承継する予定だ。アフターコロナと事業承継を見据え、B社社長は自社事業の再構築を行うべく、中小企業診断

～資格以外に得られたこと～

学ぶことが習慣化した。

士に相談した。Ｂ社はこのところ卸売事業を主軸としてきた。しかし、中小企業診断士との対話を重ねていくうち、Ｂ社社長は自社の売り上げが他社の動向に左右されていることに気づき、今後はＢ社自身が最終消費者と直接結びつく事業領域を強化すべきであると納得するに至った。Ｂ社社長は、自社の強みを生かした新たな事業展開ができるよう、中小企業診断士にさらなる助言を求めた。

第１問（配点30点）

Ｂ社の現状について、３Ｃ（Customer：顧客、Competitor：競合、Company：自社）分析の観点から150字以内で述べよ。

第２問（配点20点）

Ｂ社は、Ｘ県から「地元事業者と協業し、第一次産業を再活性化させ、県の社会経済活動の促進に力を貸してほしい」という依頼を受け、Ｂ社の製造加工技術力を生かして新たな商品開発を行うことにした。商品コンセプトと販路を明確にして、100字以内で助言せよ。

第３問（配点20点）

アフターコロナを見据えて、Ｂ社は直営の食肉小売店の販売力強化を図りたいと考えている。どのような施策をとればよいか、顧客ターゲットと品揃えの観点から100字以内で助言せよ。

第４問（配点30点）

Ｂ社社長は、新規事業として、最終消費者へのオンライン販売チャネル開拓に乗り出すつもりである。ただし、コロナ禍で試した大手ネットショッピングモールでの自社単独の食肉販売がうまくいかなかった経験から、オンライン販売事業者との協業によって行うことを考えている。

中小企業診断士に相談したところ、Ｂ社社長は日本政策金融公庫『消費者動向調査』（令和４年１月）を示された。これによると、家庭での食に関する家事で最も簡便化したい工程は「献立の考案」（29.4％）、「調理」（19.8％）、「後片付け」（18.2％）、「食材の購入」（10.7％）、「容器等のごみの処分」（8.5％）、「盛り付け・配膳」（3.3％）、「特にない」（10.3％）とのことであった。

Ｂ社はどのようなオンライン販売事業者と協業すべきか、また、この際、協業が長期的に成功するためにＢ社はどのような提案を行うべきか、150字以内で助言せよ。

～資格以外に得られたこと～

新規事業への異動で知識を役立てるチャンスを得られた。

第１問（配点30点）【難易度　★☆☆　みんなができた】

Ｂ社の現状について、３Ｃ（Customer：顧客、Competitor：競合、Company：自社）分析の観点から150字以内で述べよ。

●出題の趣旨

内外の経営環境を分析する能力を問う問題である。

●解答ランキングとふぞろい流採点基準

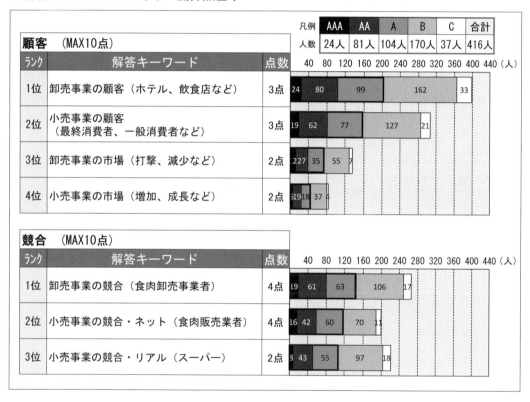

凡例	AAA	AA	A	B	C	合計
人数	24人	81人	104人	170人	37人	416人

顧客　（MAX10点）

ランク	解答キーワード	点数
1位	卸売事業の顧客（ホテル、飲食店など）	3点
2位	小売事業の顧客 （最終消費者、一般消費者など）	3点
3位	卸売事業の市場（打撃、減少など）	2点
4位	小売事業の市場（増加、成長など）	2点

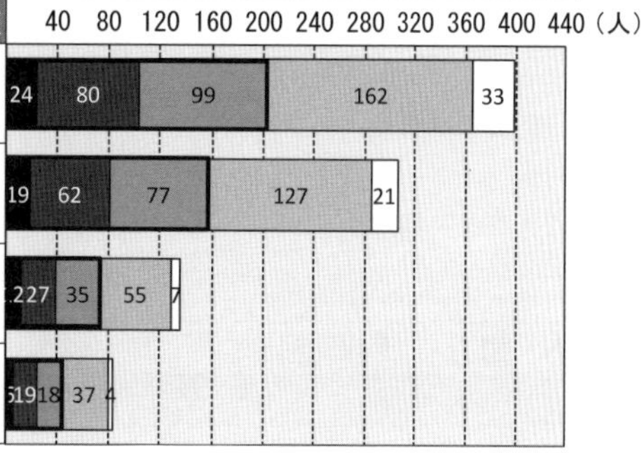

競合　（MAX10点）

ランク	解答キーワード	点数
1位	卸売事業の競合（食肉卸売事業者）	4点
2位	小売事業の競合・ネット（食肉販売業者）	4点
3位	小売事業の競合・リアル（スーパー）	2点

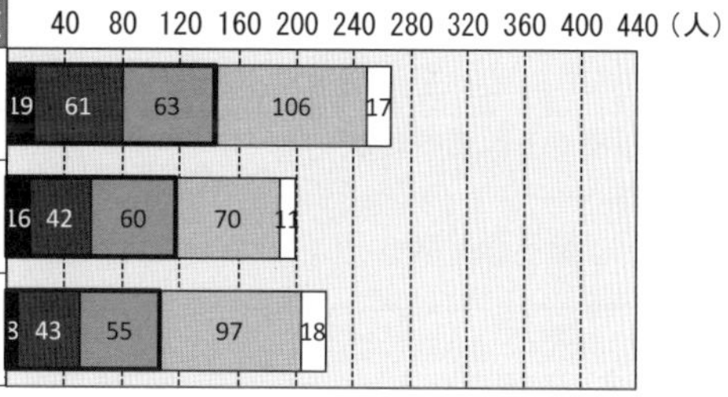

～資格以外に得られたこと～

朝活の習慣。通勤前に勉強すると、１日がすごく有効活用できている気がする。

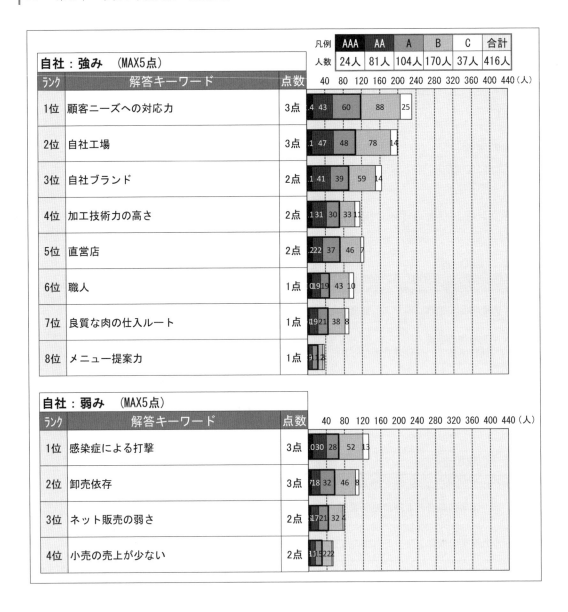

凡例	AAA	AA	A	B	C	合計
人数	24人	81人	104人	170人	37人	416人

自社：強み　（MAX5点）

ランク	解答キーワード	点数
1位	顧客ニーズへの対応力	3点
2位	自社工場	3点
3位	自社ブランド	2点
4位	加工技術力の高さ	2点
5位	直営店	2点
6位	職人	1点
7位	良質な肉の仕入ルート	1点
8位	メニュー提案力	1点

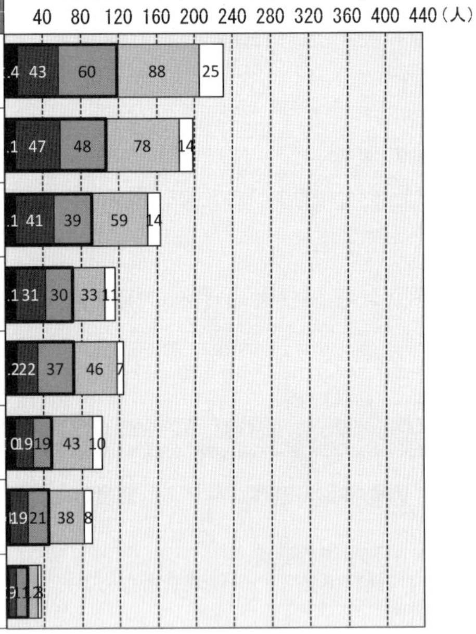

自社：弱み　（MAX5点）

ランク	解答キーワード	点数
1位	感染症による打撃	3点
2位	卸売依存	3点
3位	ネット販売の弱さ	2点
4位	小売の売上が少ない	2点

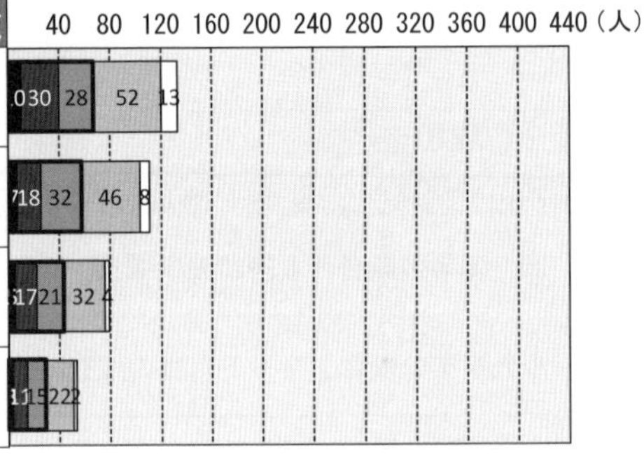

●再現答案

区	再現答案	点	文字数
AAA	顧客は、ホテルや旅館、飲食店[3]が９割で、コロナで閉店や取引縮小が進展[2]。直営店の顧客[3]は１割で、コロナによる巣ごもり需要で増加中[?]。自社は、高い技術力[2]と自社工場[3]所有で良質な食肉加工品が出来る事、仕入元からの信頼[1]が強み。弱みは卸売事業への依存[3]。競合は、スーパーと取引する大手食肉卸[4]、ネット上の多数の食肉販売業者[4]。	26	150

～資格以外に得られたこと～

サードプレイス。

AA	顧客は、①**感染症の影響で売上が半減**[2]した**卸売事業のホテル・旅館、飲食店等**[3]②**巣ごもり需要拡大中**[2]の**直営小売事業の最終消費者**[3]である。競合は、①**大手食肉卸売業**[4]、②大手ネットショッピングモールに出店する**食肉販売業者**[4]である。自社は、利便性の良い立地、**良質な肉の仕入れ**[1]が可能だが、**他社動向に左右される経営体制**[3]。	22	147
A	顧客の９割は**ホテル・旅館・飲食店**[3]で**コロナ禍により取引が激減**[2]。１割はＢ社**近隣に住む現役世代**[3]。競合は**大手食肉卸売業者**[4]でスーパーとの取引を奪われている。自社の強みは**商品の質の高さ**[1]、**高い技術力**[2]、**自社ブランド**[2]があり、ＯＥＭ受注も可能である事。弱みは**ネット販売が不得手**[2]で近隣スーパーとの取引がない事。	19	144
B	顧客は**百貨店・スーパー・ホテル・旅館・飲食店**[3]と**ネットショップや直営食肉小売店の消費者**[3]。競合はＢ社周辺の**全国チェーンのスーパー**[2]３店舗とネット上の**食肉販売事業者**[4]。自社の強みは①クオリティの高い商品②**高い加工技術力**[2]で**自社ブランド**[2]を開発できる③**自社工場**[3]を持ち**個々の顧客の要望に対応可能**[3]なこと。	17	142
C	顧客：売上の９割を占める**卸売事業の主要顧客であるホテル・旅館・飲食業**[3]が**コロナ禍により大打撃で売上激減でコロナ収束後も回復見込めない**[2]。競合：**同業他社も大手ネットショッピングモールに出店**[4]も市場は飽和状態。自社：食肉専門店の魅力に再度脚光も**食品加工能力**[2]と**コンサル能力**[1]を生かす場がコロナ禍で失われる。	12	146

AAA：≧70，AA：69～65，A：64～60，B：59～50，C：49～40，D：≦39

本事例Ⅱに関しては、開示得点の分散が小さいため、より緻密にキーワード分析を行うべく、Ａ以上答案は５点刻みの区分としています。

●解答のポイント

外部環境（顧客／競合）については卸売と小売の視点から、内部環境（自社）については強みと弱みの視点から、続く設問も踏まえて多角的に分析できたかがポイントだった。

【Customer：顧客】

先生：続いて事例Ⅱを見てみよか。「３Ｃ分析」は平成30年度に続いて２度目の出題やけど、どないやった？　まず顧客から聞こか。

永友：はい！　基本的には平成30年度と同じだと考えました。ホテルや飲食店という卸売事業の顧客、最終消費者という小売事業の顧客をそれぞれ解答したっス！

多辺：私は卸売事業が新型コロナウイルスの影響で打撃を受けていること、逆に小売事業が新型コロナウイルスにより追い風が吹いていることを書きました～。

先生：あんたら２人ともええ感じやね。３Ｃ分析において「顧客」を分析するときは、本

～資格以外に得られたこと～

仲間。

来「市場」まで踏み込んで分析するんやけど、字数が限られる２次試験においてどう判断するかは難しいところや。でも、「卸売事業が打撃を受ける状況で、小売事業を強化」というのは、第３問や第４問に関連してくる内容や。実際、「市場」について書いた人の半数はＡ以上答案やったから、今回は加点されとるやろなぁ。

【Competitor：競合】

先生：「競合」はどないやった？

多辺：卸売事業の競合である「食肉卸売業者」、小売事業の競合である「ネット販売している食肉販売業者」を書きました～。

永友：小売事業は直営店もあるよね？　ネットだけでなく、リアルの競合である「近隣のスーパー」も書くのが世界で戦ううえで必要じゃないか！？

先生：さすがや永友！　第３問では直営店に関する提案が求められており、「スーパー」も加点された可能性が高い。Ａ以上答案の約半数が解答しとったで。

【Company：自社】

先生：最後は「自社」やけど、ここが第１問の勝負の分かれ目や！

多辺：まぁね～。何を書けばよいのかピンとこなくて、Ｂ社の強みを詰め込んでみた～。

永友：内外の経営環境を分析する問題だから、「自社」は内部環境、強みと弱みが必要！

先生：永友、あんた冴えとるなぁ。多くの受験生が強みと弱み両方聞かれていることに気づかず、強みのみを書いていたんや。弱みまで書かれているのは主にＡ以上の答案やった。まず強みやけど、「顧客ニーズへの対応力」や「自社で加工できる」ことに関して書くことができれば、点数につながったみたいや。これは第２問でＢ社が期待されている製造加工技術力や、第３問の最終消費者対応につながる点やね。

多辺：逆に弱みは何を書けばよかったのでしょうか？

永友：卸売事業に売上が依存していることを書いたっス！

先生：せやなぁ。実際Ｂ社は第３問で直営店の小売事業を強化しているし、第４問でもネットでの小売事業を強化しようとしとる。ところで、Ｂ社がネットでの小売事業に挑戦するのは今回が初めてやろか？

永友：２回目の挑戦っス！　失敗からの４年越しの再挑戦。かっこいい！

先生：４年越しかどうかは知らんけど、永友の言うとおりや。Ｂ社は一度ネット販売に失敗した。今回は再挑戦。そして協業を必要としとる。つまり？

多辺：ネット販売が苦手！

先生：多辺の言うとおりや。このように第４問を意識すると、「ネット販売の弱さ」が重要な点やと思わんか？　この点を書いた答案の半数はＡ以上答案で、加点されている可能性が高いんやわ。

多辺：ですよね～。ほかの設問と関連させて多角的に答えることが必要なんですね～。

～資格以外に得られたこと～

努力した自分に自信を持つことができた。

第２問（配点20点）【難易度　★☆☆　みんなができた】

Ｂ社は、Ｘ県から「地元事業者と協業し、第一次産業を再活性化させ、県の社会経済活動の促進に力を貸してほしい」という依頼を受け、Ｂ社の製造加工技術力を生かして新たな商品開発を行うことにした。商品コンセプトと販路を明確にして、100字以内で助言せよ。

●出題の趣旨

自社の強みを生かして地域課題の解決を図るための商品戦略と流通戦略について、助言する能力を問う問題である。

●解答ランキングとふぞろい流採点基準

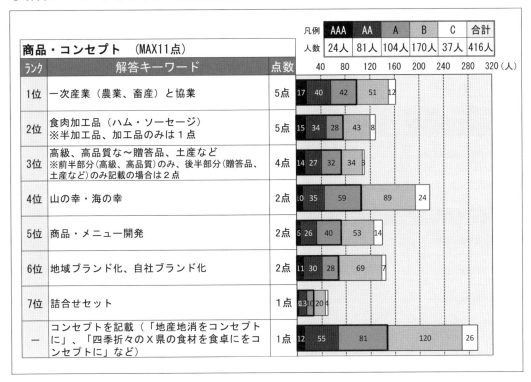

商品・コンセプト　（MAX11点）

ランク	解答キーワード	点数
1位	一次産業（農業、畜産）と協業	5点
2位	食肉加工品（ハム・ソーセージ） ※半加工品、加工品のみは１点	5点
3位	高級、高品質な～贈答品、土産など ※前半部分（高級、高品質）のみ、後半部分（贈答品、土産など）のみ記載の場合は２点	4点
4位	山の幸・海の幸	2点
5位	商品・メニュー開発	2点
6位	地域ブランド化、自社ブランド化	2点
7位	詰合せセット	1点
―	コンセプトを記載（「地産地消をコンセプトに」、「四季折々のＸ県の食材を食卓にをコンセプトに」など）	1点

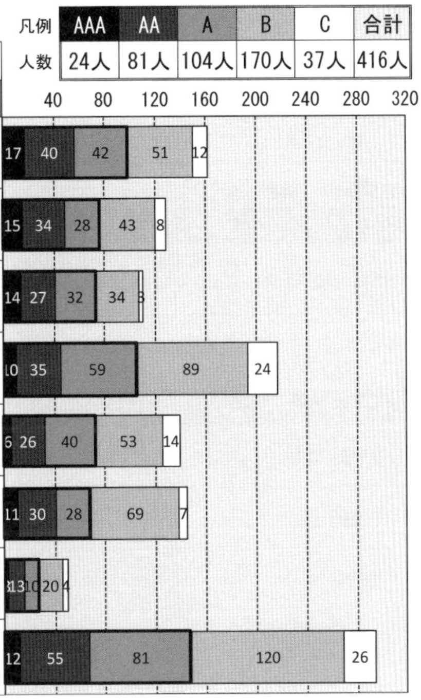

～知識以外に自分に身に付いたこと～

勉強する習慣。

凡例	AAA	AA	A	B	C	合計
人数	24人	81人	104人	170人	37人	416人

販路　(MAX5点)

ランク	解答キーワード	点数
1位	道の駅、サービスエリア	2点
2位	土産物店	2点
3位	高速道路	1点
4位	商業施設、ショッピングセンター	1点
5位	観光エリア、観光施設	1点
6位	ホテル、旅館	1点
7位	飲食店	1点
8位	オンライン販売、ＥＣサイト	1点

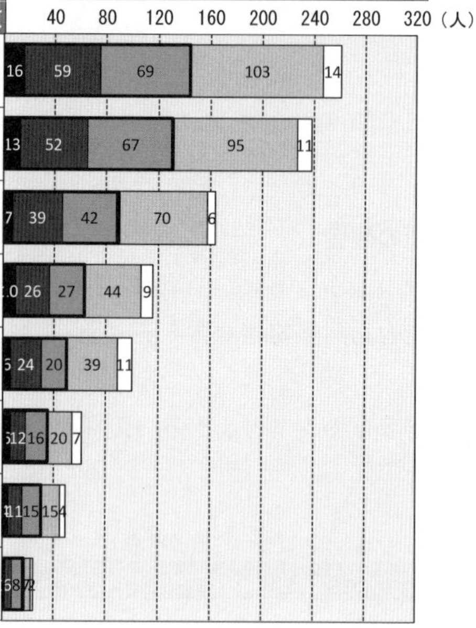

B社の強み　(MAX2点)

ランク	解答キーワード	点数
1位	高い加工技術	2点

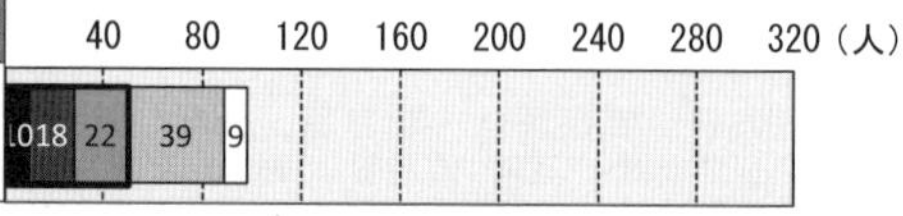

効果　(MAX2点)

ランク	解答キーワード	点数
1位	地域活性化	1点
2位	売上向上	1点
3位	販売促進	1点

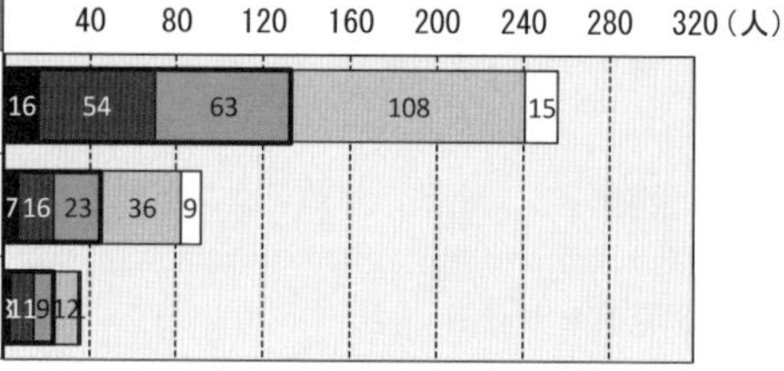

〜知識以外に自分に身に付いたこと〜

仮説を立てる力。

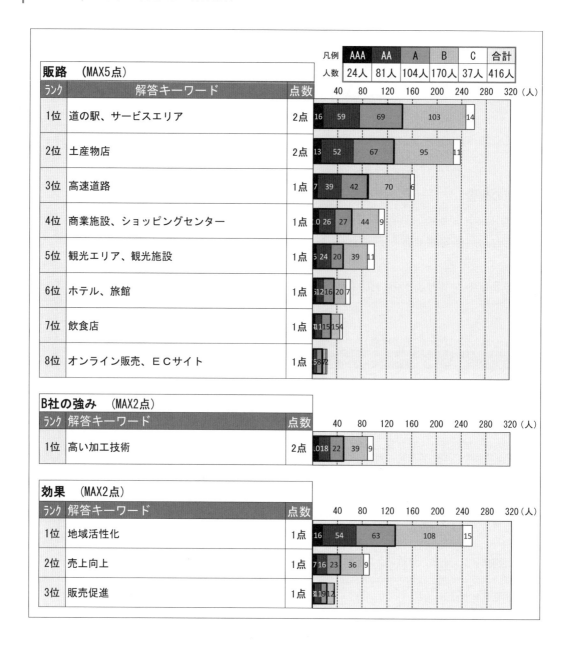

●再現答案

区	再現答案	点	文字数
AAA	X県内の**農業、漁業関係者と協業し**[5]、**高い食肉加工技術**[2]を活かした**食肉加工品**[5]と、**山の幸、海の幸**[2]の**特産品のセット**[1]商品を、地元産として販売し、**ホテル、旅館**[1]で提供、**土産物店**[2]、**道の駅**[2]で販売し、**経済活動の促進**[1]に繋げる。	19	100
AA	観光業及び**畜産業と協業**[5]し、**良質でおいしい**[2]**食肉加工品を製造できる強みを生かし**[2]、**地域の名産ブランド**[2]**商品を開発する**[2]。販路は、ホテルの**土産店**[2]や直営店、**道の駅**[2]で**観光客向け**[1]に販売し、**社会経済活動の促進**[1]を推進する。	19	100
A	**地元農漁業者と連携し**[5]、自然豊かな**高品質**[2]、安心という**コンセプト**[1]で**加工品**[1]**を開発し**[2]、**高速道路**[1]の**土産物店**[2]や**道の駅**[2]で、**詰め合わせ贈答品**[1]として販売する。DMの同封で再来訪を促し、観光事業者等の活性化にも貢献する。	17	100
B	X県の**野菜・果物・畜産等の農業、漁業と協業し**[5]新規**商品開発**[2]を図る。商品**コンセプト**[1]はX県の魅力の訴求である。X県の**観光エリア**[1]の観光サービス業・**飲食店**[1]・**ホテル**[1]へ販売し、X県の**一次産業活性化**[1]、**販路拡大**[1]に繋げる。	13	100
C	X県の**農業・漁業会社と協力し**[5]、**地元の野菜や魚**[2]とB社の肉を加工し、X県の四季を**コンセプト**[1]にした**弁当の開発**[2]を行うべき。販路は、全国チェーンのスーパーに対し全国展開の提案営業を行い、**X県の経済活性化**[1]を図る。	11	100

●解答のポイント

①商品コンセプト、②販路の２点を解答の軸にして、設問文記載のX県からの依頼（地元事業者との協業、第一次産業の再活性化、県の社会経済活動の促進）に沿って、与件文記載のX県の地域資源を活用した提案を検討し、一貫性のある解答にまとめることがポイントだった。

先生：ほな、次は第２問にいこか。助言問題やけど、２人はしっかり解答できたんか？

永友：「商品コンセプトと販路を明確にして」と設問文に記載があるから、商品コンセプトと販路を解答の軸にしたっス。

多辺：そうね～。あとは与件文に従って、「地元事業者と協業」、「第一次産業を再活性化」、「県の社会経済活動の促進」の３点を踏まえて解答を解答を練りました～。

先生：２人ともええな。第２問は、「第一次産業を再活性化」、「県の社会経済活動の促進」という課題に対し、商品戦略と流通戦略の両面から助言する問題やったで。

～知識以外に自分に身に付いたこと～

諦めないこと、自分の力を信じること。

【商品・コンセプトについて】

先生：まずは、商品・コンセプトからや。２人はどない考えたんや？

永友：先生！　第一次産業の再活性化を図りたいんだから、「地産地消をコンセプトに、地域の農産物を使った商品を開発する」だとどうっスか？

先生：おお、商品コンセプトを明確にしつつうまくまとめたな！　確かに、「一次産業との協業」はＡ以上答案の６割、「商品開発」は５割が記載したキーワードやった。けどな、設問文に「Ｂ社の製造加工技術力を生かして」と書いとるやろ？　Ｂ社の製造加工技術力（強み）を生かしてどんな商品が作れるのかを、もっと具体的に考えてほしいんや。「地域の農産物を使った商品を開発」のみで十分な助言と言えるやろか？

多辺：なるほど～、永友の解答もいいと思ったけど……Ｂ社は自社工場を新設し、高度な加工技術を有しているから、良質でおいしい食肉加工品を製造できるって与件文に書いてあるね～。あと、Ｘ県は畜産業もあるみたいだから、Ｘ県産の肉を調達できる環境みたい。それなら……「Ｘ県の畜産農家と協業して、Ｂ社の製造加工技術を生かして、高品質なハムやソーセージなどの食肉加工品を製造し、地域ブランド化を図る」とかどうですか？

先生：Ｂ社の製造加工技術力に着目することで、より具体的な助言になったな。第２問では、「地元事業者と協業」、「第一次産業を再活性化」、「県の社会経済活動の促進」の３つのポイントを押さえつつ、Ｂ社の食肉加工技術（強み）を踏まえた提案になっているかが、得点の差につながったんや。あとは、「県の社会経済活動の促進」という課題に対して「地域ブランド化」について触れとるのもええな。「地域ブランド化」について記載している解答は全答案の３割程度ではあるが、Ａ以上答案のうち５割を占めとったで。

永友：Ｂ社の食肉加工技術を踏まえたほうが点が高いってどういうことっスか？

先生：たとえば、「加工品（を開発する）」を記載したＡ以上答案の割合は５割だったんやけど、「食肉加工品（を開発する）」と食肉に言及したＡ以上答案は６割で、前者に比べ１割高かった。ほかにも、「贈答品、土産」のみよりも、Ｂ社の良質でおいしい食肉加工品を製造できる強みを踏まえ「高品質な～贈答品、土産」を開発すると解答した答案のほうが、２割弱Ａ以上答案の割合が高かったんや。

多辺：なるほど～。思っていた以上に、与件文と設問文に即した内容やキーワードを使って、解答を作ることって大事なんだね～。

永友：オレも、まだまだトレーニングが足りないようだぜ！　（帰ったら早く体幹を鍛えなければ。）

【販路について】

先生：ほな、販路についてはどない考えたん？

～知識以外に自分に身に付いたこと～

自分に自信がついたこと。

永友：先生！　ここは任せてください！　地元事業者と協業して開発した商品を、「社会経済活動の促進」につながる販売先に販売するって考えるのはどうっスか？　高速道路で行き来できるアクセスの良さや、大型ショッピングモールや観光エリアがあることを踏まえて、他県から訪れる観光客向けの商品を開発し、観光客が訪れそうな場所で販売することで、地域活性化を図るとか！

先生：つまり？　……販路は？

永友：……。いろいろ思い浮かんで決められないっス！

多辺：永友～、いい考えしてるんだからちゃんと最後まで答えなさいよ～。

先生：せやなぁ。永友の考えはええと思うで。具体的な販売先としては、「高速道路の道の駅」、「土産店」と答えた解答が多かった。新型コロナウイルスで打撃を受けた「ホテル・旅館」、「飲食店」と記載した解答は全答案の２割を下回っているほか、与件文にＢ社社長の考えとして「新型コロナウイルス収束後、これらの事業者（ホテル・旅館、飲食店）がすぐにコロナ前の水準で取引をしてくれるようになるとは思えずにいる」と記載されていることから、「ホテル・旅館」、「飲食店」への加点は少なかったと思われるわ。

【効果について】

先生：最後に聞くけど、ちゃんと効果についても触れたんか？

永友：そりゃ～先生！　散々「第一次産業を再活性化」、「県の社会経済活動の促進」という目的に沿って、商品コンセプトと販路を考えてきたんだから当然書きました！
オレは「地域活性化」にしたっス！

多辺：やるじゃん、永友～。ちなみに、「売上向上」とか「販売促進」とかＢ社にとってのメリットを書くのも問題ないですかね～。

先生：「地域活性化」と比べて解答数は少ないんやけど、Ａ以上答案が占める割合は、「売上向上」は５割、「販売促進」は７割弱だったみたいやから、加点対象であったと思われるで。

永友：やっぱり、助言するなら効果も書くって感じか！　試合でも、オーバーラップしたらシュートまでいかないと怒られるもんな。

先生：そのたとえはようわからんが、社長の気持ちになって考えてみ。助言されたことに対してどんな効果が期待できるか具体的に教えてもらうほうが納得しやすいやろ？　愛のある診断士として、ただ知識があって助言ができるだけやったらあかんのやで。

～知識以外に自分に身に付いたこと～

わからないなりに理論立てて正解を作ろうとするガッツ。

第３問（配点20点）【難易度　★★☆　勝負の分かれ目】

アフターコロナを見据えて、Ｂ社は直営の食肉小売店の販売力強化を図りたいと考えている。どのような施策をとればよいか、顧客ターゲットと品揃えの観点から100字以内で助言せよ。

●出題の趣旨

自社の成長事業を強化するためのターゲティング戦略について、助言する能力を問う問題である。

●解答ランキングとふぞろい流採点基準

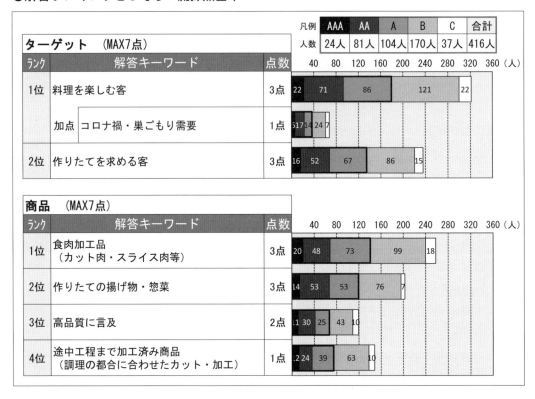

凡例	AAA	AA	A	B	C	合計
人数	24人	81人	104人	170人	37人	416人

ターゲット　（MAX7点）

ランク	解答キーワード	点数
1位	料理を楽しむ客	3点
加点	コロナ禍・巣ごもり需要	1点
2位	作りたてを求める客	3点

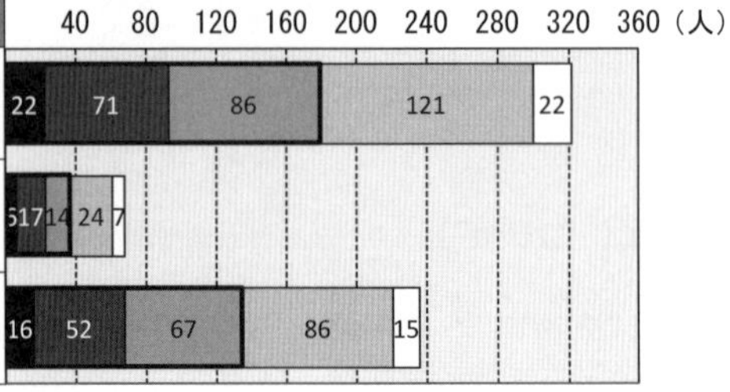

商品　（MAX7点）

ランク	解答キーワード	点数
1位	食肉加工品（カット肉・スライス肉等）	3点
2位	作りたての揚げ物・惣菜	3点
3位	高品質に言及	2点
4位	途中工程まで加工済み商品（調理の都合に合わせたカット・加工）	1点

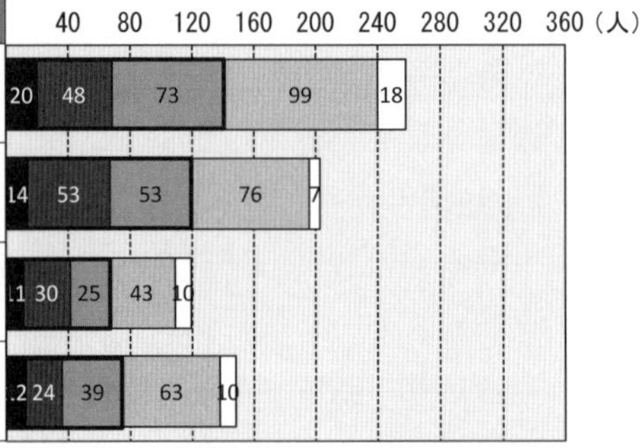

～知識以外に自分に身に付いたこと～
フレームワークで考える癖。

凡例	AAA	AA	A	B	C	合計
人数	24人	81人	104人	170人	37人	416人

施策　(MAX3点)

ランク	解答キーワード	点数
1位	顧客ニーズに対応する品揃えとする （ニーズ対応・要望に合わせて商品開発など）	2点
2位	品揃えを増やす・拡充する	2点
3位	調理方法の提案・レシピ提供・メニューや献立の提案	1点
4位	顧客との接点（試食の提供・料理教室の開催・対面接客・実演）	1点

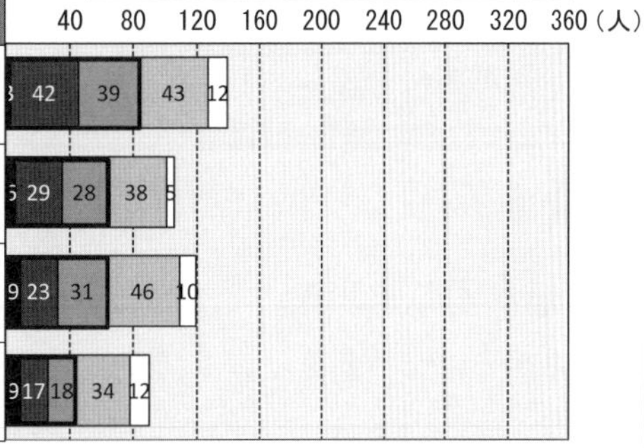

効果　(MAX3点)

ランク	解答キーワード	点数
1位	売上・収益・販売点数向上、販売力強化	3点
2位	愛顧向上・顧客満足度向上・固定客化	2点
3位	差別化・高付加価値化	1点

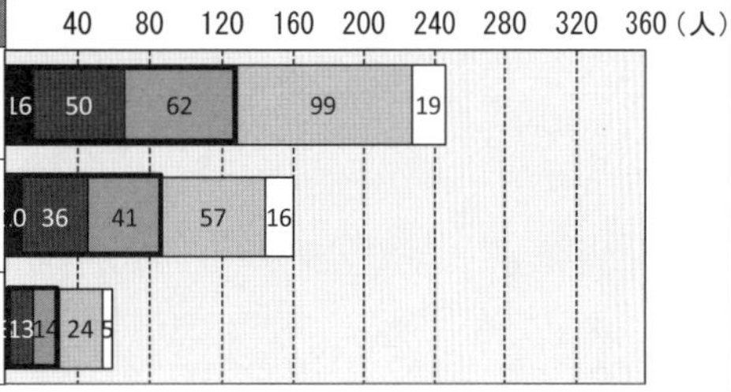

●再現答案

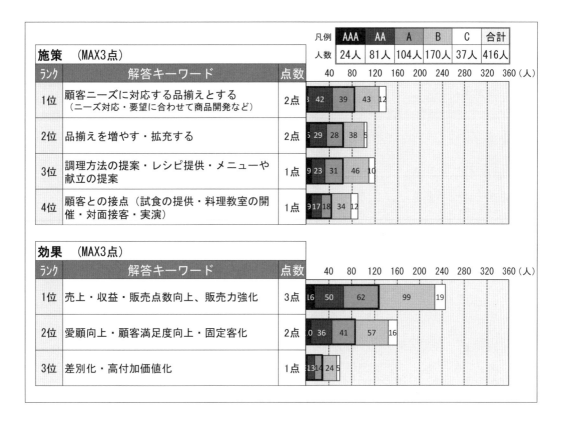

区	再現答案	点	文字数
AAA	ターゲットは、**料理の楽しさに目覚めた客**[3]と**作り立ての揚げ物を求める客**[3]で、**高品質な**[2]**食肉**[3]と**揚げたての商品**[3]を品揃える。**顧客の要望を聞き**[2]ながら**レシピ提供**[1]も兼ねた**実演調理**[1]を行い、満足度・客単価・**売上向上**[3]を図る。	19	99
AA	施策は、**料理の楽しさに目覚めた客**[3]や**作りたてを求める消費者**[3]をターゲットとして、**顧客ニーズに応じた**[2]**食肉**[3]や**揚げ物**[3]の**品揃えを増やす**[2]。**対面販売**[1]で揚げたてを提供することで魅力を訴求し、**顧客愛顧を獲得**[2]する。	17	96
A	**巣ごもり**[1]で拡大した**料理の楽しさに目覚めた客**[3]に対して、**食肉加工**[3]の料理セットによる**調理メニューの提案**[1]や**半加工の食材**[1]を提供する。これらにより小売店の販売力を高めると共に、**顧客愛顧を向上**[2]し、**売上を拡大**[3]する。	12	99
B	B社周辺の集合住宅に住む現役世代の家族層に対し①職人の高い技術力を活用した**調理に応じた**[1]**形状カット品**[3]②**最高級品質**[2]の肉の端材を使用した**惣菜**[3]**品種増加**[2]。**対面接客**[1]で**ニーズ収集**[2]し定期的に見直し来店頻度向上。	10	97

～知識以外に自分に身に付いたこと～

自信。

C	コロナ禍の巣ごもり需要拡大で来店した顧客を標的に聞き取りし、ニーズ把握に努め、食肉専門店として**ニーズに応じた**[2]**加工品**[3]や**新メニュー**[1]を**試食会**[1]で提案し、反応に応じ品揃えを改変し関係性構築・**固定客化**[2]を図る。	8	98

●解答のポイント

「顧客ターゲット」と「品揃え」という観点から、ポテンシャルのある「顧客層」と顧客ニーズを的確に捉え、B社の強みが生かせる「商品」を具体的に記載することがポイントだった。

先生：続いては第3問。2人はどない解答したんか、ちょっと聞かせてくれる？

多辺：「品揃えの観点から」って聞き方が気になるけど、つまりは誰に何を売るかっていうことですよね～。

永友：自分も、「誰に、何を、どのように、効果」の「ダナドコ」フレームワークを使ったっス。

先生：少し捻りのある聞き方やけど、基本は「ダナドコ」をベースに考えると多面的な解答ができると思うわ。ほな、まずターゲットからやな。

【ターゲットについて】

永友：ターゲットといえば「デモ・ジオ・サイコ」のフレームワークが使えるっス。与件文にしっかりB社周辺には工業団地があって、現役世代が家族で住んでいる集合住宅があるって書いてあります。

多辺：「料理の楽しさに目覚めた客」や、「作りたての揚げ物を買い求める客」という記載もあるよ。これは「サイコ」に当たるのかな？

先生：せやなぁ。特に、「料理の楽しさに目覚めた客」や「作りたての揚げ物を買い求める客」を書いた答案はA以上答案の6割以上を占めていて多かったんや。

永友：先生、「B社周辺の工業団地の集合住宅に住む家族層で、料理の楽しさに目覚め、作りたての揚げ物を買い求める客」と書いたら、ターゲットだけで相当な文字数になっちゃうっス！

先生：工業団地に家族で住んでいる現役世代も間違いやないけど、「家族」、「ファミリー層」、「近隣」、「集合団地」、「工業団地」などデモ・ジオ要素は全体の3割程度しか記載した答案がなかったんや。A以上答案でも言及している割合は変わらんかったから、加点されていたとしてもそこまで大きく差がつかなかったかもしれへんな。限られた字数でほかの要素も盛り込まなければならないなか、デモ・ジオに字数を割くよりかは、明確な顧客ニーズとなるサイコに言及することを優先することにし

～知識以外に自分に身に付いたこと～

忍耐力。

た受験生が多かったんやな。与件文中に散りばめられた情報を拾ってうまく編集する力が求められたといえるやろね。

永友：しまった、裏を取られた……。

【商品について】

永友：商品は、「食肉加工品」だと思うっス。カット肉や、スライス肉はどうですか？

先生：それだけでええんか？　ターゲットで、「料理の楽しさに目覚めた客」と「作りたての揚げ物を買い求める客」の２つの対象が出てきたが、この２つにそれぞれ対応する商品を具体的に書くことがポイントやろうな。「食肉加工品」については、Ａ以上答案の７割が記載していたので、得点が入ったと思うわ。Ｂ社は自社工場を保有していて、食卓で日常使いしやすいカット肉やスライス肉の加工ができる。まさにターゲットのニーズに合った商品やな。ほな、もう１つの「作りたての揚げ物を買い求める客」には何を販売するんや？

多辺：作りたてのコロッケが売っていたら、私なら絶対買います〜。

先生：せやなぁ。「作りたての揚げ物・惣菜」はＡ以上答案の６割が記載していたんや。

永友：先生、第１問で３Ｃ分析をしたとおり、周辺には競合他社がいます。差別化できるように、Ｂ社の強みである「良い肉を仕入れられる体制」がここで生かせるのではないでしょうか。

先生：そのとおりや。良い肉を仕入れられるＢ社の強みが生かせる「品質の良い」商品であることに言及できるとさらに加点されたと思われる。ここまで書けたのはＡ以上でも３割程度にとどまるんや。あんた、センスあるんちゃう？

永友：よっしゃー！　ナイスタックル！

【施策について】

先生：施策についてはどない思う？　そもそも施策まで書いていない答案もあり、対応が分かれた要素だったかもしれへんな。

永友：「どのような施策」と設問文にありますし、「ダナドコ」のフレームワークに従って、もちろん書いたっス。

多辺：しかも、「品揃えという観点から」という制約条件がありますね。

先生：ただ施策を書くだけじゃアカンで。制約条件に従って「品揃え」に言及できたかがカギを握る。ターゲットに合わせた商品をそろえることや、Ｂ社が強みを生かせる商品群を強化する方向で書けたかどうかが大事や。

永友：オレは、「作りたての揚げ物の品揃えを増やす」と書きました。

多辺：直営店って、お客さんと直接接点を得られるのがよいところですよね。調理の実演とか見ちゃったら、絶対買っちゃう。試食配ってくれないかな〜。食べたら絶対Ｂ社のお肉の良さをわかってもらえるのに〜。

〜知識以外に自分に身に付いたこと〜

学習習慣。

先生：試食や料理教室など、顧客と接点を持てる直営店ならではの施策を書いた答案も一定数あったんやけど、設問要求に応えるにはもう少し踏み込んで、収集したニーズから品揃えに生かすことまで言及が必要やった。特に「品揃えを充実させる」というところまで書けていたのはＡ以上答案でも３割にとどまっとった。

多辺：そうか、「品揃え」について助言しなきゃいけないんだった。忘れてた～。

【効果について】

永友：「誰に、何を、どのように」ときたら、最後は絶対に「効果」っス。

先生：設問文では、明確に「効果」の記載についての指示はないんやけど、全体の７割以上の答案が何かしらの効果には言及しとったんや。助言に説得力を持たせるため、効果を書くと判断した答案が多かったみたいやな。

多辺：「販売力強化」って設問文にも書かれているし、売上が増えることに直結する効果を書けばいいんでしょ～。おすすめのスイーツぐらい、これは自信ある。

先生：「売上向上」、「販売点数の増加」などの効果についてはＡ以上答案の６割が記載しとった。外されへんポイントやな。

永友：さすが、アモーレ！

多辺：まぁね～。

先生：今回は、いつもと違った聞き方の設問やったから、何を書いてよいか焦った受験生も多かったと思う。そういうときほど、「ダナドコ」などのフレームワークを活用して解答すべき内容を切り分けて考えると、重要なキーワードを漏らさずに多面的な解答を書く助けになることもあるんや。しっかり覚えときや！

Column

診断士は「役に立つか、立たないか」→それより自身の動機づけを

「診断士を取ると人生が変わる」派がいる一方で、「診断士なんて役に立たない（足の裏の米粒）」派もいます。どちらが正しいのでしょうか。ネットではいろんな意見が発信されているので、つい振り回されてしまうのですが、正直どちらも正解なのかなと思います。人それぞれの事情にもよるので。それよりも、「そこまで苦労して取得して、自分は一体何をしたいのか」を考えるのが大事、というのが個人的な意見です。

考えた結果、診断士の勉強をやめて別のことを頑張るというのもアリだと思います。やっぱり○○のために診断士を勉強したい！　と改めて気持ちを整理することで、それがモチベーションとなり、知識定着度につながってくると思います。月並みですが、診断士試験はほかの資格と比べるとやや長期戦になるため、目的を見失ってしまうことがあります。そのようなとき、ふと振り返ってもらえたらと思います。（けーた）

第４問（配点30点）【難易度　★★☆　勝負の分かれ目】

Ｂ社社長は、新規事業として、最終消費者へのオンライン販売チャネル開拓に乗り出すつもりである。ただし、コロナ禍で試した大手ネットショッピングモールでの自社単独の食肉販売がうまくいかなかった経験から、オンライン販売事業者との協業によって行うことを考えている。

中小企業診断士に相談したところ、Ｂ社社長は日本政策金融公庫『消費者動向調査』（令和４年１月）を示された。これによると、家庭での食に関する家事で最も簡便化したい工程は「献立の考案」（29.4％）、「調理」（19.8％）、「後片付け」（18.2％）、「食材の購入」（10.7％）、「容器等のごみの処分」（8.5％）、「盛り付け・配膳」（3.3％）、「特にない」（10.3％）とのことであった。

Ｂ社はどのようなオンライン販売事業者と協業すべきか、また、この際、協業が長期的に成功するためにＢ社はどのような提案を行うべきか、150字以内で助言せよ。

●出題の趣旨

新規市場への参入にあたって必要となる取引関係の構築、商品戦略、協業先がとるべきコミュニケーション戦略の提案について、助言する能力を問う問題である。

●解答ランキングとふぞろい流採点基準

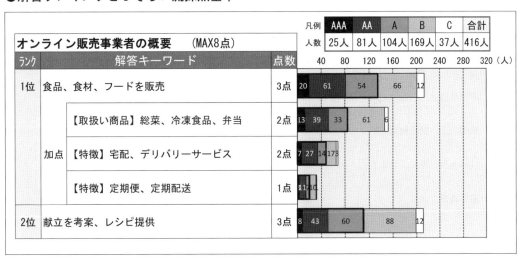

凡例	AAA	AA	A	B	C	合計
人数	25人	81人	104人	169人	37人	416人

オンライン販売事業者の概要　（MAX8点）

ランク		解答キーワード	点数
1位		食品、食材、フードを販売	3点
	加点	【取扱い商品】総菜、冷凍食品、弁当	2点
	加点	【特徴】宅配、デリバリーサービス	2点
	加点	【特徴】定期便、定期配送	1点
2位		献立を考案、レシピ提供	3点

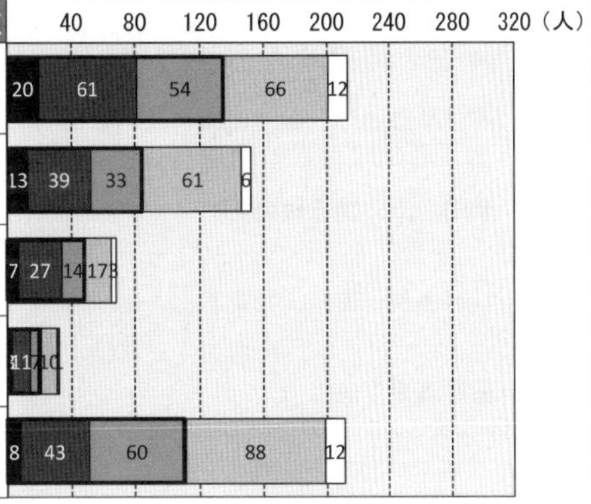

凡例	AAA	AA	A	B	C	合計
人数	25人	81人	104人	169人	37人	416人

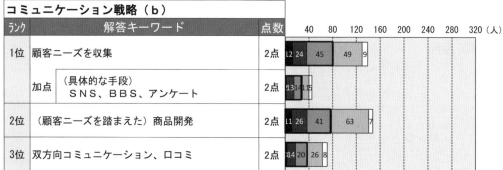

商品戦略（ａ）　（a・bでMAX20点）

ランク	解答キーワード		点数
1位	加工済み・調理済み食品		4点
	加点	加工技術、自社工場の活用	2点
2位	レシピ、献立の提供（例：宅食サービスなど）		3点
	加点	コンサルテーション、メニュー提案力の活用	2点
3位	家事の簡便化ニーズに対応		2点
	加点	（具体的なニーズ）調理、献立の考案、後片付け	3点

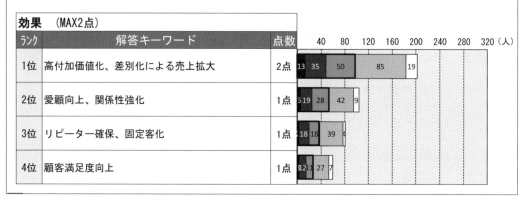

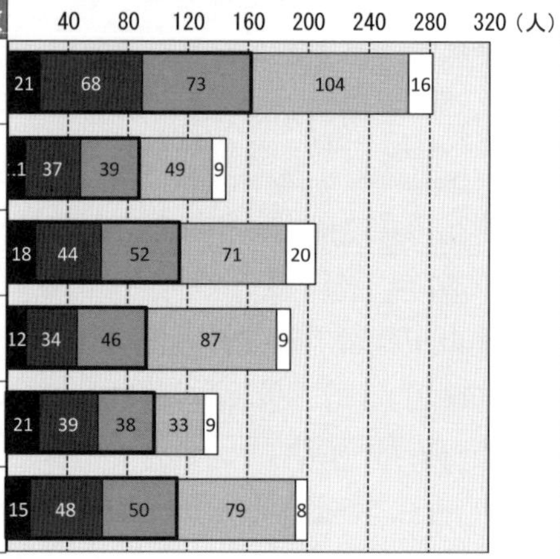

コミュニケーション戦略（ｂ）

ランク	解答キーワード		点数
1位	顧客ニーズを収集		2点
	加点	（具体的な手段）ＳＮＳ、ＢＢＳ、アンケート	2点
2位	（顧客ニーズを踏まえた）商品開発		2点
3位	双方向コミュニケーション、口コミ		2点

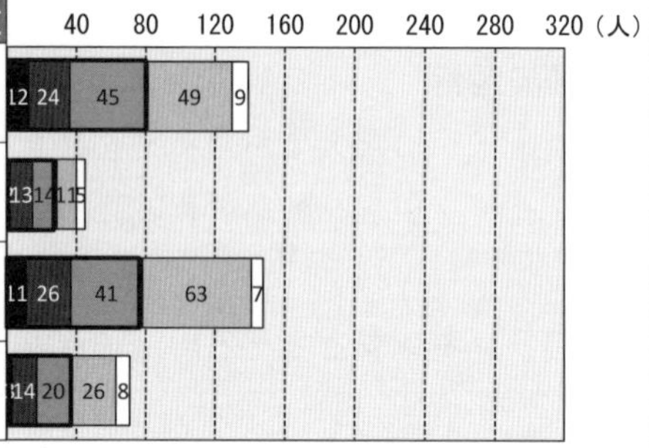

効果　（MAX2点）

ランク	解答キーワード	点数
1位	高付加価値化、差別化による売上拡大	2点
2位	愛顧向上、関係性強化	1点
3位	リピーター確保、固定客化	1点
4位	顧客満足度向上	1点

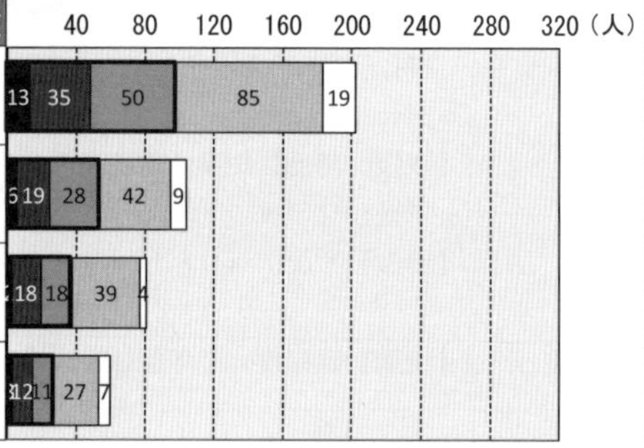

～診断士の魅力～

まだわからないが、ふぞろいメンバー含め、さまざまな業界の方々と触れ合える機会ができたこと。

●再現答案

区	再現答案	点	文字数
AAA	**宅食**[2+3]販売を行うオンライン販売事業者と協業し、**献立の立案、調理、後片付け**[3]を**簡便化したい顧客**[2]に向けた**宅食サービス**[3]を提案する。注文時に形状、個数、**調理済み商品**[4]等の**消費者ニーズを聴取**[2]し、それに基づく商品を提供すると共に、**顧客ニーズを商品開発に反映**[2]する。以上で**差別化**[2]、**顧客獲得**[1]、オンライン販売拡大を図る。	23	147
AA	料理を楽しむ客に対して、グルメ**レシピ**[3]もコンテンツに持つオンライン販売事業者と協業し、高い製造**加工技術力**[2]を活かし、良質な食肉を使用した**カット・スライス商品**[4]を販売する。毎週の**献立を提案**[3]し、毎週配達することで、**顧客の献立の考案、調理**[3]の**負担を軽減**[2]。以上で、**顧客満足度**[1]を高め、**固定客化**[1]をして、**売上拡大**[2]する。	19	148
A	**献立の考案や調理**[3]を**簡便化**[2]したいというニーズを満たすため、調理済みの**食品**[3]や**冷凍食品**[2]を販売する事業者と提携すべきである。長期的な成功には①食肉加工品やＢ社取引先のホテルや飲食店とコラボした**メニュー提案**[3]②**加工技術力**[2]を生かした半加工請負③要望に合わせ相手ブランドの生産を提案し**差別化**[2]と**ＣＳ向上**[1]を図るべき。	17	148
B	提案は、Ｘ県の観光サイトや地元密着型のオンライン販売事業者と協業し、**調理済の料理**[4]を販売する。これにより**「献立の考案」「調理」**[3]と**簡便化**[2]したい家事の半数を解決できる。Ｘ県の特産品と合わせた「鍋セット」などを販売し、**消費者との接点**[2]を持つ。以上、Ｘ県の社会経済活動の促進と**売上の拡大**[2]を図る。	13	141
C	地域の**特産品や専門店の品を扱う**[3]オンライン販売事業者と協業し、Ｂ社の強みである調達力、**加工技術**[2]、消費機会への対応力を活かしてＸ県特産品とＢ社製品の 1 週間分の**献立**[3]と食材付きの**調理キット**[4]の定期購買を提案する。Ｘ県とＢ社の認知度を全国に広げ、長期的な売上と地域活性化を実現。	12	135

●解答のポイント

設問文に記載のある簡便化ニーズを踏まえ、第1問の3C分析で述べた自社の強みを活用した商品戦略と、中長期的に成功するためのコミュニケーション戦略を立案することがポイントだった。

多辺：やっと最後の問題～。だと思ったら、設問文、長くないかな、これ？
永友：オレはまだまだ余裕だぜ！　体幹トレーニングで、流した汗は裏切らない！
先生：長い設問文やけど、2人はどない考えたんや？
永友：事例Ⅱの助言問題といえば、「ダナドコ」で決まりっス！？

～診断士の魅力～

新しい世界が目の前に広がった。

多辺：永友～、それは違うと思う。「消費者動向調査」の結果が記載されているけど、これって、消費者のニーズの変化、つまりSWOTでいう機会（O）でしょ？　ってことは、機会（O）に対して、強み（S）を生かし、弱み（W）を協業で補うってことじゃない！？

先生：多辺、なかなかええんちゃうか。ほな、具体的に見ていこか。

【協業するオンライン販売事業者について】

先生：まず、最初に問われているのは、何やと思う？

永友：先生！　「どのようなオンライン販売事業者と協業すべきか」です！　設問文に記載のある「消費者動向調査」の結果に対応できる業者だと思います。家事の簡便化ニーズで上位の「献立の考案」、「調理」、「後片付け」を対応できる業者で決まりっス！

多辺：ちょっと待って！　「献立の考案」とか「調理」って、Ｂ社の強みである「コンサルテーション」や「加工技術」と被るんじゃない？

先生：ええところに気がつきよったな！　１次試験で学習したはずやけど、協業とは、お互いに強みや経営資源を補完し合うことやろ？　せやから、Ｂ社と同じ強みを持っている相手とは、そもそも協業は成立しにくいと考えるべきや。実際、オンライン販売事業者の特徴として、「簡便化のニーズに対応できる」まで記載した解答は一定数あったけど、Ｂ以下答案に多かったようやで。

多辺：ということは、Ｂ社にない強みを持つ、すなわちＢ社の弱みを補完できる相手と協業するってわけね～。Ｂ社の弱みって……ネット販売の弱さ？　そっか！　だから、オンライン販売事業者と協業するわけね。そうだとすると、「どのようなオンライン販売事業者と協業するべきか」という問いには、何と答えればよいのでしょうか？

先生：８割以上の受験生が「食品を販売する」もしくは「レシピを提供する」といったキーワードを記載していたようや。特にＡ以上答案は、オンライン販売事業者の説明に字数をかけないシンプルな記載が多かったようやで。

永友：簡便化ニーズへの対応は、提案内容に取っておけってことっスね！

【提案内容について】

先生：ほな、次に問われているのは、何やと思う？

多辺：「協業が長期的に成功するためにＢ社はどのような提案を行うべきか」ですね。それならＢ社の強みを生かした商品開発がよいかも！　具体的には、加工技術やコンサルテーションを生かした「調理」や「献立の考案」みたいに家事の簡便化ニーズに対応できるミールキットとかいいんじゃないかな～。

永友：おおっ！　まさに、機会（O）に対して、強み（S）を生かしている！

〜診断士の魅力〜
ネットワーク！

先生：多辺の言うとおりや。８割近くの受験生が、簡便化ニーズに対応した「調理済みの食材」や「献立・レシピ」と解答しとったようや。一方で、「加工技術」、「コンサルテーション、提案力」といったＢ社の強みに関するキーワードまで記載できた受験生は、全体の３割くらいやな。Ａ以上答案では６割以上が強みに触れていたことから、強みを踏まえた商品戦略の立案を助言できたかが、勝負の分かれ目やったと思う。

多辺：でも、これだけで設問文にある「協業が長期的に成功する」と言えますかね？

永友：先輩！　何言ってんスか！？　十分じゃないですか。強みを生かした商品戦略で、差別化できてます。ブラボー！！！

先生：いや、多辺の言うとおりや。問われている「長期的に成功」とは一体なんやと思う？

永友：そりゃ、協業先との取引関係が長～くアモーレな感じに続くことじゃないっスか？　そのためには、Ｂ社の強みを協業先にアピールしまくって、信頼関係を構築すればよいでしょ。代表に選ばれるために監督へアピールするのと同じっス！

多辺：そうかな～。協業関係が長く続くためには、商品が売れ続ける必要があるでしょ。そのためには固定客化じゃない？

先生：多辺、ええ着眼点や。固定客化するために、協業先へ何を提案すればええと思う？

多辺：はい！　SNSで、双方向コミュニケーションです。ニーズを収集して、商品開発に反映して愛顧向上です！　あれ？　これって、前年度と同じじゃん！！！

先生：そのとおりや！　実は、事例Ⅱの最終問題は令和３年度も製品戦略とコミュニケーション戦略が問われていたんや。ただ、前年度は設問文に「製品戦略とコミュニケーション戦略について助言せよ」と明記してある。そういう意味では、今回のほうが難しかったやろうな。実際、コミュニケーション戦略に言及していた解答は全体の３割程度やったが、Ａ以上答案では６割以上が言及しとったんや。

永友：くそっ！　２年続けて、同じ出題趣旨を間違えるとは……（２大会連続でベスト16を突破できなかったときと同じだぜ）。

【効果について】

多辺：先生、効果は「顧客満足度向上、愛顧向上、固定客化」で十分でしょうか？

永友：オレは強みを生かした商品戦略で、「差別化を図って売上拡大」だと思うな。

先生：２人とも素晴らしいで。第４問では、半数以上の答案が、何かしらの効果を記載しとったようや。合格答案でも、効果を記載しとったのは半数程度やから、配点はそんなに大きくなかったと思われるけど、効果を記載したほうが、助言として説得力が増すんとちゃうか。

～診断士の魅力～
何でもできるマンになれる。

事例Ⅱ特別企画

「事業再構築を理解しよう」
～令和３、４年度の事例Ⅱに共通する重要キーワード～

【コロナ禍で奮闘する事例Ⅱ企業】

多辺：前年度と同様、令和４年度の事例Ⅱも新型コロナウイルスの影響を受けた企業が登場しましたね。どちらも深刻な業績不振に陥ったものの、企業努力を重ねて再起する過程が書かれていて胸が熱くなったな～。

先生：確かに、令和３、４年度の事例はコロナ禍で激変した外部環境に対して柔軟に対応しようとする中小企業に焦点を当てとった。ところで、この令和３、４年度に登場した企業なんやけど、ウィズコロナ時代における厳しい経営の打開策として、中小企業庁が猛プッシュしてはる「事業再構築」を行うことで難局を乗り切ろうとしていたんや。今回の特別企画では、今後もこのテーマが出題される可能性が高いと考え、事業再構築とは何か、なぜ中小企業庁が重視しているかを中小企業白書に記載のあるデータを使って説明するで。ほんで、具体的な事業再構築補助金の採択事例を掲載して、本キーワードの理解を深めようってのが本企画の趣旨や。それじゃ、まずは事業再構築とは何かについて見ていこか！

【事業再構築とは何か？】

先生：中小企業庁が制定した「事業再構築指針」に記載のある定義から見ていこか。

〈定義〉事業再構築とは、新分野展開、事業転換、業種転換、業態転換または事業再編のいずれかを行う計画に基づく中小企業等の事業活動をいう。

永友：なんとなくイメージは湧くけど難しいっス……具体例ってありますか？

先生：これも中小企業庁が各項目について具体例を出してはるから見てみよか。

図表１　補助金採択事例から見る「事業再構築計画」の概要①

事業	類型	事業計画概要
レストラン	業態転換	店舗を縮小。非対面式注文システムを活用したテイクアウト販売を開始。
宿泊施設経営	新分野展開	キャンプ需要を受けてオートキャンプ場施設経営を開始。
衣服品販売 フィットネス	事業転換	既存事業との相乗効果を狙い健康・美容関連商品の販売店を展開。
ホテル・旅館	業種転換	客室の大半をコワーキングスペースに改修し運営開始。
弁当屋	事業再編	会社法上の組織再編（吸収分割）を行い、病院などの施設給食業に着手。

（出所：中小企業庁の事業再構築補助金ホームページより『ふぞろい16』作成、https://jigyou-saikouchiku.go.jp）

～診断士の魅力～

人脈。さまざまな人を紹介してもらえて、刺激をもらえます。

多辺：なるほど、よく理解できました！　あれ、そういえば業態転換の計画を見ていると既視感が……もしかして、令和３、４年度とも事業再構築の業態転換の話でした？

先生：あんた、鋭いな！　確かに、令和３年度は豆腐の製造販売事業者が、令和４年度は食肉加工品の製造販売事業者がそれぞれECサイトやオンライン販売チャネル開拓に乗り出そうとした事例やった。業態転換はほかの類型に比べて自社の強みを生かしやすく、ハードルも低い。事例Ⅱでは自社の強みとする商品・サービスをどう生かすかがテーマになったものが多いことから、業態転換をした企業を連続で取り上げたのは偶然とは言われへんやろなぁ。

多辺：ネット販売への業態転換はターゲットとする顧客数がグッと増えるし、非対面チャネルに参入するトレンドはまだまだ続きそうだね〜。

【なぜ中小企業庁は事業再構築を重視しているのか？】

永友：でも、結局事業再構築ってそんなに効果あるんスか？　エビデンスあります？

先生：あんたいけずやなぁ、急に論破王みたいな口ぶりにならんとって！　エビデンスは『2022年版中小企業白書』や。それを見ると、中小企業庁の事業再構築に対する期待と課題意識が垣間見えて面白いで。まず前提として、中小企業の取るべき戦略は外部環境の変化に応じて、競争優位に立てる事業領域に進出すること。そして、コロナ禍における足下の事業継続とその後の成長につなげる戦略の１つとして、事業再構築の重要性を記載しているんや。下図のとおり、「売上面の効果が出た」もしくは「今後出る予定」と回答した企業数は96%と驚異的な数字で、事業再構築の効果が高いことがデータで示されているんやで。

図表２　事業再構築による売上面での効果

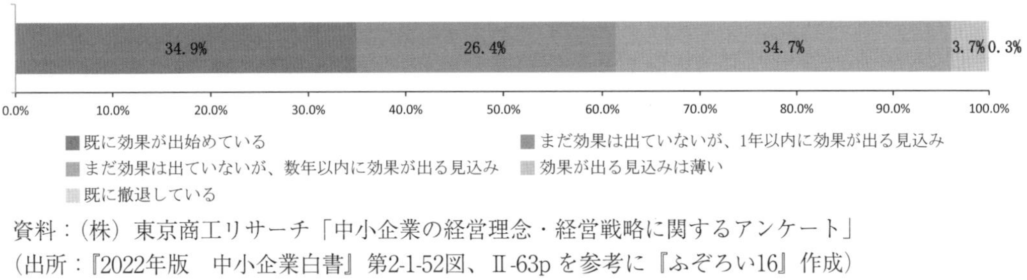

資料：(株）東京商工リサーチ「中小企業の経営理念・経営戦略に関するアンケート」
（出所：『2022年版　中小企業白書』第2-1-52図、Ⅱ-63pを参考に『ふぞろい16』作成）

永友：本当だ、96%はすごいっスね！　でも、こんなに効果があるのなら勝手にどの企業もやるのでは？　わざわざ国が主導する必要もない気がするっス。

先生：あんた、いいところに目をつけたわ！　確かに効果はあるんやけど実施状況は芳しくないんや。次の図のとおり「行う予定はない」と回答した企業数は８割弱もおる。

〜診断士の魅力〜

自分次第でいろいろな仕事に携われる可能性があること。

図表3　事業再構築の実施状況

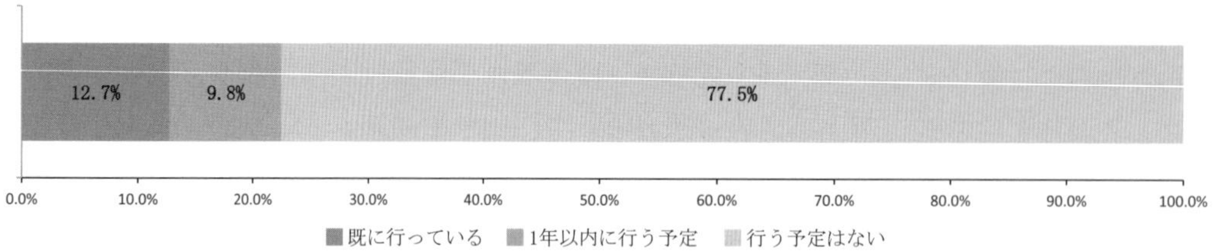

資料：（株）東京商工リサーチ「中小企業の経営理念・経営戦略に関するアンケート」
（出所：『2022年版　中小企業白書』第2-1-44図、Ⅱ-58pを参考に『ふぞろい16』作成）

この高い効果と低い実施状況のギャップをどう埋めるかについて、中小企業庁が課題意識を抱えていることが中小企業白書から読み取れる。そして、そのギャップを埋めるために誰が活躍するかというと……？

多辺：中小企業診断士ってことですね！

先生：そのとおり！　事業再構築を実施する企業を増やすため、中小企業診断士への期待は大きいと思うで。

永友：よし、それじゃ令和５年度の事例Ⅱも事業再構築がテーマで決まりっスね！

先生：そこまでは言うとらんやろ！　ただ、新型コロナウイルスの影響を織り込んだ事例が出題される限り、頭に入れておくべきキーワードとは言えるやろね。

【補助金採択事例から事業再構築のイメージを膨らませよう】

多辺：せっかくだから、もう少しどんな事業再構築事例があるか知りたいな～。

先生：中小企業庁の事業再構築補助金のホームページがあるんやけど、そこで企業のリアルな事業再構築計画や採択事例を見ることができるで。この特別企画でも事例Ⅱで出題実績の多い事業者の採択事例をいくつか挙げてみたわ。これを見て事業再構築のイメージを膨らませてみなはれ！

多辺：もしこのなかで今年の事例Ⅱと近い企業があればラッキーだね！

図表4　補助金採択事例から見る「事業再構築計画」の概要②

事業	類型	事業計画概要
美容室	業態転換	店舗を縮小し、訪問美容サービスを開始。
宿泊、飲食サービス	新分野展開	飲食店経営から高齢者配食事業への新展開。
宿泊	事業転換	民泊から旅館業に転換しビジネス・ファミリー層に向けた新規プランを開設。
宿泊、飲食サービス	業態転換	セントラルキッチンで製造した料理を「ケータリング」で店舗に運ぶビジネスモデルから、すべて小分けした個包装で製造した「物販商品」販売に転換。

（出所：中小企業庁の事業再構築補助金ホームページより『ふぞろい16』作成、https://jigyou-saikouchiku.go.jp）

～診断士の魅力～
経営者の役に立つ力を養える。

永友：実際に申請した事業計画も見れて面白いっス！　飲食料品卸の事業計画を見ると、SWOT 分析を通じて事業再構築の必要性を書いてありますね。

多辺：確かに、新型コロナウイルスで既存事業が赤字（T）のなか、BBQ を市場拡大の機会（O）として捉え、集客・製造・販売を一気通貫でできるケータリング業者としての強み（S）を生かして、BBQ 事業を強化するという内容になってるね。そして BBQ 事業強化のために補助金で設備投資するってわけね！

永友：こう見るとこれまで勉強してきたことが実務にも密接に関連しそうでワクワクするっス！　引き続き勉強頑張るぞ！！

Column

試験前日・リラックスのススメ

資格試験を受験するとき、それまで要した時間（コスト）に見合う結果（合格）を得なければと、ついつい自分を追い込んでしまいがちです。特に、一生懸命に時間をかけて取り組んだからこそ、絶対に合格しなければと考えてしまいます。自分も、過去に受けたFP１級や宅建は、前日の夜まで根を詰めて勉強し、なかなか寝付けず、睡眠不足で試験会場に行ったことをよく覚えています。

翻って、今回の診断士２次試験は、そうではありませんでした。ストレート受験生の自分は、今回の２次がダメでも来年チャンスがあるということもあり、心に余裕が持てたのかもしれません。一方で、１次試験の勉強時間も加味すると、相応なコストを払っているので、できれば一発で合格したい気持ちもあったと思います。でも、結局のところ、前日は息子のサッカーの試合を応援に行き、そのあとPS５でサッカーゲームをして遊んでました。なぜ、そのようなことになったのか、自分でもよくわかりません。でも、この試験は知識の詰め込みだけではなく、一種のヒューマニティが試されているのだと思います。だって、中小企業の社長さんの思いに寄り添わなきゃいけないのですから、寝不足の一夜付けでは太刀打ちできないですよね。結果論かもしれませんが、試験前日を子供と過ごして、精神的に充実していたからこそ、与件文の社長さんに寄り添えた気がしてならないのです。ぜひ、前日はリラックスして、そして当日は余裕をもって、与件文の社長さんに寄り添ってあげてください。

（たくろう）

ふぞろい流ベスト答案 事例Ⅱ

第1問（配点30点） 147字 【得点】30点

顧客はホテルや飲食店[3]等の卸売がコロナ禍で減少[2]している一方で、最終消費者[3]向けの小売は増加[2]している。競合は食肉卸売事業者[4]、ネット販売を行う食肉販売業者[4]、近隣スーパー[2]。自社は工場[3]と直営店[2]を保有し、高い加工技術力[2]を生かして幅広いニーズに対応[3]できるが、売上が卸売に依存[3]しており、ネット販売のノウハウがない[2]。

第2問（配点20点） 98字 【得点】20点

X県の畜産農家と協業し[5]、B社の加工技術を生かして[2]高品質な[2]食肉加工品[5]を開発[2]。観光客向けに高速道路の[1]土産物店[2]や道の駅[2]で販売し認知度向上および地域ブランド化[2]を図ることで売上拡大[1]と地域活性化[1]に貢献すべき。

第3問（配点20点） 98字 【得点】20点

巣ごもり需要拡大[1]で料理の楽しさに目覚めた客[3]や作りたてを求める客[3]に対して、出来たての揚げ物[3]や食卓で日常使い[1]しやすいカット肉[3]など顧客ニーズに合わせ[2]て品揃えを拡充[2]し、直営店の販売力強化[3]・売上増加[3]を図る。

第4問（配点30点） 150字 【得点】30点

総菜[2]などの食材[3]を定期的[1]に宅配[2]する事業者と協業し、調理や献立考案[3]という家事簡便化ニーズに対応[2]する提案を行う。具体的には①加工技術[2]を生かした調理済食品[4]②メニュー提案力[2]を生かしたレシピの提供[3]③SNS[2]による顧客ニーズの収集[2]と商品開発への反映[2]。以上により差別化することで、売上拡大[2]と顧客との関係性強化[1]を図る。

～診断士の魅力～

ギラギラしていない。なんだか穏やかな人が多い界隈な気がする。

ふぞろい流採点基準による採点

100点

第１問：顧客・競合・自社に関し、第２問以降との関連を考慮しながら優先順位を付けたうえで、多角的かつ要素の抜け漏れに注意して記述しました。

第２問：Ｂ社の食肉加工技術（強み）を踏まえ、「地元事業者と協業」「第一次産業を再活性化」「県の社会経済活動の促進」の３つのポイントを押さえた助言になるよう記述しました。

第３問：ターゲットに対応するＢ社の強みが生かせる商品を明記し、顧客ニーズに合わせて品揃えを充実させることを記述しました。効果まで言及することで、誰に・何を・どのように・効果のキーワード要素を多面的に盛り込みました。

第４問：協業するオンライン販売事業者の特徴については、与件文に手掛かりとなる記載が乏しいため、簡潔な記述に留めました。設問文にある「消費者動向調査」から読み取れる顧客ニーズを踏まえ、商品戦略については、与件文中にあるキーワードを多用し、具体的に記述しました。そのうえで、中長期的に協業が成功するための提案についても、与件文に手掛かりが乏しいため、一般論を中心にコミュニケーション戦略を簡潔に記述しました。

Column

モチベーションを保つために自分自身の期待値を下げる

私は勉強していても長く集中力が持たない人間です。気がつくとSNSを見たり、勉強に関係ないネットサーフィンを行ったりと、すぐ勉強以外のことに手を出してしまいます。そのようなときは、「自分はなんてダメな人間なんだ」、「勉強することに向いていないのでは」と落ち込み、しばしばモチベーションが低下することがありました。でもあるとき、自分の理想の姿と比較するから落ち込んでしまうことに気がつき、このような自分を受け入れることにしました。すると、集中力がないことでいちいち落ち込まなくなったのです。勉強中も感情が安定するようになり、20分経ったら５分休んでよいといった、短期集中を繰り返す自分にとっての効果的な勉強方法も身に付きました。

勉強しているとうまく行かない自分を攻めてしまうこともあるでしょう。でも、自分の弱みを受け入れ一緒になって闘う気持ちを持つことで、そのなかでどうすればベストを尽くせるようになるか、という前向きな考え方に変えられるかもしれませんよ。

（さとしん）

～診断士の勉強が仕事に活かせた瞬間～

投資案件の審議コメントを多面的にできるようになった。

事例Ⅲ（生産・技術）

令和４年度　中小企業の診断及び助言に関する実務の事例Ⅲ（生産・技術）

【企業概要】

Ｃ社は1964年創業、資本金2,500万円、従業員60名の金属製品製造業である。製品は、売上の７割を占めるアルミニウムおよびステンレス製プレス加工製品（以下「プレス加工製品」という）と、残り３割のステンレス製板金加工製品（以下「板金加工製品」という）である。プレス加工製品は金型を使用して成形する鍋、トレー、ポットなどの繰返受注製品で、板金加工製品は鋼材を切断や曲げ、溶接加工して製作する調理台、収納ラック、ワゴンなどの個別受注製品である。どちらもホテル、旅館、外食産業などの調理場で使用される製品で、業務用食器・什器の卸売企業２社を販売先としている。

Ｃ社は、卸売企業が企画する業務用什器の板金加工製品を受託生産する企業として創業した。その後金属プレスや金型製作設備を導入してプレス加工製品の生産を始めている。難易度の高い金型製作技術の向上に努めて、ノウハウを蓄積してきたため、コスト低減や生産性向上に結びつく提案などが可能である。

近年は観光需要で受注量は毎年増加していたが、2020年からの新型コロナウイルス感染拡大による外国人の新規入国規制や、外食産業の営業自粛による影響を受けて減少している。

【生産の現状】

生産部門は、生産管理課、資材課、設計課、金型製作課、プレス加工課、製品仕上課、板金加工課、品質管理課で構成されている。

プレス加工製品の生産プロセスには、金型を製作する金型製作工程と、その金型を利用して同じ製品の繰返受注生産を行う製品量産工程がある（次ページの図参照）。

Ｃ社の金型製作工程は、発注元から提示される形状やサイズの概要を表したデザイン図を基に仕様を確認した後に「金型設計」を行い、金型を構成する部品を製作する「金型部品加工」、加工した部品を組み立てる「金型組立」、その後の調整や研磨などを行う「金型仕上」を経て、「試作確認」を行い、さらに試作品の品質を発注元との間で確認して完成する。設計開始から完成までの金型製作期間は、難易度によって異なるが、短いもので約２週間、長いもので約１か月を要する。

「金型設計」は、設計課が２次元CADを活用し担当している。発注元との仕様確認が遅くなることや、発注元からの設計変更、仕様変更の要請があり、設計期間が長くなることもある。また設計課では、個別受注の板金加工製品の製品設計も担当するため、設計業務の混乱が生じ金型製作期間全体に影響することもしばしば生じている。

～診断士の勉強が仕事に活かせた瞬間～

知識にもとづいた部門運営が行えるようになった。

「金型組立」、「金型仕上」は、プレス加工技術にも習熟するベテラン技能者が担当しているが、高齢化している。担当者は、金型の修理や改善作業も兼務し、製品の品質や製造コストに影響を及ぼす重要なスキルが必要なことから、若手の養成を検討している。

図　C社のプレス加工製品の生産プロセス

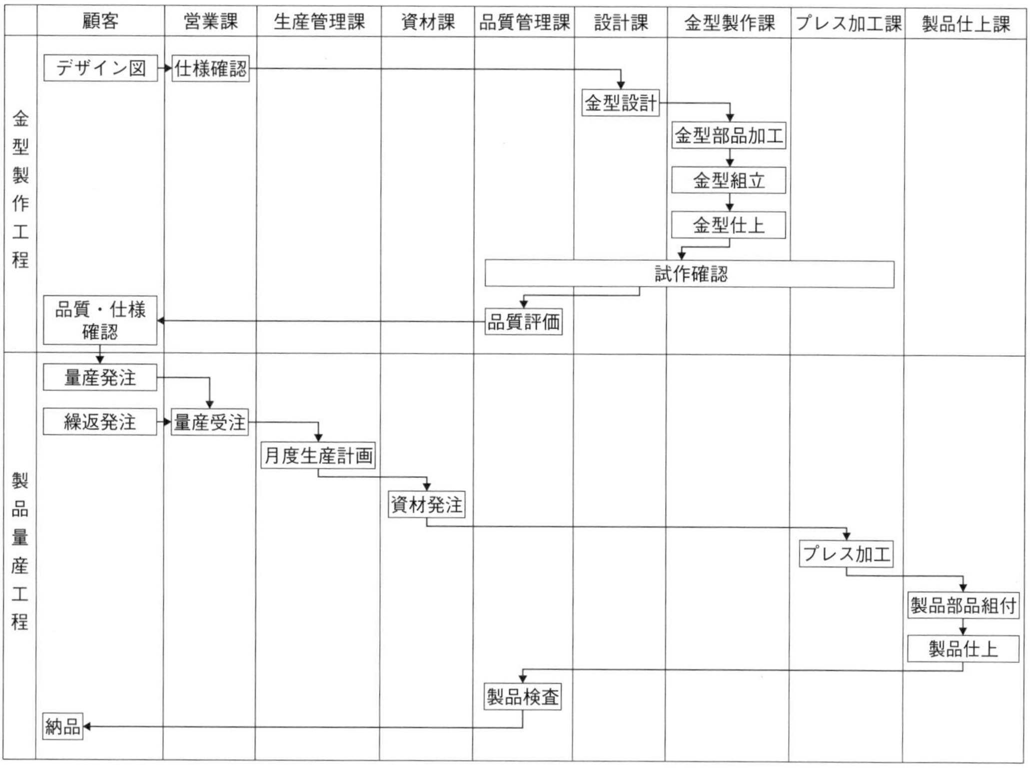

金型が完成した後の製品量産工程は、発注元から納品月の前月中旬に製品別の生産依頼数と納品指定日が通知され、それに基づいて前月月末までに「月度生産計画」を作成して「資材発注」する。プレス加工課では「プレス加工」を行い、製品仕上課で取っ手などの部品を組み付ける「製品部品組付」と製品の最終調整をする「製品仕上」を行い、通常月１回発注元へ納品する。

Ｃ社の「プレス加工」は、生産能力に制約があり、Ｃ社全体の生産進捗に影響している。プレス加工機ごとに担当する作業員が材料の出し入れと設備操作を行い、加工製品を変えるときには、その作業員が金型交換作業と材料準備作業など長時間の段取作業を一人で行っている。

プレス加工製品の生産計画は「プレス加工」の計画だけが立案され、「製品部品組付」、「製品仕上」はプレス加工終了順に作業する。生産計画は、各製品の１日間の加工数量でそれぞれの基準日程を決めて立案する。以前は発注元もこれを理解して、Ｃ社の加工ロットサイズを基本に発注し、Ｃ社で生産した全量を受領して、発注元で在庫対応していた。

～診断士の勉強が仕事に活かせた瞬間～

業務の効率化と標準化ができるようになった。

しかし、最近は発注元の在庫量削減方針によって発注ロットサイズが減少している。ただＣ社では、基準日程によって設定しているロットサイズで加工を続け、確定受注量以外はＣ社内で在庫している。

Ｃ社の受注から納品に至る社内業務では、各業務でパソコンを活用しているが、情報の交換と共有はいまだに紙ベースで行われている。

【新規製品事業】

数年前Ｃ社では受注拡大を狙って、雑貨・日用品の商談会に出展したことがある。その際商談成立には至らなかったが、中堅ホームセンターＸ社から品質を高く評価された。今回そのＸ社から新規取引の商談が持ち込まれた。

Ｘ社では、コロナ禍の2020年以降も売上が順調に推移しているが、その要因の一つとしてアウトドア商品売上の貢献がある。しかし新型コロナウイルスのパンデミックにより、中国や東南アジア諸国企業に生産委託しているPB商品の納品に支障が生じて、生産、物流など現在のサプライチェーンの維持が難しくなっている。また今後も海外生産委託商品の仕入れ価格の高騰が懸念されることから、生産委託先をＣ社へ変更することについてＣ社と相互に検討を行った。

Ｃ社社長は、当該事業の市場成長性と自社の強みを考慮して戦略とビジネスプロセスを見直し、積極的にこの事業に取り組むこととした。

Ｘ社の要請は、Ｘ社のアウトドア用PB商品のうち、中価格帯の食器セット、鍋、その他調理器具などアルミニウム製プレス加工製品の生産である。ただＣ社社長は、今後高価格な製品に拡大することも期待している。

Ｘ社からの受注品は、商品在庫と店舗仕分けの機能を持つ在庫型物流センターへの納品となり、商品の発注・納品は、次のようになる。まず四半期ごとにＸ社が商品企画と月販売予測を立案し、Ｃ社に情報提供される。確定納品情報については、Ｘ社各店舗の発注データを毎週月曜日にＸ社本社で集計する。在庫量からその集計数を差し引いて発注点に達した製品についてＸ社の発注データがＣ社に送付される。納期は発注日から７日後の設定である。１回の発注ロットサイズは、現状のプレス加工製品と比べるとかなり小ロットになる。

～診断士の勉強が仕事に活かせた瞬間～

財務分析。

第１問（配点20点）

2020年以降今日までの外部経営環境の変化の中で、Ｃ社の販売面、生産面の課題を80字以内で述べよ。

第２問（配点20点）

Ｃ社の主力製品であるプレス加工製品の新規受注では、新規引合いから量産製品初回納品まで長期化することがある。しかし、プレス加工製品では短納期生産が一般化している。Ｃ社が新規受注の短納期化を図るための課題とその対応策を120字以内で述べよ。

第３問（配点20点）

Ｃ社の販売先である業務用食器・什器卸売企業からの発注ロットサイズが減少している。また、検討しているホームセンターＸ社の新規取引でも、１回の発注ロットサイズはさらに小ロットになる。このような顧客企業の発注方法の変化に対応すべきＣ社の生産面の対応策を120字以内で述べよ。

第４問（配点20点）

Ｃ社社長は、ホームセンターＸ社との新規取引を契機として、生産業務の情報の交換と共有についてデジタル化を進め、生産業務のスピードアップを図りたいと考えている。Ｃ社で優先すべきデジタル化の内容と、そのための社内活動はどのように進めるべきか、120字以内で述べよ。

第５問（配点20点）

Ｃ社社長が積極的に取り組みたいと考えているホームセンターＸ社との新規取引に応えることは、Ｃ社の今後の戦略にどのような可能性を持つのか、中小企業診断士として100字以内で助言せよ。

～診断士の勉強が仕事に活かせた瞬間～

中小企業経営・政策の知識が使える場面が多かった。

第１問（配点20点）【難易度　★★☆　勝負の分かれ目】

2020年以降今日までの外部経営環境の変化の中で、Ｃ社の販売面、生産面の課題を80字以内で述べよ。

●出題の趣旨

新型コロナウイルスのパンデミックや急激な円安など2020年以降今日までの外部経営環境変化の中で、Ｃ社に生じている販売面と生産面の課題について、分析する能力を問う問題である。

●解答ランキングとふぞろい流採点基準

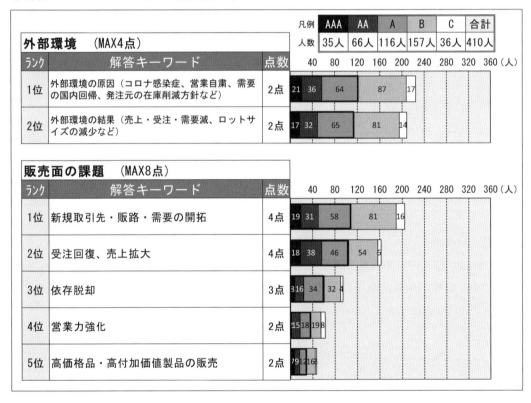

凡例	AAA	AA	A	B	C	合計
人数	35人	66人	116人	157人	36人	410人

外部環境　（MAX4点）

ランク	解答キーワード	点数
1位	外部環境の原因（コロナ感染症、営業自粛、需要の国内回帰、発注元の在庫削減方針など）	2点
2位	外部環境の結果（売上・受注・需要減、ロットサイズの減少など）	2点

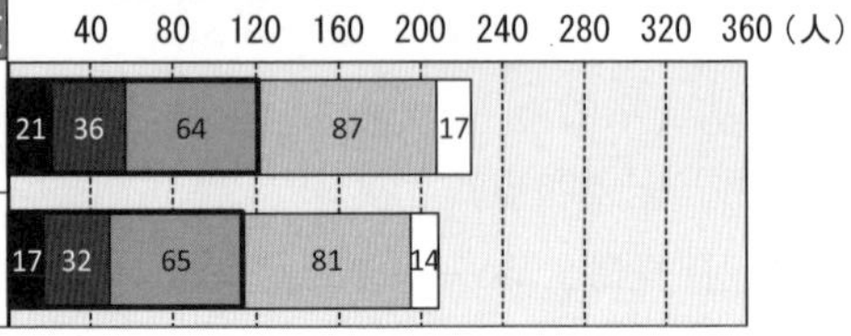

販売面の課題　（MAX8点）

ランク	解答キーワード	点数
1位	新規取引先・販路・需要の開拓	4点
2位	受注回復、売上拡大	4点
3位	依存脱却	3点
4位	営業力強化	2点
5位	高価格品・高付加価値製品の販売	2点

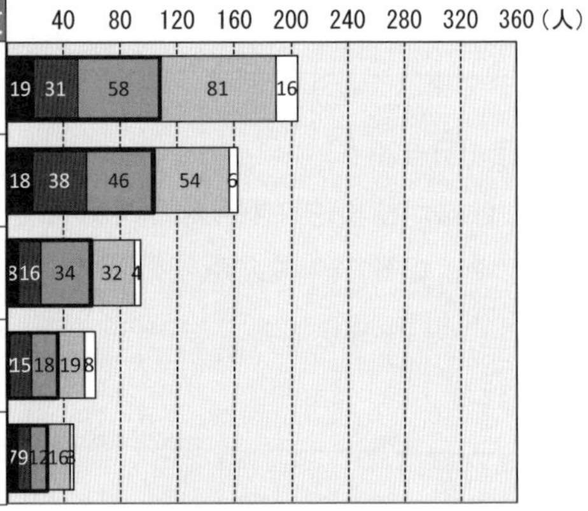

～資格を取ってやりたかったこと～

試験に合格したことを周囲に伝えず、心のなかでドヤる。

凡例	AAA	AA	A	B	C	合計
人数	35人	66人	116人	157人	36人	410人

生産面の課題　(MAX8点)

ランク	解答キーワード	点数
1位	小ロット化	4点
2位	ベテランから若手への技術承継	3点
3位	納期短縮	3点
4位	設計期間の短縮	1点
5位	在庫削減、在庫適正化	1点
6位	生産管理（計画・統制）に言及	1点
7位	ＩＴ化、情報の交換と共有	1点
8位	生産性向上	1点

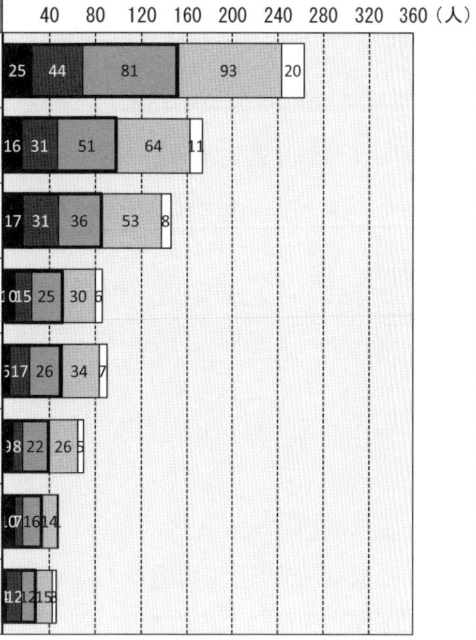

●再現答案

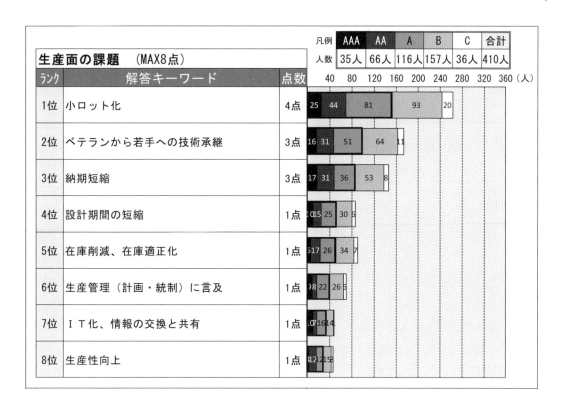

区	再現答案	点	文字数
AA	販売面は①**コロナ禍**[2]にて販売先数を増やし**リスク分散**[3]を図る②X 社との取引で**高価格製品を販売**[2]し**収益性を改善**[4]する。生産面は①**生産統制**[1]で**短納期**[3]・**小ロット対応**[4]②**若手の育成**[3]。	18	80
A	販売面は、旅行業や外食産業の動向影響を受けない、**新たな販路確保**[4]による**経営リスクの分散**[3]。生産面は、**発注先の在庫削減方針**[2]に沿った、**発注量に合わせたロット生産**[4]。	13	77
B	販売面の課題は**感染症拡大**[2]の影響で**需要が減少**[2]する業務用食器等に代わる**新たな取引先を開拓**[4]すること。生産面の課題は、金型製作減少による**金型組立等の技術継承**[3]を図ること。	11	80
C	販売面の課題は、**営業部門の新設による営業力強化**[2]である。生産面の課題は、**ロットサイズ適正化**[4]とプレス加工の**ベテラン従業員から若手へのＯＪＴ等研修による技術継承**[3]である。	9	80

AAA：≧70，AA：69～65，A：64～60，B：59～50，C：49～40，D：≦39

本事例Ⅲに関しては、開示得点の分散が小さいため、より緻密にキーワード分析を行うべく、Ａ以上答案は５点刻みの区分としています。

～資格を取ってやりたかったこと～
資格報奨金の獲得。

●解答のポイント

外部環境の内容に触れながら、販売面・生産面それぞれの課題について多面的に解答できたかがポイントだった。

【課題にしっかり答えよう】

先生：さあ後半戦、事例Ⅲの始まりや。「課題を述べよ」とあるが、課題の意味は理解できとるんか？

永友：後半戦キックオフ！　先生、課題といえば目標と現状とのギャップを埋めるために解決すべき事柄のことっスね？

先生：永友、そのとおりや！　問題点の指摘だけやなく、課題は「どうすればよいか」まで答える必要があるんや。解答方法に注意しいや。

永友：よっしゃー、ナイスタックル！

多辺：後半開始早々冴えてるね～。まあここは基本的なポイントだよね～。

先生：油断はあかんで。課題やなく問題点を解答しとった答案が思いのほか多かったんや。問題点を解答した答案も一定の点数は入っとるものの、全体的に点数が低い傾向にあったところを見ると、課題と比べて加点されてない可能性があるで。

多辺：わかっていても試験本番で焦って間違えないようにしないと～。

【外部環境を書くか】

先生：設問文に「2020年以降今日までの外部経営環境の変化」という制約条件があるで。１つ聞いてええか？　課題が発生した原因である外部環境について言及できとるか？

多辺：「新型コロナウイルスの影響で受注が減少した」っていう原因を解答しました～。

永友：設問が「課題を述べよ」だから課題しか書いてないっス。生産面の課題をいろいろ書いたので、80字の短い解答に外部環境のことまで書くことはできないっス！

多辺：永友、それは違うと思う～。因果を意識すると必要じゃない？　制約条件に答えていることもアピールできるし。おすすめのスイーツぐらい、これは自信ある。

先生：永友！　その答えに採点者への意識はあるんか！？　実際にＡ以上答案の半分以上が外部環境について言及しとったで。80字という字数制限のなかで、簡潔に原因を書くことが採点者へのアピールになるんとちゃうか？

永友：体幹トレーニングしながら鍛え直します。

【販売面】

先生：さあ、ここからは実際の課題についてや。まず販売面の課題はどない？

永友：ズバリ、「売上の拡大」です！　2020年から新型コロナウイルスの影響で受注量が

～資格を取ってやりたかったこと～

副業。

減少して売上が減っているため、間違いないっス。

先生：せや、しっかりと時間軸を意識できとるな。ほんなら、多面的な解答を行うために具体的な施策を掘り下げてみるで。何をすることで売上拡大につながると思う？

多辺：私は「アウトドア商品需要を取り込む」っていう施策を書きましたよ。与件文の第13段落以降【新規製品事業】の項目に機会が書かれていましたからね～。

先生：ええやないの。新規取引先や新たな需要の開拓に関する具体的な施策を書いとった答案が多数あったで。この具体的施策から売上拡大につなげられると高得点になったと考えられるな。そのほか、卸売企業２社に依存しとる現状から、「依存脱却」の記載も一定数あったで。

永友：「高付加価値製品の販売」はどうですか？　Ｃ社社長は今後高価格な製品の拡大を期待していることが与件文に書かれています。

先生：売上拡大につながる施策としては悪くないが、その解答は第５問の今後の戦略で使われとることが多かったようや。ここは設問全体のつながりを意識して、少し大枠で捉えられるほうがよかったかもしれへんな。

永友：ピッチ全体を見渡せる冷静さが必要ってことっスね！

【生産面】

先生：では生産面の課題を見ていくで。

多辺：ここは「小ロット化」と「納期短縮」で決まり～。最近、発注元の在庫量削減方針によって発注ロットサイズが減少しているって与件文に書かれているからね。

先生：ええ視点や。「最近」を2020年以降の外部環境の変化として捉えられとるな。Ｃ社の課題はほかにもありそうやけど、これ以外ではどない？

永友：オレは小ロット化に加え、「高齢化による若手への技術承継」と「生産統制の実施」を挙げてみたっス。

先生：２人とも素晴らしいで。生産面の課題というざっくりした問いやったから、Ｃ社のたくさんの問題点からさまざまな課題が挙げられたで。そのなかでも永友、多辺が挙げた解答は重要なポイントや。「小ロット化」、「短納期化」、「若手への技術承継」は多くの解答者が記載しており、かつＡ以上答案でも多く使われとったで。

多辺：設計期間が長いとか、生産管理面とか、情報の交換と共有とか、ほかにも問題点がたくさんあるみたい。「2020年以降の外部経営環境の変化」とすべてつながりがあるんですかね～？

先生：実際、外部環境はほとんどの解答において「販売面」のなかに言及されてたんや。それに対する生産面の課題として、現状の複数の問題点から記載があったで。どの問題点も広い目で見れば、販売面の課題である「需要の開拓」や「売上拡大」につながる課題として捉えることができるかもしれへんな。

多辺：やっぱり多面的な解答が大事ってことなんだね～。

～資格を取ってやりたかったこと～

社内でエラソーにしたかった。経営に携われるようになりたかった。

第２問（配点20点）【難易度　★★☆　勝負の分かれ目】

Ｃ社の主力製品であるプレス加工製品の新規受注では、新規引合いから量産製品初回納品まで長期化することがある。しかし、プレス加工製品では短納期生産が一般化している。Ｃ社が新規受注の短納期化を図るための課題とその対応策を120字以内で述べよ。

●出題の趣旨

プレス加工製品の金型製作工程と製品量産工程の生産プロセスにおいて、新規受注の際に長期化する要因を整理し、短納期化するための課題とその対応策について、助言する能力を問う問題である。

●解答ランキングとふぞろい流採点基準

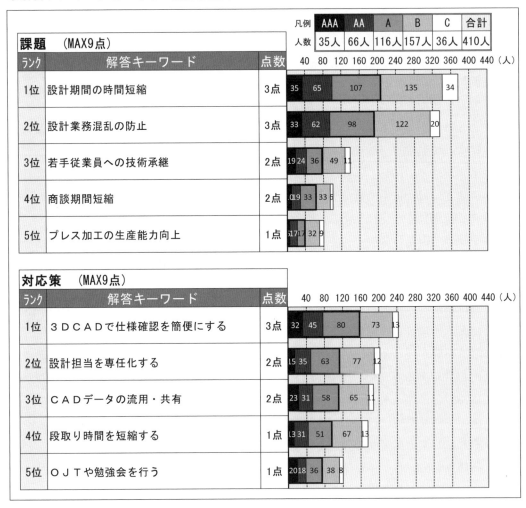

凡例	AAA	AA	A	B	C	合計
人数	35人	66人	116人	157人	36人	410人

課題　(MAX9点)

ランク	解答キーワード	点数
1位	設計期間の時間短縮	3点
2位	設計業務混乱の防止	3点
3位	若手従業員への技術承継	2点
4位	商談期間短縮	2点
5位	プレス加工の生産能力向上	1点

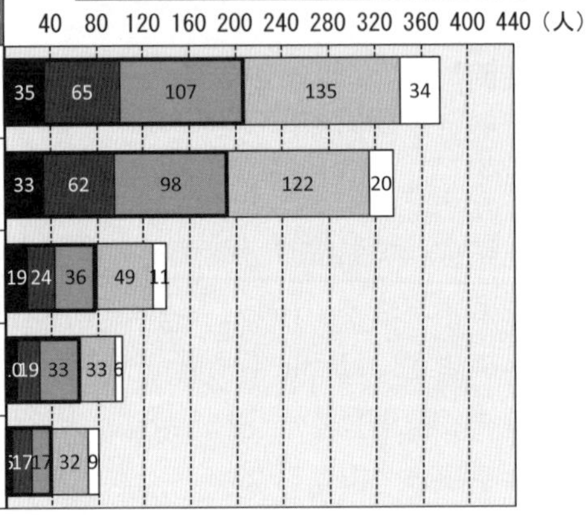

対応策　(MAX9点)

ランク	解答キーワード	点数
1位	３ＤＣＡＤで仕様確認を簡便にする	3点
2位	設計担当を専任化する	2点
3位	ＣＡＤデータの流用・共有	2点
4位	段取り時間を短縮する	1点
5位	ＯＪＴや勉強会を行う	1点

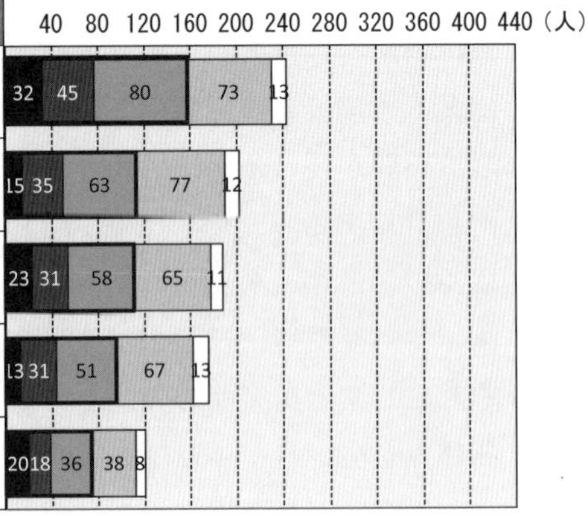

～資格を取ってやりたかったこと～

実家の経営支援。

凡例	AAA	AA	A	B	C	合計
人数	35人	66人	116人	157人	36人	410人

効果　(MAX2点)

ランク	解答キーワード	点数
1位	短納期化を図る	2点

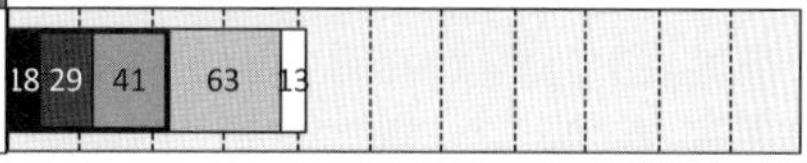

●再現答案

区	再現答案	点	文字数
AAA	課題は金型製作期間の短期化である。対応策は①**３ＤＣＡＤを導入**[3]して**発注元とデータ共有**[2]し確認や変更を減らし②**プレス加工と板金加工の設計担当を分け**[2]て**設計期間を短縮**[3]③ベテラン技術者から**ＯＪＴ**[1]で**若手に技術承継**[2]して生産性を向上することで**短納期化**[2]する。	15	119
AA	課題は①顧客との**設計変更等のやり取りの短縮**[3]②設計課の負担が大きく**負荷平準化**[3]③**プレス加工での生産能力向上**[1]④各工程統一した生産計画の実施。対応策は①**３次元ＣＡＤ**[3]導入②**営業課で設計やりとりを担当**[2]③**段取り作業の外段取化**[1]にて生産統制し**短納期化**[2]を図る。	15	120
A	課題は①発注元との**設計確認・仕様変更の短時間化**[3]②**プレス加工の段取作業の短縮**[1]③**設計業務の混乱解消**[3]である。対応策は①**３ＤＣＡＤ**[3]を導入し、発注元との確認に活用し②**複数人による段取作業**[1]とし③**板金加工と金型製作の設計を分割**[2]し、リードタイム短縮を図る。	13	120
B	**金型設計の短期化**[3]が課題である。対策としては①**３次元ＣＡＤ**[3]導入で過去データ活用や発注元との**データ共有**[2]で**打ち合わせ短期化**[2]②ＣＡＥ導入で設計図に基づくシミュレーション実施後に試作確認し、設計時の認識相違・手戻り解消し早期量産化を図る。	10	114
C	課題は、①全社的生産計画の作成、②仕様変更等による**設計期間の短縮**[3]、③**設計業務の混乱解消**[3]。対応策は、①全社的計画に基づいた生産統制、②発注元との情報共有を強化し設計の効率化、③製品間を横断的に進捗管理することで効率化し、**短納期化**[2]を実現する。	8	119

●解答のポイント

　金型製作だけにとらわれることなく、商談から初回納品までのプロセスを思い浮かべ、具体的な課題や対応策を記述できたかがポイントであった。

～資格を取ってやりたかったこと～

営業時代の罪滅ぼし。。。。

【設問解釈】

先生：さあ第2問、新規受注を短納期化するための課題と対応策や。
多辺：C社のプレス加工製品の生産プロセス全体を把握する必要があるね～。
永友：与件文に工程がたくさん記載されていて理解までの時間が足りない。アディショナルタイムはあと何分だ？
先生：工程が多くて理解に時間がかかる？　そんなときこそ図を活用するんや。
永友：なるほど。そのために書いてあったのか。
多辺：営業課、設計課、金型製作課、プレス加工課、品質管理課が関わっているね～。
永友：それぞれの課をマンツーマンでマークだ！　図を見れば簡単に突破か！？
先生：永友！　与件文もちゃんと読まなあかんで！
多辺：図はあくまでも理解を促すためだもんね～。
先生：あんた、賢いなぁ。ほな、C社が一番困っとることはなんや？
多辺：初回納品までが長期化することで～す。
先生：そのとおりや。せやから、それぞれの課に納期短縮につながる課題がないか、丁寧に探すのが大事になんのや。

【課題と対応策】

先生：ほんならそれぞれの課で納期短縮ができそうなとこがあるか与件文を見ていこか。
多辺：金型製作期間が2週間から1か月も要するのは長そうね～。
永友：設計課での設計期間が長くなっている。どんどん前にパス出していかないと。
先生：「設計期間の短縮」、これは課題になりそうやな。対応策はどないする？
多辺：発注元との仕様確認や手戻りが多くなっているですよ～。私はそんなことないけど、図面ってわかりにくいからね～。
永友：図面作成には2次元CADを使っているし、ここは「3次元CADの導入」だ！
先生：冴えとるなぁ。設計期間短縮には図面の迅速な理解が必要やからな。
永友：よっしゃー！　ナイスタックル！
多辺：CADを使うなら発注元と「データを共有」できないかな～。営業の時間短縮～。
先生：「商談期間短縮」の課題を解決するのにええ対応策やね。2人ともええ感じやな。
多辺：まぁね～。
先生：設計課にはほかにも問題がありそうやけど、わかるか？
永友：プレス加工製品と板金加工製品で挟み撃ちされているのか。これはさすがのオレも正面突破はできない。誰か助けに来てマークを外してくれ。
先生：そのとおり。1人で2つのことを一度にしようとして混乱が生じとるのが問題やな。「設計業務の混乱防止」も課題にできそうや。
多辺：それなら「専任化」するのが、いいんじゃな～い。
先生：ええ感じや。じゃあ、金型製作課で何か困っとることはないか？

～合格してから知って驚いたこと～

実務補習の争奪戦があること。

多辺：ベテラン技能者の高齢化が問題ですね～。若手の養成を検討しているわ～。

永友：若手の養成なら任せろ！　「OJT」！　オレたちジャパンは体幹トレーニング！

多辺：体幹は鍛えてどうするの～。「マニュアル化」や「勉強会」もよさそう～。

先生：高齢化対策には「若手の養成」も重要課題やな。

永友：プレス加工課にも切り込んでいきたい！　逆サイドからのクロス！

多辺：プレス加工については第３問だと思った～。切り分け困難～。

先生：なかなか難しいとこやな。設問要求を見るとそこまで記述が必要やねんけど、実際プレス加工に言及しとる答案はそこまで多くなかったんや。

永友：オレの「段取準備時間短縮」は幻のゴールだったのか？

先生：「プレス加工の生産能力向上」も大事な課題に違いないんやけどな。

【基本に忠実な答案を心掛ける】

先生：さて、ここまで課題と対応策について洗い出したけど、問題はこれらをどう記述するかや。

永友：サッカーで１点の重みはよくわかっているっス！　たくさん得点を取ろうと、思いつくキーワードをふんだんに盛り込みました！

先生：１点の重みを感じることは大事やねんけどな。永友、その答案に愛はあるんか？

永友：確かにそう言われるとＣ社へのアモーレが欠けていたっス。

先生：キーワードが詰まった答案のほうが点数を取れるように思えるかもしれへん。せやけどな、実際の答案を見るとそうとも限らんのや。

多辺：どんな答案が高評価だったんですか～？

先生：Ａ以上答案として多かったんは、与件文に沿った形で課題を明示し、適切な対応策を提案したうえで、短納期化するという方向性で設問要求に応える形やな。

多辺：基本に忠実ってやつね～。

永友：CAD に加えて CAM や CAE を記述したが、ゴールポストに阻まれていたのか。

先生：逆にＣ以下答案にはコンカレントエンジニアリングや VE などの与件文には書かれてないキーワードが特徴的やった。与件文の情報で解答するという基本が大事や。

第３問（配点20点）【難易度　★★☆　勝負の分かれ目】

Ｃ社の販売先である業務用食器・什器卸売企業からの発注ロットサイズが減少している。また、検討しているホームセンターＸ社の新規取引でも、１回の発注ロットサイズはさらに小ロットになる。このような顧客企業の発注方法の変化に対応すべきＣ社の生産面の対応策を120字以内で述べよ。

●出題の趣旨

顧客企業の発注ロットサイズの小ロット化への変化に対応するためのＣ社の製品量産工程の課題を整理し、その対応策について、助言する能力を問う問題である。

●解答ランキングとふぞろい流採点基準

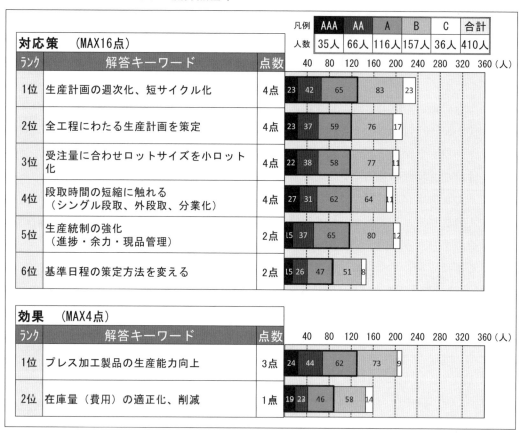

凡例	AAA	AA	A	B	C	合計
人数	35人	66人	116人	157人	36人	410人

対応策　（MAX16点）

ランク	解答キーワード	点数
1位	生産計画の週次化、短サイクル化	4点
2位	全工程にわたる生産計画を策定	4点
3位	受注量に合わせロットサイズを小ロット化	4点
4位	段取時間の短縮に触れる（シングル段取、外段取、分業化）	4点
5位	生産統制の強化（進捗・余力・現品管理）	2点
6位	基準日程の策定方法を変える	2点

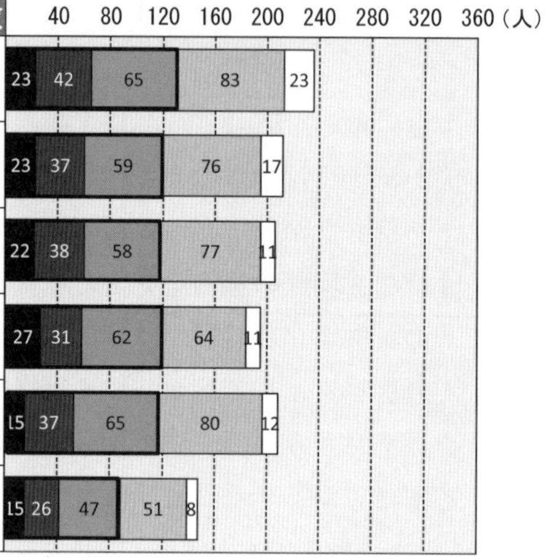

効果　（MAX4点）

ランク	解答キーワード	点数
1位	プレス加工製品の生産能力向上	3点
2位	在庫量（費用）の適正化、削減	1点

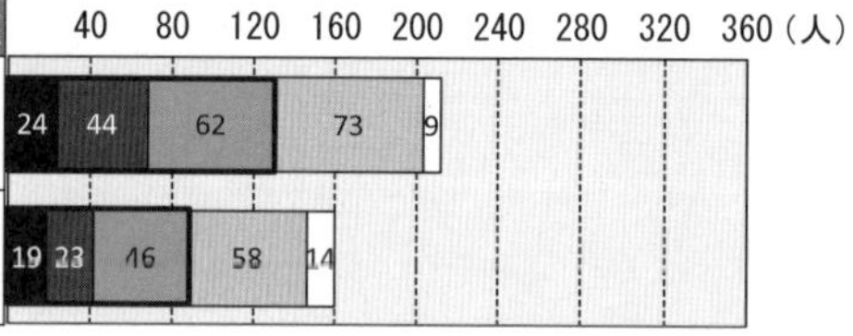

●再現答案

区	再現答案	点	文字数
AAA	対応策は①基準日程から**確定受注量にあわせてロットサイズを決定**[4]②小ロット化で増加する**段取り作業の見直しと人員補強**[4]③プレス加工のみの**生産計画を全社化**[4]、**短サイクル化**[4]して**生産統制を実施**[2]する。以上で**生産能力の効率化**[3]を図り、**在庫適正化**[1]する。	20	114
AAA	対応策は、①**生産計画を短サイクル化**[4]し、**全社的な生産計画の立案**[4]を行い、②生産計画に連動した発注と在庫管理を徹底し、**生産統制**[2]を行い、**③段取り作業の外段取り化で段取り作業を短縮**[4]し、**生産効率向上**[3]と生産リードタイム短縮で小ロット対応を図る。	17	115
AA	対応策は①**全体の生産計画**[4]を**発注ロットサイズに合わせ**[4]**週次・日次で立案**[4]②全社で計画を共有しルール化された加工順で作業を行い③納品サイクルを多頻度にする。以上で適正ロットでの生産を行い小ロット化に対応し、**在庫減少しコスト削減**[1]図る。	13	112
A	対応策は、①**受注見込みと在庫状況を踏まえたロットサイズの見直し**[4]②**生産計画の策定頻度を週次に変更**[4]した上で、受注見込みを反映して修正すること、③**全工程をもれなく対象として策定**[4]をすること、④計画策定のために全体を統括する専任者を置くこと、である。	12	120
B	対応策は①X社の**発注ロットに合わせ**[4]た**全社的な生産計画を設定**[4]して、柔軟な生産体制構築②生産ロットの見直しにより**在庫費用の減少**[1]。③生産計画をDB化し一元管理し、随時社内で共有、それに基づいて**生産統制を行う**[2]。以上により発注方法に対応する。	11	116
C	C社は、①受注量以上のロットサイズの設定に対し、ロットサイズの適正化、②月度の生産計画に対し、X社の確定納品情報に合わせた週次化など**計画立案の短サイクル化**[4]、③プレス加工工程のみの生産計画の立案に対し、組付等も含めた**全工程での計画立案等**[4]を行う。	8	120

●解答のポイント

小ロット化するにあたり、生産管理や段取作業における各種課題を見出し、多面的な対応策を記述することが重要であった。

【設問解釈】

先生：まずC社の現在抱えている課題はなんや？

永友：発注ロットサイズの減少への対応が遅れ、在庫量が増加していることっス。

先生：せやなぁ。ほんなら、まずは何から考えんとあかんのや？

永友：生産管理の強化で決まりっスね。過去の問題でも定番っス。生産計画の短サイクル化や、全社的な生産計画の策定や……。

～2次試験とは○○である～
修行。

先生：ちょっと待ち。それだけでええんか？

多辺：段取作業の短縮も必要なんじゃないですか～？

先生：そのとおりや。もともと事例Ⅲに出てくるような中小企業は、大量生産による規模の利益の追求やなく、小ロットによる多品種少量生産で多様なニーズを満たすのが基本戦略や。せやから小ロット化は事例Ⅲでは頻出の問題やねん。

多辺：つまりは小ロット化に対する解答方法がわかっていたら、事例Ⅲでの高得点獲得は間違いないってことね。

【生産管理】

先生：ということで、まずは生産管理面からや。

永友：生産管理といえば、日程計画・工数計画・材料計画の３つの生産計画を立てて、進捗管理・現品管理・余力管理の３つの生産統制を徹底することっスよね。そして、日程計画では大日程・中日程・小日程計画を立てて……。

先生：あんた、そこに愛はあるんか？

永友：え？

先生：そこにＣ社への愛はあるんかと聞いてるんや！　さっきも言うたけどテキストに書いてある一般的な知識を並べ立てたところで、それがＣ社に当てはまるとは限らへんのや。与件文に寄り添うというのは、知識をベースにＣ社に合った解答を書くということなんやで。

多辺：でしたらＣ社の課題に合った生産管理方法を解答するということですね。

永友：多辺さんの順応性の高さはＪリーグでも通用しますね。

多辺：まぁね～。

永友：それでしたらＣ社は月度生産計画を立てているようですが、小ロット化が求められているなかでかなり柔軟性を欠きそうな状況っスね。

先生：そのとおりや。しかも、Ｘ社との取引について、納期が発注日から７日後の設定とある。それやったら生産計画も短サイクル化して、柔軟化することが大事やろ。

多辺：プレス加工製品の生産計画が、プレス加工の計画だけ立案されている状況も気になる～。それでは、ほかの工程との調整ができないんじゃないかな。

先生：せやなぁ。今はいわゆる部分最適という状態や。せやから、全工程で一貫して生産計画を立てて、全体最適を目指す必要があるということやねん。

永友：基準日程によって設定しているロットサイズで加工を続けているのはいけませんね。状況によってフォーメーションを変えないと。ディフェンダーも攻撃に参加するチームは手強いっス！

先生：何の話をしてんねん！　せやけど、言うとることはそのとおりや。受注量に生産ロットサイズを合わせて、やっぱり柔軟性を保つことが重要ってことやな。

～２次試験とは○○である～

運ゲーを受け入れた者が勝つもの。

【段取作業】

先生：次は段取作業やな。小ロット化するということはそれだけ生産ラインの切り替えが頻発することになる。つまり、段取作業が多発するということやから、段取作業の改善はめっちゃ重要なんや。

多辺：段取作業を１人で行っていると書いているから、複数人でやればいいってことね。

永友：段取作業の改善といったら、シングル段取や外段取じゃないっスか？

先生：ここでは段取作業の改善策の中身について、Ａ以上答案では特定のキーワードに偏っとったわけやなかったわ。段取作業の改善につながる何かしらの改善策を示せとったら正解やったみたいや。

永友：あと、作業の標準化とOJTはどうっスか？　作業の改善では定番っスよね。第２問でも出ましたが。

先生：Ａ以上答案の解答数が少なく、加点はされへんかったかもしらんな。でも、ほかに思い浮かぶのがなかったら書いたほうがええで。特に事例Ⅲは解答要素の設問ごとの切り分けに悩むこともあるやろ？　最終的に判断つかへんかったら、同じ解答要素を複数の設問に書くのもリスクを回避する意味では重要なんや。

多辺：解答要素の切り分けに失敗して、どちらの問題も外すくらいなら、同じ解答要素を複数個所に書くのも試験攻略の戦略のうちってことね。

永友：多辺さんのまとめのうまさはセリエＡでも通用しますね。

多辺：まぁね～。

【効果】

先生：効果はどない？

永友：プレス加工の生産能力の向上です。

多辺：在庫の削減によるコストの減少もあるんじゃない。

先生：わかってきたやないか！　この問題は対応策を聞かれとるわけやから助言の問題や。提案した対応策の効果を記述することによって、説得力のある解答を記述するのが重要やな。配点が高いわけではないかもしらんけど……効果も記述することで、点数の取りこぼしのない解答ができるってことやな。

永友：はい！　先生！

ロジカルライティング。

第4問（配点20点）【難易度　★★☆　勝負の分かれ目】

C社社長は、ホームセンターX社との新規取引を契機として、生産業務の情報の交換と共有についてデジタル化を進め、生産業務のスピードアップを図りたいと考えている。C社で優先すべきデジタル化の内容と、そのための社内活動はどのように進めるべきか、120字以内で述べよ。

●出題の趣旨

生産業務のスピードアップを図り、生産リードタイムを短縮するためのC社の生産業務の課題を整理し、そのために優先すべきデジタル化の対象、業務内容と、デジタル化構築のために必要となる社内活動について、助言する能力を問う問題である。

●解答ランキングとふぞろい流採点基準

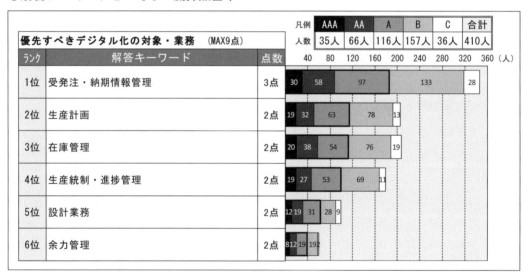

優先すべきデジタル化の対象・業務　（MAX9点）

ランク	解答キーワード	点数
1位	受発注・納期情報管理	3点
2位	生産計画	2点
3位	在庫管理	2点
4位	生産統制・進捗管理	2点
5位	設計業務	2点
6位	余力管理	2点

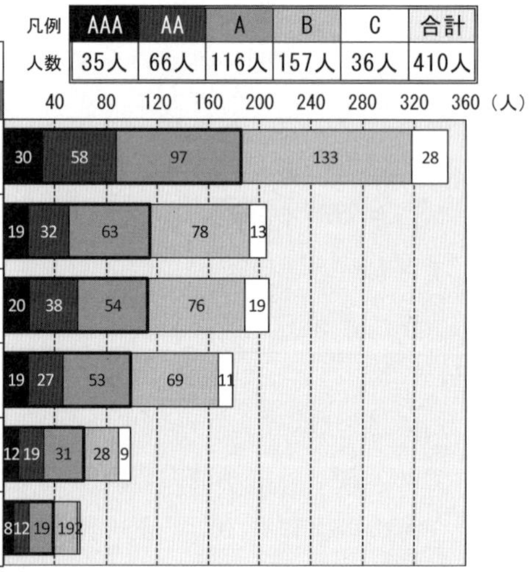

凡例	AAA	AA	A	B	C	合計
人数	35人	66人	116人	157人	36人	410人

デジタル化構築のための社内活動　(MAX10点)

ランク		解答キーワード	点数
1位		情報の交換・共有に言及	3点
	加点	【補足】即時・リアルタイム化	1点
	加点	【補足】紙ベース	1点
2位		情報のＤＢ化、一元管理	3点
3位		データ・情報の標準化	2点
4位		教育・研修の実施	2点
5位		マニュアルの作成・整備	2点

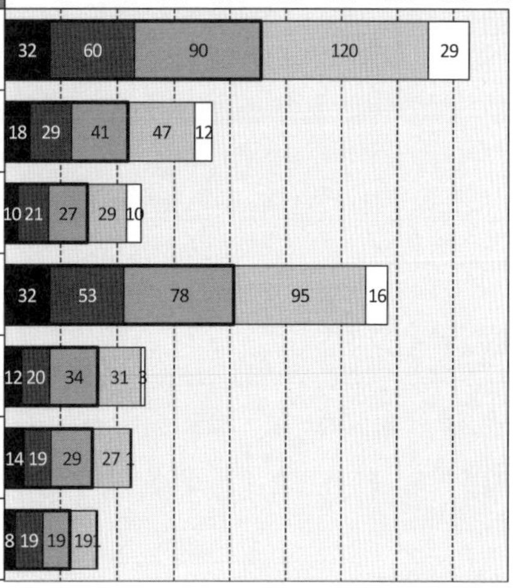

デジタル化により期待される効果　(MAX1点)

ランク	解答キーワード	点数
1位	生産性向上、業務効率化	1点
2位	納期・リードタイム短縮	1点

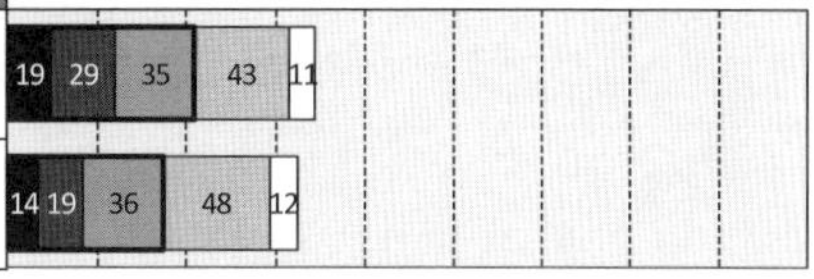

●再現答案

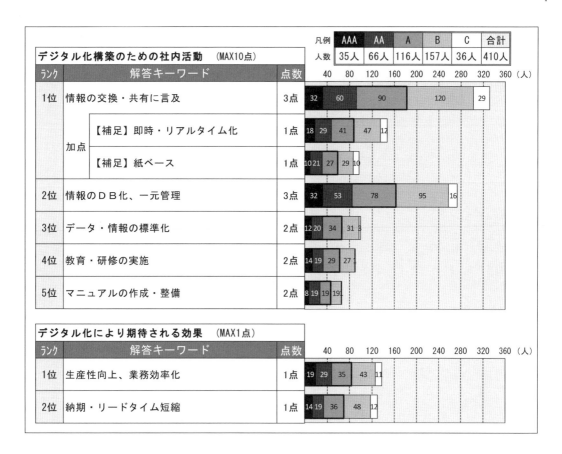

区	再現答案	点	文字数
AAA	情報は、生産能力、**商品在庫量**[2]、**受注情報**[3]や**仕様・CAD図面**[2]、受注納期、**進捗**[2]**余力状況**[2]である。社内活動は、①**紙ベース**[1]の情報を整理し**標準化**[2]を実施し、②**データベースへ一元化**[3]、③生産部門間や顧客と**共有**[3]し、④**教育**[2]を行い定着化と社内連携を効率化し**納期短縮化**[1]。	20	120
AA	内容は①**受注情報**[3]②**生産統制**[2]に必要な**在庫**[2]、進捗、**余力**[2]情報③納期④**生産計画**[2]である。社内活動は、上記情報のパソコンからの登録、**リアルタイム**[1]で**共有**[3]可能とした上で、使用方法を**研修等で教育**[2]し、**紙ベース**[1]での情報の交換・共有を取り止めるよう社内啓蒙する。	16	119
A	内容は、**受注**[3]や**生産計画**[2]に関する情報を全社で**リアルタイム**[1]で**共有**[3]できるようネットワークを構築することである。社内活動は、前記の共有を行うための**データフォーマット**[2]の策定、ネットワーク環境の構築、及びネットワークの使用法についての**従業員教育**[2]である。	13	120

～２次試験とは○○である～
体力勝負。

B	優先すべきデジタル化の内容は①いまだ**紙ベース**[1]の**受注**[3]から納品に至る社内業務をデジタル化し②ビジネスプロセスを明文化して③全社で生産業務のデータを**一元化**[3]して**情報の交換と共有**[3]を行えるようにし、**生産業務のスピードアップ、生産効率化**[1]を図る。	11	115
C	内容は**受注**[3]から納品までの確定納品情報、進捗情報を**共有化**[3]すること。社内活動は①作業指示、進捗情報を共有化し各工程で**進捗管理**[2]を行い平準化を図ること、確定納品情報に基づき適切な生産管理を行うこと。	8	95

●解答のポイント

デジタル化の対象、業務内容とデジタル化構築のために必要となる社内活動を、C社が抱える課題に関連して多面的に解答できたかがポイントだった。

【優先すべきデジタル化の内容について】

先生：第４問はデジタル化についての問題や。設問文からどんなことが読み取れる？

永友：「ホームセンターＸ社との新規取引を契機として」とあるから、Ｘ社と取引を行うにあたってどのような課題が生じているか確認する必要があるんじゃないっスか？

多辺：Ｘ社との取引で生じる課題が、Ｃ社社長がデジタル化によって「生産業務のスピードアップを図りたい」と考えたきっかけになっていそうね～。

先生：次の質問や。Ｘ社との取引によって、Ｃ社はどのような対応が求められるんや？

永友：これまでの取引先は受注から納品までのサイクルがおおよそ月単位だったが、Ｘ社との取引では発注日から7日後に納期が指定されているぞ！

先生：よう気づいた！　短納期化への対応が求められるからこそ、Ｃ社社長がデジタル化によって「生産業務のスピードアップを図りたい」と考えるのは自然な流れや。

多辺：そうすると、Ｘ社からＣ社に送られてくる受発注や納期に関する情報をデジタル化して管理することは、まさに課題への対応策になるんじゃないですか？

先生：お、あんたええやん！　受発注や納期といった、Ｘ社との取引で必要となる情報は多くのＡ以上答案で記載されとったで。また、これらを用いて行う生産統制や統制を行うために欠かせない生産計画についても加点されとった可能性があるで。

永友：生産統制が不十分だと納期遅延が発生してしまう恐れがありますもんね。

多辺：ちょっと待って、Ｃ社はＸ社と取引する以前から設計期間の短縮や在庫の削減といった課題も抱えていなかったっけ？　でも、設問文には「優先すべきデジタル化の内容」とあるし、詰め込みすぎかな？

先生：ええ指摘や。設問文の「優先すべき」から、キーワードは詰め込みすぎず的を絞った解答のほうがよい、という解釈もできるかもしらんな。せやけど、デジタル化に関する直接的な文章が与件文にあまり記載されてなかったこともあってか、Ａ以上

～試験に持って行ってよかったもの～

枕、ホットアイマスク。

答案の多くはＣ社が従前から抱えとる課題も含めて解答してたんやで。

永友：この問題では、多くの猛者たちが「多面的に解答する」という戦略を取ったわけっスね。これもまた勝利のための戦術の１つというわけか。ブラボー！

【社内活動について】

先生：デジタル化やIT化ときたら、まず最初に何を思い浮かべる？

多辺：それはもうDRINKですよ～。Ｃ社では「情報の交換と共有はいまだに紙ベースで行われている」とあるから、Ｋ（共有化）とＲ（リアルタイム）はセットで記載したらいいんじゃない？

永友：オレはＤ（データベース化）も今回は外せないと考えたぞ！　過去から蓄積したデータをうまく活用できれば、業務効率化につながるはずだ！　それと、１つ気になったんだけれど、「情報の交換と共有」は「優先すべきデジタル化の内容」と解釈することはできないっスか？　どっちに書いていいか判断に迷ったっス。

先生：そこは受験生の間でも判断が分かれとった。ただ、高得点者の多くが「社内活動」として記載していた傾向にあったで。せやけど、「優先すべきデジタル化の内容」として記載していたＡ以上答案も多く見られたことから、論理的に文章が記述できてれば、結果としてどっちに書いても加点された可能性はあるわ。それと、DRINKだけやなくほかにも大事なことがあるやろ？　ここからは、数は少ないが全体に占めるＡ以上答案の割合が高く、点数に差がついたと思われる論点やで！

多辺：うーん、ほかには何があるかな～。あ、そうか、Ｘ社との情報共有やデータベースの構築を行うためには、準備段階としてデータの標準化が必要じゃないかな～。

先生：ええ気づきや！　「データの標準化」は円滑にデータベースやシステム構築を行うために必須やで。１次試験にもよく出る論点や。

永友：マニュアルの整備や従業員教育はどうだろう？　苦労してデジタル化したとしても、従業員がうまく使いこなせなかったら元も子もないんじゃないか？

先生：そのとおりや！　単に業務をデジタル化するだけでは不十分。それをうまく活用できるよう、データの標準化、マニュアル整備、従業員教育、といった社内活動でフォローしていく必要があるんや！　ほかにも、高得点者の一部には、「運用ルールの策定」といったキーワードを記載しとった受験生もおったで。

永友：直接的に問われているわけではないけれど、生産性向上や納期短縮といったデジタル化の目的や効果は記載する必要あったんだろうか？　悩みどころっス。

先生：デジタル化の目的や効果は、Ａ以上答案を中心に多くの受験生が解答してたで。なぜデジタル化を進める必要があるかをしっかり理解したうえで解答を組み立てていた、という観点で加点された可能性があるな。

多辺：結論があったほうが論理的な文章に見えるしね～。

～試験に持って行ってよかったもの～

羊羹。

第５問（配点20点）【難易度　★☆☆　みんなができた】

Ｃ社社長が積極的に取り組みたいと考えているホームセンターＸ社との新規取引に応えることは、Ｃ社の今後の戦略にどのような可能性を持つのか、中小企業診断士として100字以内で助言せよ。

●出題の趣旨

ホームセンターＸ社との新規取引に応えることによって、Ｃ社の今後の戦略に影響する製品や市場、業績などに生じる新たな可能性について、助言する能力を問う問題である。

●解答ランキングとふぞろい流採点基準

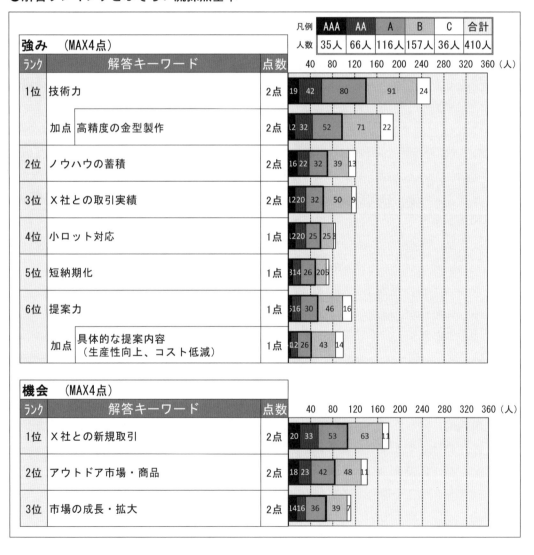

凡例	AAA	AA	A	B	C	合計
人数	35人	66人	116人	157人	36人	410人

強み　（MAX4点）

ランク	解答キーワード	点数	AAA	AA	A	B	C
1位	技術力	2点	19	42	80	91	24
	加点　高精度の金型製作	2点	12	32	52	71	22
2位	ノウハウの蓄積	2点	16	22	32	39	13
3位	Ｘ社との取引実績	2点	12	20	32	50	9
4位	小ロット対応	1点	12	20	25	25	3
5位	短納期化	1点	3	14	26	20	5
6位	提案力	1点	[illegible]	16	30	46	16
	加点　具体的な提案内容（生産性向上、コスト低減）	1点	[illegible]	12	26	43	14

機会　（MAX4点）

ランク	解答キーワード	点数	AAA	AA	A	B	C
1位	Ｘ社との新規取引	2点	20	33	53	63	11
2位	アウトドア市場・商品	2点	18	23	42	48	11
3位	市場の成長・拡大	2点	14	16	36	39	7

～試験に持って行ってよかったもの～

ホッカイロ。休憩時間中に外に出るときに手が冷えないように。

戦略　（MAX12点）

ランク	解答キーワード	点数
1位	高単価・高付加価値化	3点
2位	販路開拓	3点
3位	自社ブランド開発	2点
4位	【効果】売上拡大	3点
5位	【効果】リスク分散・依存脱却	3点
6位	【効果】経営安定	1点

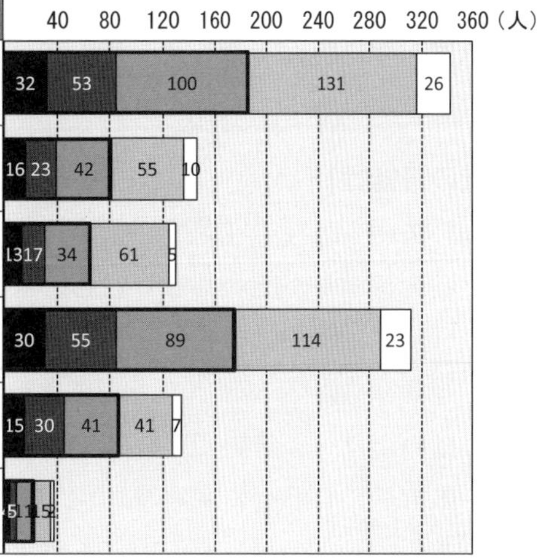

●再現答案

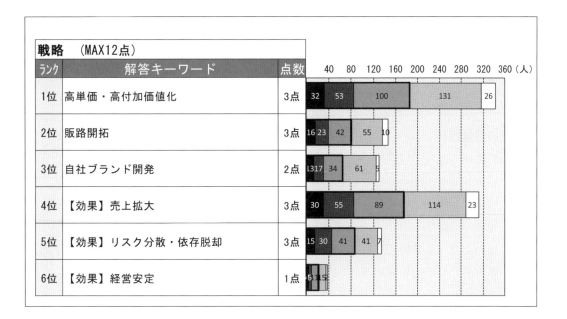

区	再現答案	点	文字数
AAA	可能性は①アウトドア商品[2]の受注拡大[3]、ノウハウ蓄積[2]による新規顧客獲得[3]②取引先の分散による経営リスク低減[3]③強みである金型製作[2]技術[2]を生かした高付加価値[3]製品開発[2]による差別化④納期遵守、生産効率改善などへの対応。	18	100
AA	X社との新規取引[2]により①販売先拡大[3]に伴う売上増加[3]を通し経営リスクの分散[3]、②小ロット生産[1]、短納期対応[1]の体制確立とX社の取引実績[2]を活かし新規受注獲得が見込める、③高価格帯な製品[3]の受注可能性がある。	18	96
A	可能性は①好調なアウトドア商品[2]で強みである難度の高い金型製作[2]技術[2]のノウハウ蓄積[2]で顧客に費用低減や生産性向上[1]を提案[1]し顧客獲得[3]で売上拡大[3]②それを足掛かりにしてより高付加価値製品[3]を製造し販売で収益拡大[3]を図る。	15	100
B	短期的には①関連多角化によるシナジー発揮・収益性向上[3]、②取引先分散による依存リスク低下[3]・経営安定[1]に資する。中長期的には③最終消費者との接点獲得とノウハウ蓄積[2]により、更なる高付加価値化[3]を目指し得る。	12	98
C	成長性の高い市場[2]への参入により売上拡大[3]が見込め、強みである高い技術[2]を活かすことで、高価格製品[3]に拡大ができるとともに、若手の技術力向上により長期的に生産が可能となる。	10	82

〜試験に持って行ってよかったもの〜

サンドイッチとチョコ（昼食で外に行く元気と余裕がなかったので、朝に買っておいてよかった）。

●解答のポイント

Ｃ社の強みと機会を与件文や設問から捉え、戦略の可能性について一貫性を持ちながら多面的に記述できたかどうかがポイントであった。

【Ｃ社の可能性】

先生：いよいよ最後の問題や。気ぃ抜かずにいくで。Ｃ社の今後の戦略にどのような可能性を持つかが問われとるけど、永友、何を書けばええと思う？

永友：可能性は無限大っスね。何を書いてもいい気がします、先生。目指せ海外展開とかどうっスか？　セリエＡも夢じゃないっス！

多辺：はい出た～、勢いで書いていくタイプ～。可能性といっても与件文の根拠からＣ社の方針に合わせた戦略を助言する必要があると思うよ。

先生：多辺、永友の暴走を止めてくれておおきに。あんたには愛があるなぁ。せやけど永友の言っとることも間違いでもない。可能性という問われ方をしただけあってＡ以上答案でも解答はばらけており、幅広く加点されたと思われるわ。

多辺：確かにこの問題は与件文から根拠も探しやすく、とても解答が作りやすかった～。

先生：せやな。ほかの設問と比較して得点区分間の点数の開きも少なく、差がつきにくい問題やったわ。比較的、解きやすい問題やったと思うで。

【具体的な解答の構成は？】

永友：先生！　そもそも戦略とは何を書けばいいのでしょうか？　戦略を立てるには３Ｃ分析やSWOT分析など、フレームワークを行う必要があるのでしょうか？

多辺：そんなことやっている余裕ない～。私はもっとシンプルに「強みを発揮して機会を生かす」をベースに解答を考えたよ。フレームワークに固執しすぎよ～。

先生：そのとおり。80分のなかで５問すべてを最後まで解き切るために、シンプルに考えるのは非常に重要や。与件文のなかに「自社の強みを考慮して戦略とビジネスプロセスを見直し、積極的にこの事業に取り組むこととした」という記述があったわ。与件文にはこうした解答を構成するヒントが記載されとるから見逃さへんようにな。機会は設問文の制約条件にもなっとる「Ｘ社とのアウトドア用PB商品の新規取引」や。この機会についても解答構成に加えとることも加点要素やったと思われるで。

永友：なるほど！　戦略だけじゃなくて根拠も書く必要があるということっスね。

先生：診断士として、愛を持って助言するには、因果を明確にするということが非常に重要や！　覚えときや。ほんならＣ社の強みについてもう一度考えるで。強みはなんや？

永友：Ｃ社の強みは「金型製作技術力の高さやノウハウの蓄積」と「コスト低減・生産性

～試験に持って行ってよかったもの～

ラムネ。美味しいから。

向上に結びつく提案力」っス！　与件文にそう書いてあるっス！

多辺：永友～。まぁそうだけれど私はそれだけじゃないと思うな～。第１問から第４問を通してＣ社の課題対応に触れてきて「短納期化」と「小ロット化」を行っていくことになっていたから、これもＣ社の強みになると思うんだよね～。

永友：アモーレ、さすが視野が広い。でも、それはまだＣ社では発展途上だから強みとしては書けないんじゃないっスか？

先生：永友、固く考えたらあかんわ。今後の戦略の可能性について問われとるわけやけど、「短納期化」と「小ロット化」の対応を行うことでＣ社の戦略も広がってくるから強みとして十分に記載してええはずや。実際に解答を分析してみると「短納期化」と「小ロット化」の記載はＡ以上答案の割合が多くなっとったから、加点もされとると考えられるわ。このようにほかの設問と関連して解答を作ることも重要やな。

【戦略＋効果で記載する】

先生：強みと機会を整理できたから最後に戦略を立てるで。そもそも戦略とはなんや？

永友：先生、戦略はゴールするための作戦やプランっス！　（決まった！）

多辺：永友、いいこと言うね～。つまりＣ社の「ありたい姿」を実現するためのストーリーね。与件文に「Ｃ社社長は、今後高価格な製品に拡大することも期待している」とあったから、１つは「高価格化・高付加価値化」が「ありたい姿」としたよ。

先生：ええ感じや。それを強みと機会を踏まえ戦略として立てるとどうなる？

多辺：ん～、そうですね～。「Ｃ社の高い技術力・提案力でＸ社アウトドアPB商品の高価格化・高付加価値化を行う」でしょうか？

先生：多辺、あんたばっちりやわ。でもほかにも考えられるから、もっと多面的に考えてみ。Ｘ社との取引関係を強化していくことでデメリットはないんか？

永友：依存度が高まっていくデメリットもあるっス。つまりは販路開拓を行って依存度を低下させ、経営リスクを分散させるっス。戦略は「技術力・提案力を生かし新たな販路を開拓し経営リスク分散」っス。

多辺：永友、やるね～。私も「Ｃ社の自社ブランド開発」を考えたよ。Ｘ社との取引でアウトドア商品のノウハウ獲得もできるしね～。

先生：２人ともええやん。特に永友の解答は「経営リスク分散」という「効果」が入っとるしな。中小企業診断士としての助言を求められとるからには、「効果」を加えることが必要や。「効果」があれば、社長は安心して戦略を実行に移せるんやで。

永友：ブラボー！　「戦略＋効果」この組み合わせでゴールを量産できる気がするっス！

多辺：なるほど～。それじゃ「高価格化・高付加価値化」の効果は「売上拡大」ね～。

先生：まとめるで。戦略はいろいろ考えられるけど、中小企業は経営資源に限りがあるから、強みをしっかり捉え機会を生かした、一貫性のある戦略を助言することが求められてたんやわ。大切なことは社長の気持ちに寄り添うことや。

～試験に持って行ってよかったもの～

妻の手作りのお守り。試験のときは常に胸ポケットに入れて気持ちを落ち着けていた。

事例Ⅲ特別企画

「デジタル化に愛はあるんか！」

【中小企業白書でのデジタル化の扱われ方】

永友：ふー、令和４年度は第４問で「デジタル化」って出たけれど、サッカーの試合中はデジタルな環境にないから、困ったよ。

多辺：私はYouTubeもやってるし、スイーツの情報収集もスマホでデジタルにやっているから、そこまで悩まなかった～。

先生：あんたら、何の話をしとるんや。事例ⅢのＣ社でのデジタル化やで。

多辺：冗談ですよ～先生。でも、確かにデジタル化ってわかっているようで、聞かれると意外と解答に詰まるかも。

先生：そもそも中小企業におけるデジタル化の重要性を知らずして、デジタル化の助言をしてもあかんわな。事例Ⅰと同様に、まずは中小企業白書ではどう書かれているかを押さえるところからや。これ見てみ。

時点別に見た、事業方針におけるデジタル化の優先順位

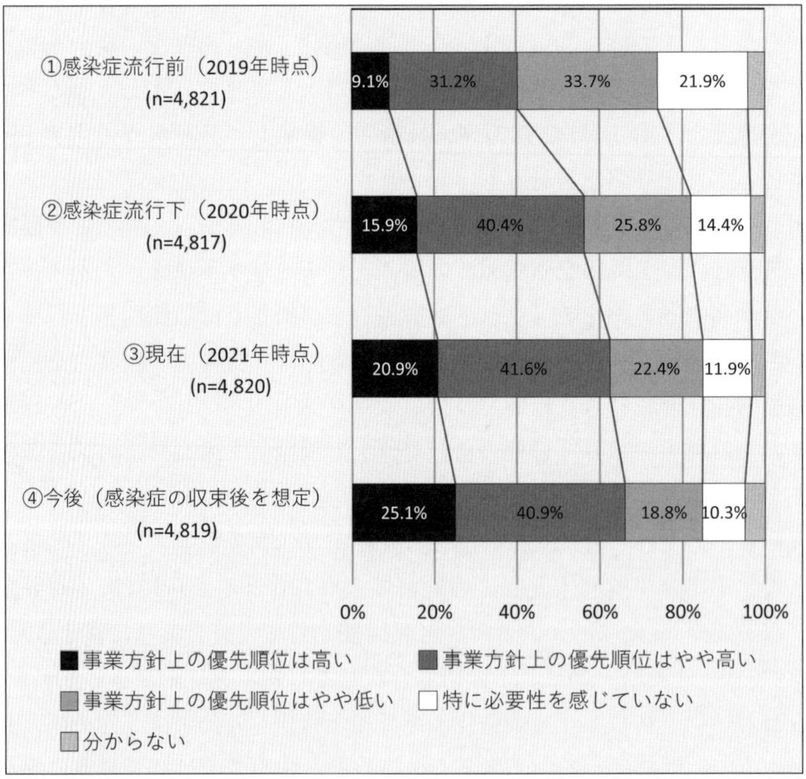

資料：（株）東京商工リサーチ「中小企業のデジタル化と情報資産の活用に関するアンケート」
（出所：『2022年版　中小企業白書』第2-3-15図、Ⅱ-283p）

～試験に持って行ってよかったもの～

歯ブラシ。割と毎時間、エネルギー補給のおやつの後に歯を磨いてスッキリしていました。

永友：新型コロナウイルス感染症でデジタル化の優先順位が高まったのは知ってたっス。でも、収束後の想定はさらに優先順位が高まっているとは知らなかったっス。

多辺：今後もますますデジタル化の観点で問われそうだね〜。

先生：中小企業白書には、企業が行っている実際の取組事例も紹介されとる。イメージが湧きやすくなるから、２次試験を受験するうえで読んでおいて損はないで！

【一定間隔で出題されてきた、デジタル化（IT 化、コンピュータ化）】

先生：さて本題、デジタル化に関してやな。まずはこれまでにどんな出題形式で問われてきたか確認してみよか。

出題年度、配点	設問文（上段）、出題の趣旨（下段）
令和２年度 第３問 （配点20点）	Ｃ社社長は、納期遅延対策として社内のIT化を考えている。Ｃ社のIT活用について、中小企業診断士としてどのように助言するか、120字以内で述べよ。
	Ｃ社の納期遅延の対策に有効な社内のIT活用について、助言する能力を問う問題である。
平成30年度 第４問 （配点20点）	Ｃ社が検討している生産管理のコンピュータ化を進めるために、事前に整備しておくべき内容を120字以内で述べよ。
	Ｃ社の生産職場の状況を把握し、生産管理のコンピュータ化を進めるために必要な事前整備内容について、助言する能力を問う問題である。
平成27年度 第３問 （配点20点）	Ｃ社は、納期遅延の解消を目的に生産管理のIT化を計画している。それには、どのように納期管理をし、その際、どのような情報を活用していくべきか、120字以内で述べよ。
	納期遅延の解消を目的とした生産管理のIT化を計画しているＣ社の課題を把握し、納期管理の方法を提案する能力を問う問題である。

永友：過去問全部解いたので薄々気づいてたけれど、「デジタル化」という単語は令和４年度が初めてでも、似たような形式で何度も出題されてるっス。しかもある程度法則があるっス。これって必ず短いパスをつないで攻めるスペイン代表と同じだ。ドーハの歓喜に沸いた2022年ワールドカップの予選を思い出してきたぞ！　スペイン戦、VAR チェック、テクノロジー発動っス。微妙な判定もデジタル技術のおかげで正確に検証されたっス！　ブラボー！

多辺：はい出た〜、１mm の奇跡〜。最後まで諦めない姿勢が勝利を引き寄せた〜。

先生：なんや読者のこと置き去りにし始めたけれど、言いたいことは伝わってるようやな。

多辺：でも、似たような出題でも問われ方が少し違うと、本番で出たときに、これまでと同じかどうか迷って考えちゃいそう〜。デパ地下のスイーツみたいに、この店なら間違いなくこれ！　みたいなのってないんですか〜？

先生：それはな……しゃあなしやで、教えたるわ。デジタル化（IT 化、コンピュータ化）

〜試験に持って行ってよかったもの〜

セロテープ。受験票を机に貼って落下防止としていました。

を行うことでＣ社の課題をどう解決するかや、デジタル化を検討するうえで必要な内容が問われる傾向にあるんや。しかも出題されるのは第３問前後で、ほかの設問からある程度独立した助言問題として出ることが多いんや。設問の切り分けにはあまり影響してこんからいろんなことが書けそうなのが特徴やな。そして解くうえで大事になるんが、事例Ⅲでおなじみの「DRINK」や。

【D：データベース活用　R：リアルタイム　I：一元管理　N：ネットワーク　K：共有化】

先生：「Ｄ：データベース活用　Ｒ：リアルタイム　Ｉ：一元管理　Ｎ：ネットワーク　Ｋ：共有化」の、頭文字を取ったのが「DRINK」や。初めて聞く人もいると思うけど、この５つの観点で課題解決の方向性を検討し、具体的な施策に落とし込むのが大事やで。

多辺：はい、私聞いたことあります～ DRINK。

永友：オレもいつも試験開始のキックオフと同時に余白に DRINK って書いているから忘れたことはないけれど、具体的な施策を考えるのに悩んでしまって。試合中でもデジタル化せずともチームで密に声かけすれば共有化できるわけだし。

先生：なんでやねん。あんたと違って企業では同じ空間や同じ時間に全員がいるわけやないし、皆自分の仕事で忙しいやろ。中小企業への愛はあるんか？

多辺：（中小企業への愛を溢れさせると先生は止まらないんだから……話を戻さないと）先生、DRINK の解説を聞きたいです～。

先生：ほな、第４問の解説ではＤ（データベース活用）、Ｒ（リアルタイム）、Ｋ（共有化）は触れたから、残るＩ（一元管理）、Ｎ（ネットワーク）について説明したるわ。Ｉ（一元管理）は、Ｃ社内に情報があっても分散しとっては活用しにくく、管理しやすくするためにも、１か所でまとめて管理すべきやな。Ｎ（ネットワーク）は、社内がネットワーク化されていて各部署から情報にアクセスできると効率的に仕事を進められるわけやな。この５つを組み合わせて業務改善を進めるんやで。

多辺：なるほど～。バランスよく五感に働きかけるスイーツは美味しいよね。

先生：ただな、デジタル化は、前提としてあくまで会社が抱える課題解決や目的達成のための手段やからな。当然やけど、背景にある課題や目的を与件文から抜け漏れなく把握することが大切や。ここを無視して答案作成したとしたらあかんで。切り口として DRINK を押さえておくことは非常に重要やけど、設問文を無視して会社への愛なしに書かれた DRINK だけの答案は課題解決にはつながらへんし、合格点には及ばへん可能性が高いわな。

多辺：とてもよくわかりました～。

先生：せやけど、逆に落としたらほかの受験生に差をつけられる可能性が高いから、確実に得点できるように練習が必須やで。

永友：なるほど。試合中のこまめな水分補給くらい「DRINK」は大事ってことか、先生！！

～試験に持って行ってよかったもの～

チョコレート、お守り。

体幹トレーニングで必ず身につけます！！　先生！　あと過去問でほかの事例でも似たよう問題があって気になったっス。令和２年度事例Ⅰの第２問では、「どのような手順を踏んで情報システム化を進めたと考えられるか」って問われたんですけれど、DRINK関係ありますよね？

多辺：永友、確かに～。

先生：永友、あんたには、応用力があるなぁ。老舗の蔵元A社で情報システム化を進めた若い女性社員の話やな。SECIモデルが解答の中心の問題やけれど、解答要素にはD（データベース活用）、K（共有化）があったから、DRINKの観点は大事やったで。詳しくは『ふぞろいな合格答案エピソード14』をちゃんと読んでな。

永友：よっしゃー！　ナイスタックル！

【まとめ】

先生：さて、中小企業におけるデジタル化の重要性、過去の出題、DRINKについていろいろ見てきたけど、あんたら、何が一番か、わかったやんなあ？　大事なポイントをおさらいしてみよか。

多辺：はい！　デジタル化の優先順位が増して今後もっと重要になってくることもですし、ある程度パターンがあって今後問われたらどう解答すればよいかもわかりました。でも一番は、やっぱり愛って大事～ってことですね。私も幸せになりた～い。

先生：多辺はきっと幸せになれるで。

永友：オレも愛しのアモーレに会いたくなってきた！

先生：あんたはその前に与件文と、社長の気持ちに寄り添うことが必要や！

Column

日本の中小企業はすごい

私は仕事を通して多くの製造業の中小企業と接点を持つ機会がありました。切削加工やプレス加工、鍍金加工など多くの技術が中小企業によって作られていることを、仕事を通して感じられました。一方で経営者の高齢化や人手不足による後継者不足で廃業していく企業もありましたが、一会社員にはどうすることもできず虚しさを感じていました。

そのようななかで、ある講演会で聞いた話ですが、某自動車メーカー役員の中小企業向けのメッセージがとても印象に残っています。それは「日本の自動車メーカーが国際社会で勝ち続ける理由は、ほかの国々との大きな違いがあるからです。日本には技術力の高い中小企業が多く存在しているが他国にはそれがない。これからも中小企業が存在し続ける限り日本の自動車は負けない」。正確かは定かではありませんが、ニュアンスは合っていると思います。この言葉が忘れられず、ずっと頭に残っています。

現在私は中小企業診断士として、中小企業を支援することで日本の産業に貢献できると考えており、ほかのどのような仕事にも負けないやりがいがあると確信しています。

（はやと）

～ファイナルペーパーに書いた一言～

ファイナルペーパーは作りませんでした。

ふぞろい流ベスト答案　事例Ⅲ

第１問（配点20点）　80字　【得点】20点

販売面では、**コロナ感染症**[2]の影響で**受注が減少している**[2]為、**新たな販路を開拓**[4]し**売上を拡大**[4]する。生産面では、**生産統制を強化**[1]し顧客ニーズである**小ロット化**[4]・**短納期化**[3]を図る。

第２問（配点20点）　119字　【得点】20点

課題は①商談[2]**と設計期間の短縮**[3]**②設計業務の混乱防止**[3]**③若手の養成**[2]**④プレス加工の生産能力向上**[1]である。対応策は①**3次元CAD**[3]のデー**タを共有**[2]し仕様確認の簡便化②**設計担当の専任化**[2]**③OJTによる技術承継**[1]**④外段取りの導入**[1]で生産能力を向上させ、**短納期化**[2]を図る。

第３問（配点20点）　118字　【得点】20点

対応策は①全社的な生産計画[4]**を週次で策定**[4]**し生産統制を徹底**[2]**し②受注量に合わせてロットサイズを設定**[4]**し③段取作業の負荷軽減のため複数人での分業制にしてシングル段取化**[4]**する。以上で、プレス加工における生産能力を向上**[3]して小ロット化対応し、**在庫削減**[1]する。

第４問（配点20点）　120字　【得点】20点

内容は①**受注と納期管理**[3]、②**在庫管理**[2]、③**設計業務**[2]、④**余力管理**[2]をデジタル化し**生産統制**[2]を強化する。活動は①情報の**即時**[1]**共有**[3]ができる体制を構築し、②情報を**標準化**[2]して**DB**で**一元管理**[3]し、③**研修実施**[2]と**マニュアル整備**[2]で定着化を図る。以上で**短納期化**[1]に対応する。

～ファイナルペーパーに書いた一言～

やることはすべてやってきた。平常心で。

第５問（配点20点）　99字　　**【得点】20点**

今後の可能性はX社との取引[2]でアウトドア商品[2]の生産ノウハウを獲得[2]し、強みの技術力[2]や生産性向上[1]に資する提案力[1]を生かし、高付加価値商品[3]への展開や販路の開拓[3]により売上拡大[3]とリスク分散[3]で経営の安定[1]が見込める。

ふぞろい流採点基準による採点

100点

第１問：「2020年以降今日までの外部経営環境の変化」という設問要求を意識し、外部環境に触れながら施策とともに重要度の高い課題を記述しました。

第２問：担当課ごとに納期短縮につながる課題とその対応策を抽出し、短納期化するという効果を明確にして記述しました。

第３問：プレス加工製品における生産管理と段取り作業の課題について、それぞれ対応策を多面的に記述しました。

第４問：デジタル化の内容は、目的となる短納期化を意識しつつ、C社の課題に対応するよう記述しました。社内活動は、デジタル化に必要な体制構築について多面的に記述しました。

第５問：第１問との整合性を意識しながら、X社との取引機会を捉えC社の強みを踏まえ戦略を記述しました。

Column

限られた字数内で情報を詰め込むために

設問に答えるために、さまざまな情報を詰め込みたいけれど「与えられた字数が足りず、表現しきれない！」という悩みをお持ちの方も少なくないはず。そういう方には、単語レベルで文字数を節約することを考えてみてはいかがでしょうか。たとえば、「つなげる」は「繋げる」、「組み合わせ」は「組合せ」など、漢字表記（熟語使用）＆送り仮名を少なくする、というのはその１つ。なかでも、私が多用していたのは、「以て」。この言葉を使い始める前は、「Aに取り組む、これにより、Bとなる」みたいな書き方をしていたのだけれど、「これにより」を「以て」に変えるだけで３文字も節約できちゃいます。たかが３文字、されど３文字。多面的な解答を目指すためにも、文字数節約は効果あるかも。

（ぜあ）

〜ファイナルペーパーに書いた一言〜

社長の思いに寄り添うこと。

事例Ⅳ（財務・会計）

令和４年度 中小企業の診断及び助言に関する実務の事例Ⅳ（財務・会計）

Ｄ社は、1990年代半ばに中古タイヤ・アルミホイールの販売によって創業した会社であり、現在は廃車・事故車の引取り・買取りのほか中古自動車パーツの販売や再生資源の回収など総合自動車リサイクル業者として幅広く事業活動を行っている。Ｄ社の資本金は1,500万円で直近の売上高は約10億3,000万円である。

創業当初Ｄ社は本社を置く地方都市を中心に事業を行っていたが、近年の環境問題や循環型社会に対する関心の高まりに伴って順調にビジネスを拡大し、今では海外販売網の展開やさらなる事業多角化を目指している。

Ｄ社の事業はこれまで廃車・事故車から回収される中古パーツのリユース・リサイクルによる販売が中心であった。しかし、ここ数年海外における日本車の中古車市場が拡大し、それらに対する中古パーツの需要も急増していることから、現在Ｄ社では積層造形３Ｄプリンターを使用した自動車パーツの製造・販売に着手しようとしている。また上記事業と並行してＤ社は、これまで行ってきた廃車・事故車からのパーツ回収のほかに、より良質な中古車の買取りと再整備を通じた中古車販売事業も新たな事業として検討している。

中古車販売事業については、日本車の需要が高い海外中古車市場だけでなく、わが国でも中古車に対する抵抗感の低下によって国内市場も拡大してきており、中古車販売に事業のウエイトを置く同業他社も近年大きく業績を伸ばしているといった状況である。Ｄ社は中古車市場が今後も堅調に成長するものと予測しており、中古車販売事業に進出することによって新たな収益源を確保するだけでなく、現在の中古パーツ販売事業にもプラスの相乗効果をもたらすと考えている。従って、Ｄ社では中古車販売事業に関して、当面は海外市場をメインターゲットにしつつも、将来的には国内市場への進出も見据えた当該事業の展開を目指している。

しかしＤ社は、中古車販売事業が当面、海外市場を中心とすることや当該事業のノウハウが不足していることなどからリスクマネジメントが重要であると判断しており、この点について外部コンサルタントを加えて検討を重ねている。

Ｄ社と同業他社の要約財務諸表は以下のとおりである。なお、従業員数はＤ社53名、同業他社23名である。

〜ファイナルペーパーに書いた一言〜

強みの活用・訴求・強化！ 機会を生かす！ 弱みへの対策！

貸借対照表
（令和４年３月31日現在）

（単位：万円）

	D社	同業他社		D社	同業他社
〈資産の部〉			〈負債の部〉		
流動資産	33,441	29,701	流動負債	9,067	13,209
現金預金	25,657	18,212	固定負債	21,506	11,285
売掛金	4,365	5,297			
たな卸資産	3,097	5,215	負債合計	30,573	24,494
その他流動資産	322	977	〈純資産の部〉		
固定資産	27,600	20,999	資本金	1,500	4,500
有形固定資産	16,896	8,395	利益剰余金	28,968	21,706
無形固定資産	208	959			
投資その他の資産	10,496	11,645	純資産合計	30,468	26,206
資産合計	61,041	50,700	負債・純資産合計	61,041	50,700

損益計算書
自　令和３年４月１日
至　令和４年３月31日

（単位：万円）

	D社	同業他社
売上高	103,465	115,138
売上原価	41,813	78,543
売上総利益	61,652	36,595
販売費及び一般管理費		
人件費	22,307	10,799
広告宣伝費	5,305	3,685
減価償却費	2,367	425
地代家賃	3,114	4,428
租税公課	679	559
外注費	3,095	1,124
その他	9,783	4,248
販売費及び一般管理費合計	46,650	25,268
営業利益	15,002	11,327
営業外収益	1,810	247
営業外費用	302	170
経常利益	16,510	11,404
特別損失	—	54
税引前当期純利益	16,510	11,350
法人税等	4,953	3,405
当期純利益	11,557	7,945

（以下、設問省略）

〜ファイナルペーパーに書いた一言〜

S！　W！　O！　T！

第１問（配点25点）

（設問１）【難易度　★☆☆　みんなができた】

Ｄ社と同業他社の財務諸表を用いて経営分析を行い、同業他社と比較してＤ社が優れていると考えられる財務指標を２つ、Ｄ社の課題を示すと考えられる財務指標を１つ取り上げ、それぞれについて、名称を（a）欄に、その値を（b）欄に記入せよ。なお、優れていると考えられる指標を①、②の欄に、課題を示すと考えられる指標を③の欄に記入し、（b）欄の値については、小数点第３位を四捨五入し、単位をカッコ内に明記すること。また、解答においては生産性に関する指標を少なくとも１つ入れ、当該指標の計算においては「販売費及び一般管理費」の「その他」は含めない。

●出題の趣旨

財務諸表を利用して、診断及び助言の基礎となる財務比率を算出する能力を問う問題である。

●解答ランキングとふぞろい流採点基準

凡例	AAA	AA	A	B	C	合計
	16人	42人	71人	71人	52人	252人

優れている指標①②　（MAX8点）

ランク	(a) 指標	点数	(b) 数値	点数
1位	売上高総利益率	2点	59.59%	2点
2位	流動比率	2点	368.82%	2点
3位	棚卸資産回転率	2点	33.41回	2点
4位	当座比率	2点	331.11%	2点
5位	売上高原価率	2点	40.41%	2点
6位	売上高営業利益率	1点	14.50%	2点
7位	売上高経常利益率	1点	15.96%	2点

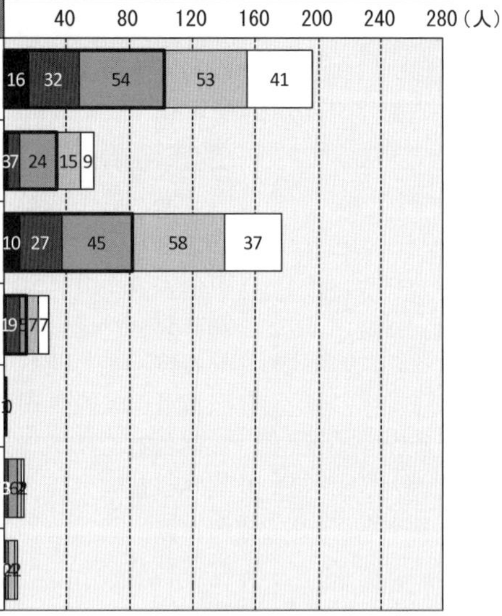

課題を示すと考えられる指標③　（MAX4点）

ランク	(a) 指標	点数	(b) 数値	点数
1位	労働生産性	2点	820.17万円／人 854.32万円／人 748.60万円／人	2点
	（別解） 1人あたり付加価値	2点	820.17万円／人 467.64万円／人	2点
2位	（従業員）1人あたり営業利益	2点	283.06万円	2点
3位	（従業員）1人あたり売上高	2点	1,952.17万円	2点
4位	有形固定資産回転率	2点	6.12回	2点
5位	売上高人件費率	2点	21.56%	2点
6位	資本装備率	2点	520.75万円／人	2点
7位	労働分配率	2点	56.22% 49.27%	2点

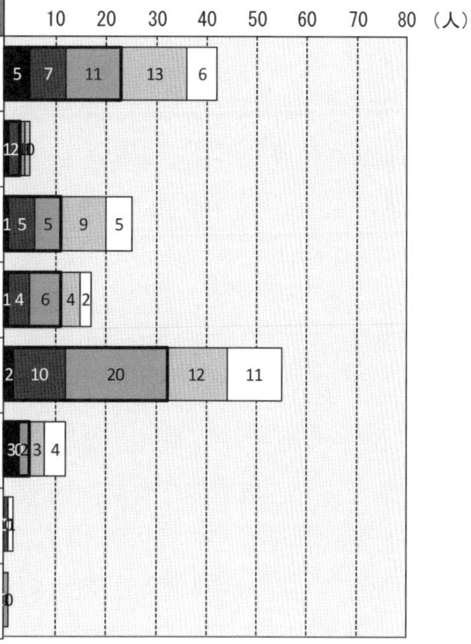

●解答のポイント

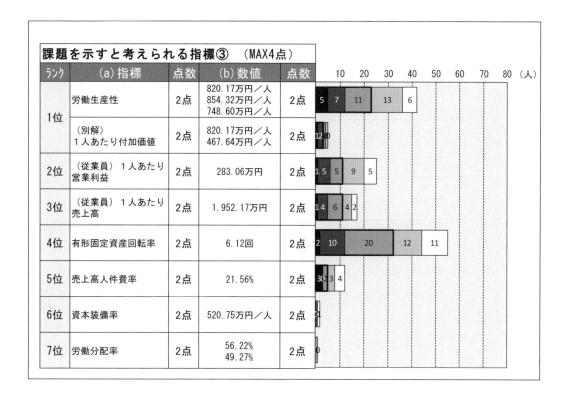

　診断と助言のために指摘すべき指標を財務諸表から適切に選択し、正しい算出方法により求めることがポイントだった。

【いきなりやってきた「生産性」】

多辺：やっと事例Ⅳまで来た～。疲れたし早く終わってスイーツ食べに行きたいな～。

永友：なにバテてんすか、先輩！　最後まで走りきっちゃいましょう！　今回は指摘する指標3つだったな、楽勝だぜ！

先生：あんたら！　設問文を読んで、何か気づいたことはないんか？

多辺：「生産性に関する指標を少なくとも1つ」っていう制約がありました～。

永友：なにっ？　例年はそんな指示なかったぞ！？

多辺：それに「当該指標の計算においては『販売費及び一般管理費』の『その他』は含めない」って書いてあるってことは……。

永友：そうか！　「販売費及び一般管理費」から「その他」を引いたうえで生産性の指標を計算するってことだったんだな！

多辺：はい出た～。人の手柄取っちゃうタイプ～。

先生：永友、あんたはいけずやなぁ。

～ファイナルペーパーに書いた一言～

とにかく埋める、社長の思いは使う。

永友：す、すみません。でも先輩、生産性の指標ってどう計算すればいいんでしたっけ？

多辺：私はわかんなかったから、別の指標書いちゃお～と思って、有形固定資産回転率にしたよ。

永友：ちょっと待ってくださいよ、先輩。有形固定資産回転率は効率性に関する指標でしょう。設問指示にあった、生産性に関する指摘をしてないってことになるじゃないですか！　そんなんで世界と戦えるんですか？

先生：あんたが今戦う相手は世界やない。目の前の試験や。実際に、指標として労働生産性を指摘した人は多かったけど、計算まできちんとできていた人はほとんどおらんかった。そもそも、生産性に関する指標の計算にあたり付加価値の算出が必要なんやが、その付加価値の算出方法は複数あるんや。さらに「販売費及び一般管理費」の「その他」は含めないという指定も受験生を混乱させたんやろう。

永友：そうだったのか。欧州の強豪ぐらい手強いぜ、事例Ⅳ……！

先生：ちなみに、有形固定資産回転率はＡ以上答案にも多くの解答があったわ。生産性の計算に設備などの数値を用いることもあるから、これも題意を外していないとして加点されたんちゃうか。題意にしっかりと則って労働生産性を指摘したのに、計算できずに失点した人が多い一方、例年どおり収益性・効率性・安全性の観点から妥当な有形固定資産回転率を答えた人が結果的に得をした。……そこに愛はあるんか！？　と疑いたくなる人もおったやろうな。

永友：そうだったのか。有形固定資産回転率、左右どちらのサイドでもプレーできるオレみたいに万能だったんだな。これからもどんどん使っていくぜ！

先生：調子に乗りなさんな。診断士としての仕事のことを考えたら、生産性についてもしっかりと押さえておくべきや。付加価値の算出方法については、中小企業庁方式（控除法）、日銀方式（加算法）を含めいくつかの計算方法がある。しかし、診断士の実務においては、事業再構築補助金やものづくり補助金で採用されている「営業利益、人件費、減価償却費の合計」という付加価値額の算出方法を押さえとくべきとちゃうか。「販売費及び一般管理費」の「その他」を含めないという記載から、営業利益に「その他」を足して付加価値として計算していた人もおったみたいや。今回は加点されたかもしらんけど、診断士として活躍したいと思うなら、正しい計算方法をしっかりとマスターしておくんやで。

永友：同じ指標なのにいくつも算出方法があるなんて、ややこしいな……でも考えようによっては、試験のための勉強で、実務をこなす力がつけられるってことだな。うおお、俄然やる気が出てきたぜ！！！

多辺：それ、当たり前だと思うけど～。

～合格してから知って驚いたこと～

ふぞろいで出会った仲間が向かいの建物で働いていたこと。

（設問２）【難易度　★☆☆　みんなができた】

Ｄ社が同業他社と比べて明らかに劣っている点を指摘し、その要因について財務指標から読み取れる問題を80字以内で述べよ。

●出題の趣旨

財務比率を基に、事例企業の財務的問題点とその要因を分析する能力を問う問題である。

●解答ランキングとふぞろい流採点基準

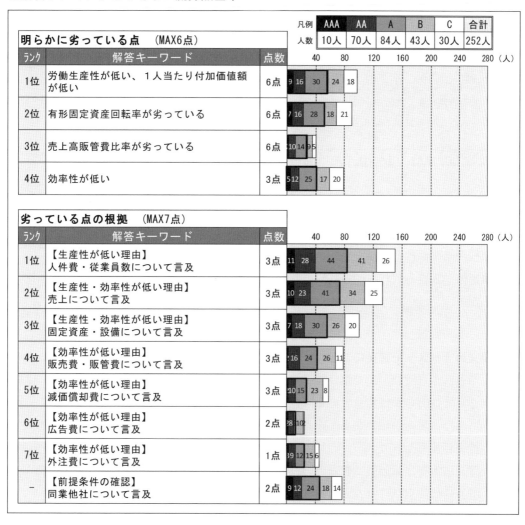

凡例	AAA	AA	A	B	C	合計
人数	10人	70人	84人	43人	30人	252人

明らかに劣っている点　（MAX6点）

ランク	解答キーワード	点数
1位	労働生産性が低い、１人当たり付加価値額が低い	6点
2位	有形固定資産回転率が劣っている	6点
3位	売上高販管費比率が劣っている	6点
4位	効率性が低い	3点

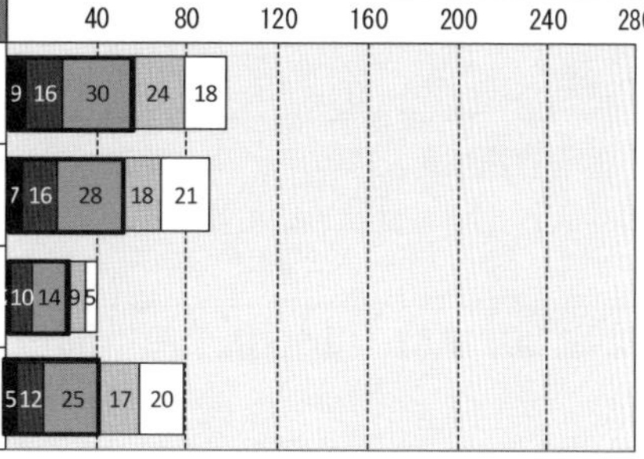

劣っている点の根拠　（MAX7点）

ランク	解答キーワード	点数
1位	【生産性が低い理由】 人件費・従業員数について言及	3点
2位	【生産性・効率性が低い理由】 売上について言及	3点
3位	【生産性・効率性が低い理由】 固定資産・設備について言及	3点
4位	【効率性が低い理由】 販売費・販管費について言及	3点
5位	【効率性が低い理由】 減価償却費について言及	3点
6位	【効率性が低い理由】 広告費について言及	2点
7位	【効率性が低い理由】 外注費について言及	1点
－	【前提条件の確認】 同業他社について言及	2点

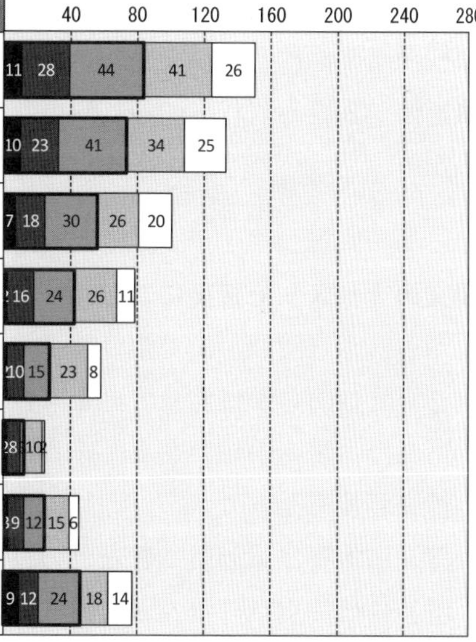

～試験１週間前からの過ごし方～

毎日『Ｒ１』を飲んで体調管理、極力出かけず新型コロナウイルスに感染しないようにする。

●再現答案

区	再現答案	点	文字数
AAA	従業員あたりの**生産性に劣る**[6]。要因として、事業多角化により**多くの従業員**[3]を必要とし、投じた**広告宣伝費**[2]に比して効果が分散している。投資に対する**減価償却費**[3]も利益を圧迫。	13	80
AA	**販管費率が高い**[6]。従業員に比して**人件費が高く**[3]、人材活用の効率性が低い。投資負担による**減価償却費**[3]、**広告宣伝費**[2]、**外注費も高く**[1]、それらの**売上貢献度に問題がある**[3]。	13	76
A	**従業員一人当たりの売上高**[3]が低く**生産性が低い**[6]。要因は事業多角化により管理部門が重複している点と中古車販売事業のノウハウが不足しており**期待している売上が出ていない**[3]。	12	80
B	**有形固定資産回転率が劣っている**[6]。海外販売の展開や事業の多角化により投資を行なっているがまだ需要の獲得ができておらず、**資産や設備を活かしたが効率性が劣っている**[3]。	9	79
C	**販管費額が多く**[3]劣っている。理由は多角化に伴い**人件費**[3]や**広告宣伝費**[2]が高く、中古車販売事業において海外進出のための**外注費が高くなっている**[1]ためである。	7	71

AAA：≧80，AA：79～70，A：69～60，B：59～50，C：49～40，D：≦39

●解答のポイント

D社が同業他社と比べて明らかに劣っている点を分析し、その要因として与件文と財務指標から読み取れる問題について制限文字数のなかで簡潔に説明することがポイントだった。

【設問文のアシストで確実にゴールを】

多辺：わざわざ（設問1）で生産性に関する指標を入れるように指示されて、次の（設問2）では明らかに劣っている点について指摘させるということは……。

先生：あんた、読みが鋭いなあ。そう、ここで劣っている点として多くの高得点者が生産性を指摘しとった。「生産性」という言葉自体は出てこなくても、従業員数や人件費、広告費、減価償却費などのコストに対して売上や利益が上がっていないという解答には加点されたんとちゃうか。

永友：設問文が、答えを導くスルーパスを出してくれていたのか……！

先生：そのたとえはわかりづらいわ、永友。あんたに読者への愛はあるんか？

～試験1週間前からの過ごし方～

早寝早起きを徹底。

【生産性指標の計算方法を押さえておこう】

先生：ちょっと聞いてくれる？　今回の試験で「労働生産性」が問われた理由は、事業再構築補助金の採択要件として、「１人当たりの付加価値額が増加する事業計画」の策定が求められとるからやと思うねん。

永友：じゃあ、ほかの生産性に関する指標は別に知らなくてもいいってことっスかね？

多辺：診断士の仕事は補助金だけじゃないでしょ～？　先生、教えてくださ～い。

先生：ほな、代表的な指標を「付加価値額」、「労働生産性」を含めて４つご紹介するで。

〈代表的な生産性指標〉

①　付加価値額

企業活動によって生み出される新たな価値の総額。その用途によって定義、計算式が異なる。

【事業再構築補助金用途】	営業利益＋人件費＋減価償却費
【日銀方式】	経常利益＋金融費用＋人件費＋賃借料＋租税公課＋減価償却費
【中小企業庁方式】	売上高－外部購入価額（仕入高、原材料費、外部加工費、運賃など）
【経産省企業活動基本調査】	営業利益＋減価償却費＋福利厚生費＋動産・不動産賃借料＋租税公課

②　労働生産性

従業員１人当たりの付加価値を示す指標。今回の事例Ⅳにおいてテーマの１つであり、労働生産性の向上は、日本の企業経営における大きな課題といえる。

$$\text{労働生産性（円／人）} = \frac{\text{付加価値額}}{\text{従業員数}}$$

③　付加価値率

売上高に対する付加価値額の比率。人件費が高い飲食業や情報通信業は高くなる一方、小売・卸売業や設備投資で自動化が進んでいる製造業は低い傾向にある。

$$\text{付加価値率（\%）} = \frac{\text{付加価値額}}{\text{売上高}} \times 100$$

④　労働装備率

従業員１人当たりの設備投資額。企業の設備投資の合理性をみる分析指標。

$$\text{労働装備率（円／人）} = \frac{\text{有形固定資産}}{\text{従業員数}}$$

～試験１週間前からの過ごし方～

毎日４事例解く。

第２問（配点20点）

Ｄ社は、海外における中古自動車パーツの需要が旺盛であることから、大型の金属積層造形３Ｄプリンターを導入した自動車パーツの製造・販売を計画している。この事業においてＤ社は、海外で特に需要の高い駆動系の製品Ａと製品Ｂに特化して製造・販売を行う予定であるが、それぞれの製品には次のような特徴がある。製品Ａは駆動系部品としては比較的大型で投入材料が多いものの、構造が単純で人手による研磨・仕上げにさほど手間がかからない。一方、製品Ｂは小型駆動系部品であり投入材料は少ないが、構造が複雑であるため人手による研磨・仕上げに時間がかかる。また、製品Ａ、製品Ｂともに原材料はアルミニウムである。

製品Ａおよび製品Ｂに関するデータが次のように予測されているとき、以下の設問に答えよ。

〈製品データ〉

	製品Ａ	製品Ｂ
販売価格	7,800円／個	10,000円／個
直接材料（400円／kg）	４kg／個	２kg／個
直接作業時間（1,200円／h）	２h／個	４h／個
共通固定費（年間）	4,000,000円	

（設問１）【難易度　★★☆　勝負の分かれ目】

Ｄ社では、労働時間が週40時間を超えないことや週休二日制などをモットーとしており、当該業務において年間最大直接作業時間は3,600時間とする予定である。このとき上記のデータにもとづいて利益を最大にするセールスミックスを計算し、その利益額を求め（a）欄に答えよ（単位：円）。また、（b）欄には計算過程を示すこと。

●出題の趣旨

３Ｄプリンターを用いた新事業における短期利益計画において、与えられた製品データと制約条件のもとで、利益を最大化するセールスミックスを算出する能力を問う問題である。

～試験１週間前からの過ごし方～

断酒。睡眠時間をいつもより＋１時間。

●解答ランキングとふぞろい流採点基準

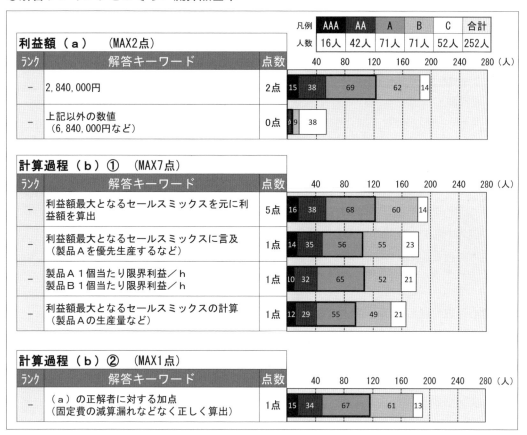

凡例	AAA	AA	A	B	C	合計
人数	16人	42人	71人	71人	52人	252人

利益額（a）　（MAX2点）

ランク	解答キーワード	点数
－	2,840,000円	2点
－	上記以外の数値 （6,840,000円など）	0点

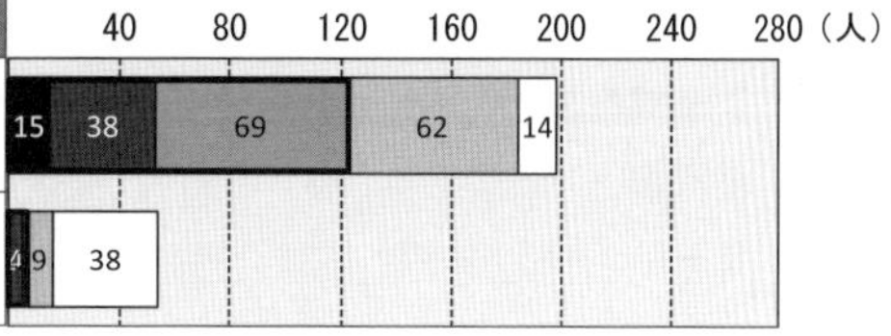

計算過程（b）①　（MAX7点）

ランク	解答キーワード	点数
－	利益額最大となるセールスミックスを元に利益額を算出	5点
－	利益額最大となるセールスミックスに言及 （製品Ａを優先生産するなど）	1点
－	製品Ａ１個当たり限界利益／h 製品Ｂ１個当たり限界利益／h	1点
－	利益額最大となるセールスミックスの計算 （製品Ａの生産量など）	1点

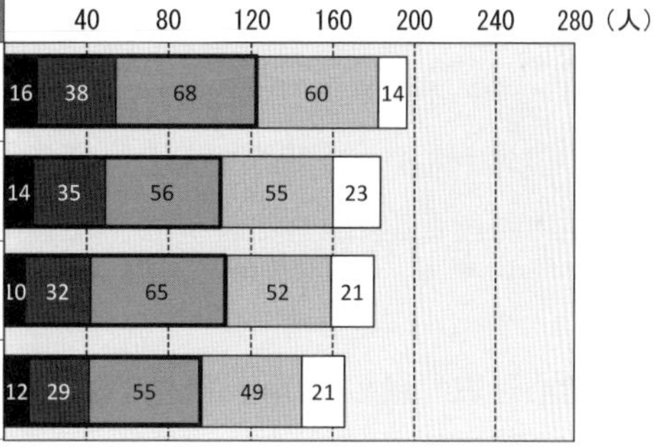

計算過程（b）②　（MAX1点）

ランク	解答キーワード	点数
－	（ａ）の正解者に対する加点 （固定費の減算漏れなどなく正しく算出）	1点

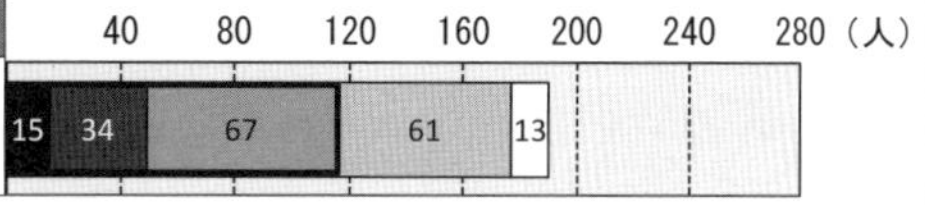

●再現答案

区	再現答案	点	文字数
AAA	製品Ａの限界利益＝7,800－4×400－2×1,200＝3,800円／個 製品Ｂの限界利益＝10,000－2×400－4×1,200＝4,400円／個 制約条件となる直接作業時間単位当たりの限界利益を計算すると **製品Ａ＝3,800／2＝1,900　製品Ｂ＝4,400／4＝1,100**[1] 以上より、**制約条件下で全て製品Ａを製造販売することで最大の利益を得ることができる**[1]。 その場合の製品Ａの販売量は制約条件3,600ｈ／2ｈ＝**1,800個**[1] その際の利益額は、**限界利益3,800円×1,800個**[5]－4,000,000円＝**2,840,000円**[1]	8	－
AA	製品１個の１時間当たりの限界利益を計算すると、 **製品Ａ：(7,800－400×4－1,200×2)÷2＝1,900円／ｈ** **製品Ｂ：(10,000－400×2－1,200×4)÷4＝1,100円／ｈ**[1] 作業時間以外に制約条件がないので、**限界利益が大きい製品Ａを作業時間の上限まで生産する**[1]。**生産数は、3,600÷2＝1,800**[1]　この時の利益は、**3,800×1,800**[5] ＝6,840,000	7	－

～試験１週間前からの過ごし方～

毎日ではないが、過去問で初見の事例を解くようにし、アドリブ力を鈍らせないようにした。

C	**製品Ａの時間当たりの利益** **7,800－(400×4)－(1,200×2)＝1,900 円／h** **製品Ｂの時間当たりの利益** **10,000－(400×2)－(1,200×4)＝1,100 円／h**[1] よって**製品Ａの生産を優先する**[1]。週 40 時間の稼働であり 年間 40×365÷7＝2,085.714 時間の稼働 利益は 1,900×2,085.7－4,000,000＝－37,143	2	－

●解答のポイント

製品データをもとに、製品Ａ、製品Ｂの１時間当たりの「限界利益／個（１個当たりの限界利益)」の計算を正しく行ったうえで両者を比較し、利益が最大となる「各製品の生産量（製品Ａを優先して生産すること)」を判断できたか、がポイントだった。

【平常心を取り戻し、落ち着いて処理できたか】

先生：第２問はセールスミックスや。あんたら、この問題解けたんか。

永友：全力を尽くしましたが、固定費引き忘れの凡ミスでゴールを外してしまいました！

多辺：はい、空回り～。私はアニメカフェで何回も問題演習したから解けたけど～。

先生：何の話をしてるんや。設問文が少し長いから焦るかもしれへんけど、ほかの問題と比べるとまだ対応しやすかった。実際に、１個当たり、１時間当たりの限界利益と順を追って慌てずに処理することで、製品Ａだけ生産すればよいとわかったはず。もしかしたら、この問題を優先して、落ち着いて処理することができたかは、合否の分かれ目になったかもしれへん。

永友：標準的な問題だからこそ、普段のトレーニングの質で差がつきそうですね……。スタミナが切れがちな終盤こそ、冷静に戦うことで勝利につながると改めて痛感しました。

～試験１週間前からの過ごし方～

解いたことのある過去問を解き、自分に自信をつける。

（設問２）【難易度　★★★　難しすぎる】

最近の国際情勢の不安定化によって原材料であるアルミニウム価格が高騰しているため、Ｄ社では当面、アルミニウムに関して消費量の上限を年間6,000kgとすることにした。設問１の条件とこの条件のもとで、利益を最大にするセールスミックスを計算し、その利益額を求め（a）欄に答えよ（単位：円）。また、（b）欄には計算過程を示すこと。

●出題の趣旨

当該事業の短期利益計画において、制約条件が複数存在する場合のもとで、利益を最大化するセールスミックスを算出する能力を問う問題である。

●解答ランキングとふぞろい流採点基準

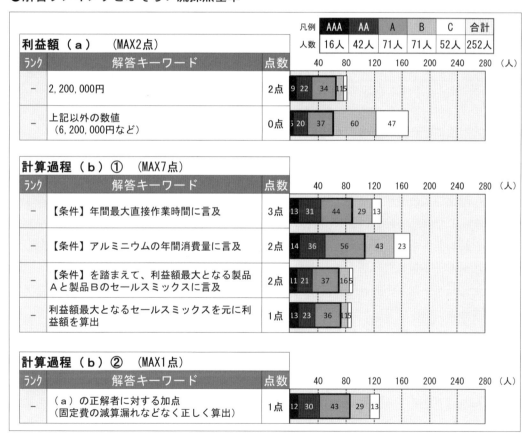

凡例	AAA	AA	A	B	C	合計
人数	16人	42人	71人	71人	52人	252人

利益額（ａ）　（MAX2点）

ランク	解答キーワード	点数
－	2,200,000円	2点
－	上記以外の数値 （6,200,000円など）	0点

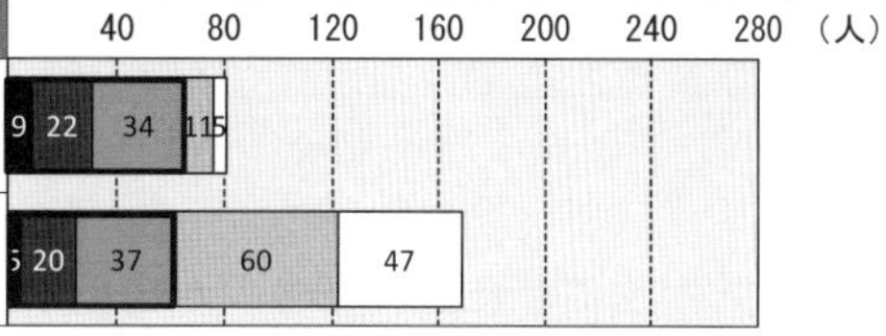

計算過程（ｂ）①　（MAX7点）

ランク	解答キーワード	点数
－	【条件】年間最大直接作業時間に言及	3点
－	【条件】アルミニウムの年間消費量に言及	2点
－	【条件】を踏まえて、利益額最大となる製品Ａと製品Ｂのセールスミックスに言及	2点
－	利益額最大となるセールスミックスを元に利益額を算出	1点

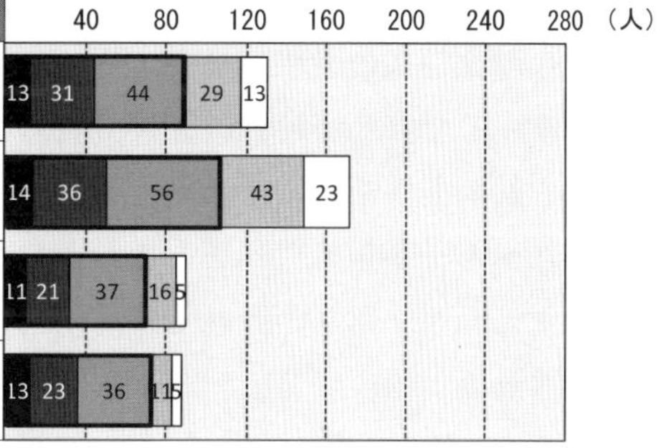

計算過程（ｂ）②　（MAX1点）

ランク	解答キーワード	点数
－	（ａ）の正解者に対する加点 （固定費の減算漏れなどなく正しく算出）	1点

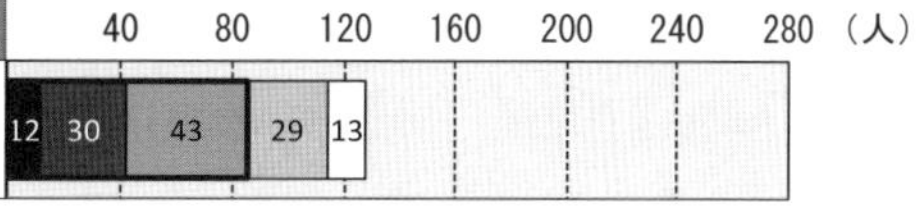

●再現答案

区	再現答案	点	文字数
AAA	製品Ａの販売個数をｘ、製品Ｂの販売個数をｙとする。 直接労務時間＝2x＋4y≦3,600時間[3] 直接材料＝4x＋2y≦6,000kg[2] この連立方程式をｘとｙについて解く x＝1,400個　y＝200個[2] 利益＝(3,800円×1,400個)＋(4,400円×200個)[1]－4,000,000円＝2,200,000[1]	8	－
A	製品Ａの生産量をｘ、製品Ｂの生産量をｙとし、 7,800×x－(400×4×x＋1,200×2×x)＋10,000y－(400×2×y＋1,200×4×y) 4x+2y≦6,000[2]　2x+4y≦3,600[3] を満たす生産量の組み合わせのうち利益が最大化するものを選ぶ。	5	－

●解答のポイント

設問文、製品データといった制約条件をもとに、利益が最大となる製品Ａ、製品Ｂの生産量を表現できたか、がポイントだった。

【線形計画法にどれだけ立ち向かえたか】

永友：先生、この問題はワールドクラス並に難敵です。でも必死に食らいつきました。

多辺：私は解き切る元気なかったな。部分点狙いで制約条件をそれっぽく書いてみた～。

先生：Ａ以上答案の受験生を見てみても、利益額（2,200,000円）まで導けている解答は少なかった。せやけど、直接材料の年間消費量と年間直接作業時間を使って、少しでも制約条件を表現しようと頑張っていた傾向が見られ、そこで点がもらえたかもしれへん。多辺の言うこともわかるわ。

多辺：まぁね～。難しい問題で時間切れになるくらいなら、ほかの標準的な問題を確実に取れるようにするよね～。永友みたいに凡ミスしたくないし～。

永友：そんな弱気でいいんスか！？　果敢に攻め込んでこそ得点につながるでしょ！

先生：永友の言い分も一理ある。確かに、今回のように制約条件が２個以上ある場合は線形計画法を使う、いわばセールスミックスの応用編。せやけど、まったく同じと言わないまでも１次試験で過去に出題されたことがあるテーマやし、制約条件をｘやｙなどと置いて連立方程式を解くだけの話で、手順は難しくない。わかっていれば案外あっさり解ける。次回以降の試験でも言えることやけど、単に過去問を解くだけじゃなく、時間が許す限り１次試験の「財務・会計」を丁寧に振り返って、過去問以外でも演習を積み重ねることで本番での対応力につながるんや。

～試験１週間前からの過ごし方～

規則正しい生活。残業は極力拒否。

第３問（配点35点）

Ｄ社は新規事業として、中古車の現金買取りを行い、それらに点検整備を施したうえで海外向けに販売する中古車販売事業について検討している。この事業では、取引先である現地販売店が中古車販売業務を行うため、当該事業のための追加的な販売スタッフなどは必要としない。

Ｄ社が現地で需要の高い車種についてわが国での中古車買取価格の相場を調査したところ、諸経費を含めたそれらの取得原価は１台あたり平均50万円であった。それらの中古車は、現地販売店に聞き取り調査をしたところ、輸送コスト等を含めてＤ社の追加的なコスト負担なしに１台あたり60万円（4,800ドル、想定レート：１ドル＝125円）で現地販売店が買い取ると予測される。また、同業他社等の状況から中古車販売事業においては期首に中古車販売台数１か月分の在庫投資が必要であることもわかった。

Ｄ社はこの事業において、初年度については月間30台の販売を計画している。

以下の設問に答えよ。

（設問１）【難易度　★★☆　勝負の分かれ目】

Ｄ社は買い取った中古車の点検整備について、既存の廃車・事故車解体用工場に余裕があるため月間30台までは臨時整備工を雇い、自社で行うことができると考えている。こうした中、Ｄ社の近隣で営業している自動車整備会社から、Ｄ社による中古車買取価格の２％の料金で点検整備業務を請け負う旨の提案があった。点検整備を自社で行う場合の費用データは以下のとおりである。

〈点検整備のための費用データ（１台あたり）〉

直接労務費	6,000円
間接費	7,500円

＊なお、間接費のうち、30％は変動費、70％は固定費の配賦額である。

このときＤ社は、中古車の買取価格がいくらまでなら点検整備を他社に業務委託すべきか計算し（a）欄に答えよ（単位：円）。また、（b）欄には計算過程を示すこと。なお、本設問では在庫に関連する費用は考慮しないものとする。

事例Ⅳ

●出題の趣旨

中古車販売事業における点検整備業務において、与えられた費用データに基づいて関連原価を適切に把握し、外注すべきか否かに関する適切な意思決定について助言する能力を問う問題である。

〜試験１週間前からの過ごし方〜

早く寝る、勉強をあまりしない。

●解答ランキングとふぞろい流採点基準

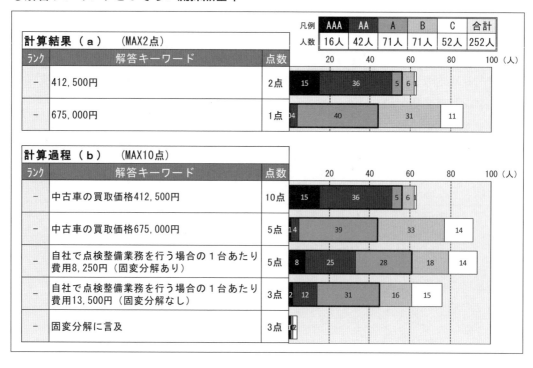

計算結果（ａ）　(MAX2点)

ランク	解答キーワード	点数
－	412, 500円	2点
－	675, 000円	1点

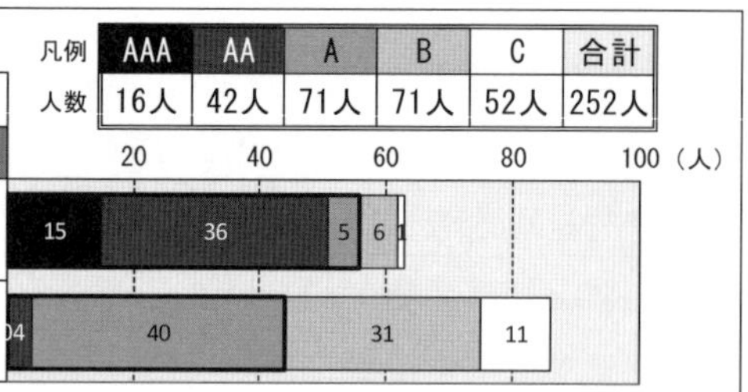

計算過程（ｂ）　(MAX10点)

ランク	解答キーワード	点数
－	中古車の買取価格412, 500円	10点
－	中古車の買取価格675, 000円	5点
－	自社で点検整備業務を行う場合の１台あたり費用8, 250円（固変分解あり）	5点
－	自社で点検整備業務を行う場合の１台あたり費用13, 500円（固変分解なし）	3点
－	固変分解に言及	3点

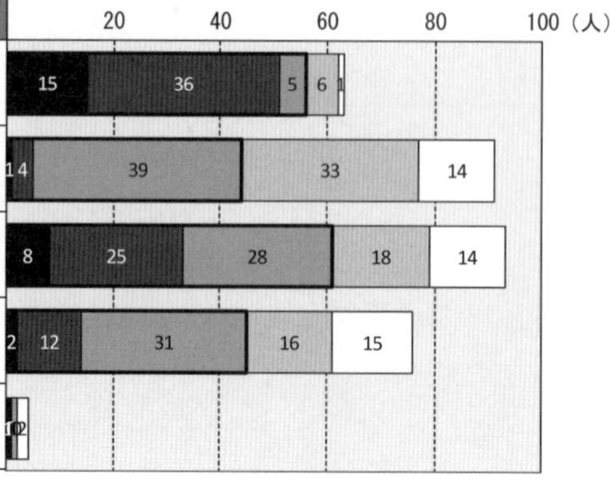

●再現答案（計算過程のみ。MAX10点）

区	再現答案	点	文字数
AAA	中古車の買取金額をｘとする。与件文より、自社で点検整備を行うときの１台あたりの間接費は**変動費：2,250円、固定費：5,250円と分解される**[3]ので**１台あたりの点検整備に発生する変動費は 8,250円**[5]である。よって 0.02x≦8,250 x≦412,500円 以上より、**412,500円までなら他社に業務委託すべき**[10]である。	10	－
AA	単位は円。条件より、**１台当たりの点検整備の費用は、6,000+7,500 = 13,500**[3]（内、変動費 8,250、固定費 5,250）。買取価格をＸとすると、外注した場合の整備費用は、0.02X となり、0.02X <= 13,500 の場合、他社に委託すべきである。 X = **675,000円**[5]	8	－

～試験１週間前からの過ごし方～

普段どおり。直前の金曜は有給休暇を取りました。あまり根を詰めず、PS５で少し遊んだりしました。

●**解答のポイント**

中古車買取価格がいくらまでなら点検整備業務を他社に業務委託すべきかを計算する際、D社の１台当たり点検整備費用を固変分解して変動費を適切に算出できたかがポイントだった。

【設問文を正確に読み取ろう】

先生：第３問（設問１）は内外作区分の問題や。CVP を応用して点検整備費用を固変分解できたかがポイントやな。この設問におけるＡ答案以上の得点率は８割、Ｂ答案以下の得点率は３割であり、得点率に５割もの大きな乖離があったんや。まさに合否を決める勝負の分かれ目、ここが天王山や！　ちゃんとできたか？

永友：くそっ！　１台当たりの点検整備の費用を、固変分解せずに13,500円としてしまいました！

先生：焦ってもうたな。受験生の再現答案でも、固定費を含めて675,000円と解答した人がＡ答案以下で多く見られたんや。焦りは禁物やで。

多辺：私は、きちんと変動費で算出したよ～。固定費は外部委託しなくても発生するからね～。

先生：やるやないか！「間接費のうち、30％は変動費、70％は固定費の配賦額」という記載から、関連原価を変動費で算出した解答は、ＡＡ答案以上に多く見られたで。固変分解の考え方は、CVP をはじめさまざまな問題に応用が利くからしっかり対策しときや！

永友：基礎が大事ってことだな、まだまだ練習が足りない！　まずは体幹トレーニングだ！

多辺：永友、それは違うと思う～。

Column

１日４事例のすゝめ

試験１週間前から、可能であれば毎日４事例解くことをおすすめします。毎日４事例解くことで、①タイムマネジメントが身につく、②４事例解き終える体力がつく、③脳幹反射の如き速度で解答が思いつく、とよいことだらけです。さらに４事例ぶっ通しで解くことで、休憩のある本番が相対的に楽であると錯覚することができ、事例Ⅳまで集中力が継続できます。自分はこの毎日４事例を解いたことで気持ちと体力に余裕ができ、事例Ⅳが難しすぎてやばいことを冷静に見極めることができました（解けるとは言っていない）。

（えとえん）

～試験１週間前からの過ごし方～

９日前に新型コロナウイルスワクチン接種。体調を崩さないように外出を控えてました。

（設問2）【難易度　★★★　難しすぎる】

D社が海外向け中古車販売事業の将来性について調査していたところ、現地販売店よりD社が販売を計画している中古車種が当地で人気があり、将来的にも十分な需要が見込めるとの連絡があった。こうした情報を受けてD社は、初年度においては月間30台の販売からスタートするが、2年目以降は5年間にわたって月間販売台数50台を維持する計画を立てた。

この計画においてD社は、月間50台の販売台数が既存工場の余裕キャパシティを超えることから、中古車販売事業2年目期首に稼働可能となる工場の拡張について検討を始めた。D社がこの拡張について情報を収集したところ、余裕キャパシティを超える20台の点検整備を行うためには、建物および付属設備について設備投資額7,200万円の投資が必要になることがわかった。また、これに加えて今後拡張される工場での点検整備のために、新たな整備工を正規雇用することにした。この結果、工場拡張によって増加する20台の中古車にかかる1台あたりの点検整備費用は、直接労務費が10,000円、間接費が4,500円（現金支出費用であり、工場拡張によって増加する減価償却費は含まない）になる。

この工場拡張に関する投資案について、D社はまず回収期間（年）を検討することにした。回収期間を求めるにあたってD社は、中古車の買取りと販売は現金でなされ、平均仕入価格や販売価格は今後も一定であると仮定した。なお、設備投資額と在庫投資の増加額は新規の工場が稼働する2年目期首にまとめて支出されることとなっている。また、D社の全社的利益（課税所得）は今後も黒字であることが予測されており、税率は30％とする。

上記の条件と下記の設備投資に関するデータにもとづいて、この投資案の年間キャッシュフロー（初期投資額は含まない）を計算し（a）欄に答えよ（単位：円）。また、（b）欄には計算過程を示すこと。さらに、（c）欄には（a）欄で求めた年間キャッシュフローを前提とした回収期間を計算し、記入せよ（単位：年）。なお、解答においては小数点第3位を四捨五入すること。

〈設備投資に関するデータ〉

設備投資額	7,200万円
耐用年数	15年
減価償却法	定額法
残存価額	初期投資額の10％

●出題の趣旨

工場拡張投資において、与えられた予測情報に基づいて適切に将来キャッシュフローを計算し、回収期間を算出する能力を問う問題である。

～試験1週間前からの過ごし方～

模試の解き直し。過去問の解き直し。

●解答ランキングとふぞろい流採点基準

凡例	AAA	AA	A	B	C	合計
人数	16人	42人	71人	71人	52人	252人

年間キャッシュフロー（a）　（MAX2点）

ランク	解答キーワード	点数
－	15,660,000円	2点
－	2,493,000円	1点
－	9,493,000円	1点

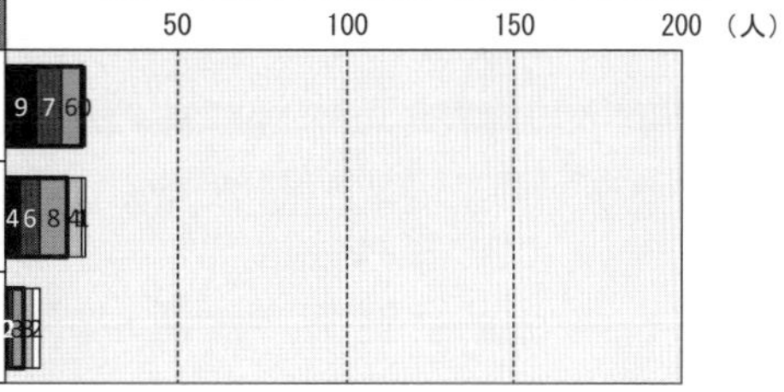

計算過程（b）　（MAX9点）

ランク	解答キーワード	点数
－	年間キャッシュフローの最終計算結果 15,660,000円	9点
－	年間キャッシュフローの最終計算結果 2,493,000円	5点
－	年間キャッシュフローの最終計算結果 9,493,000円	3点
－	売上収入144,000,000円または12,000,000円 ※年換算（×12ヶ月）漏れの場合は－１点	3点
－	売上原価120,000,000円	3点
－	点検整備費用3,480,000円または290,000円 ※年換算（×12ヶ月）漏れの場合は－１点	3点
－	減価償却費4,320,000円	3点
－	税引前利益16,200,000円または△2,610,000円 ※年換算せず導出した場合は－１点	3点
－	税引き後利益11,340,000円	3点

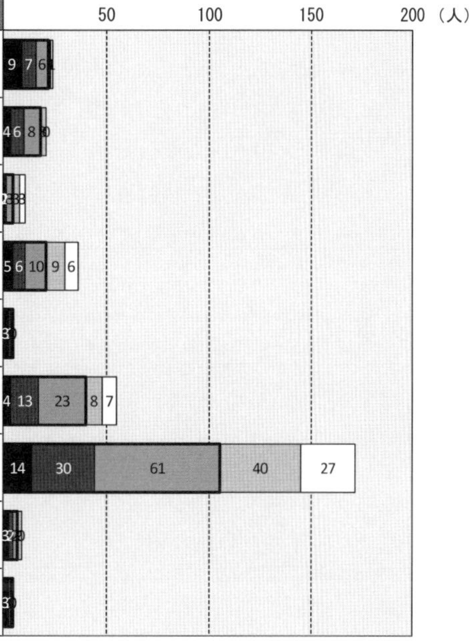

回収期間（c）　（MAX2点）

ランク	解答キーワード	点数
－	5.24年	2点
－	28.88年	1点
－	4.6年	1点

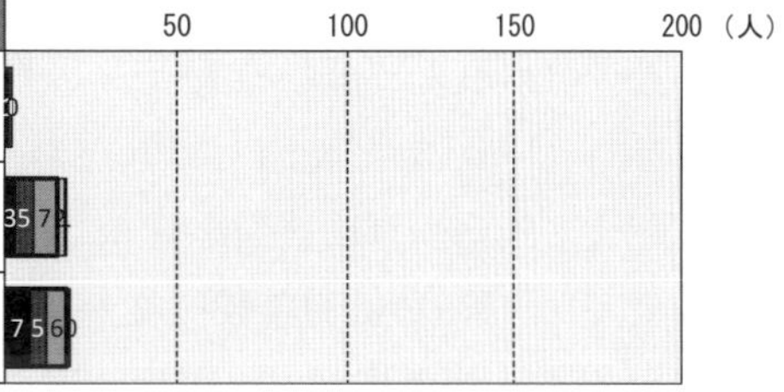

～試験１週間前からの過ごし方～

新型コロナウイルスに感染すると試験を受験できないので、家に引きこもり体調を整えていた。

●再現答案（計算過程のみ。MAX９点）

区	再現答案	点	文字数
AA	20台分の販売収入=600, 000*20*12=**144, 000, 000**[3] 20台分の調達費用=500, 000*20*12=**120, 000, 000**[3] 20台分の整備費用=14, 500*20*12=**3, 480, 000**[3] 減価償却費＝72, 000, 000×0. 9÷15=**4, 320, 000**[3] よって、ＣＦ＝(144, 000, 000-120, 000, 000-3, 480, 000-4, 320, 000)*0. 7 ＋ 4, 320, 000 =**15, 660, 000**[9]	9	－
A	**(10, 000＋4, 500)×20**[2]　減価償却 **432**[3]　利益 739　税金 221. 7 減価償却費＋利益－税金＝**9, 493, 000**[3]	8	－
B	374,580,000 円 収入 60 万×50 台×12 ヶ月=3.6 億 支出 50 万×50 台×12 ヶ月=3 億 （13,500×30＋14,500×20）×12＝834 万 7,200 万×0.9÷15＝**432万**[3] ＣＦ=4,734 万×70%＋432 万＝3,745.8 万	3	－

●解答のポイント

既存工場の余裕キャパシティを超える月間20台分の点検整備に関して、売上収入や売上原価を年換算で適切に算出できたかがポイントだった。計算ミスが起きやすく正答者が少ない問題だが、そのなかで途中式による部分点を積み上げられたか否かで、得点差がついたと思われる。

【部分点も狙いに行く？】

先生：（設問２）からは投資評価の意思決定、いわゆるNPV問題や。

多辺：設問文が長くて読むの大変～。

永友：NPVはしっかり特訓してきたからな！　今回は、既存工場の余裕キャパシティを超える20台の点検整備を行うための設備投資を評価すると考えればいいですね！

先生：せや！　NPVは例年設問文が長くなることが多いから、しっかり情報を整理していくことが大事やで。再現答案のなかには、誤って50台分を対象にキャッシュフロー（以下、CF）を計算している答案も多かったんや。

永友：今回注意すべきはもう１点！　月間20台分なので、年間CFを計算する際は、月間20台分の売上や費用に12か月を掛けて年換算が必要です！　ブラボー！

先生：冴えとるやないか！

多辺：永友やるね～。

永友：ただ、実はこの後、税引き前利益の算出の際に減価償却費432万円を引き忘れて、

～試験１週間前からの過ごし方～

少しずつ勉強時間を減らし、睡眠時間を確保。

正答には至らなかったっス。

先生：惜しいなぁ～。ただ、そこまで書けとったら計算過程で多くの加点がされていると思うわ。

多辺：私はこの問題は自信ないし、ほかの問題に注力するためにパスした～。時間も足りないし～。

先生：多辺！　そないな姿勢で本当に合格を勝ち取れるんか？

多辺：どういうことですか～？

先生：今回、（設問２）の再現答案の空欄解答は、Ａ以上答案に１割、Ｂ以下答案に３割と、特に不合格答案に多く見られた。一方で、（設問２）に解答したＡ以上答案のうち、正答者は２割弱のみ。これらから推測されるのは、完答できなくとも計算過程を書いとけば、大きく加点された可能性がある、ということや！

多辺：答えにたどり着かなくても、計算過程には何かしら書いたほうがよいということですね～。

（設問３）【難易度　★★★　難しすぎる】

Ｄ社は、工場拡張に関する投資案について回収期間に加えて正味現在価値法によっても採否の検討を行うことにした。当該投資案の正味現在価値を計算するにあたり、当初５年間は月間50台を販売し、その後は既存工場の収益性に鑑みて、当該拡張分において年間150万円のキャッシュフローが継続的に発生するものとする。また、５年間の販売期間終了後には増加した在庫分がすべて取り崩される。この条件のもとで当該投資案の投資時点における正味現在価値を計算し（a）欄に答えよ（単位：円）。また、（b）欄には計算過程を示すこと。

なお、毎期のキャッシュフロー（初期投資額は含まない）は期末に一括して発生するものと仮定し、割引率は６％で以下の係数を用いて計算すること。また、解答においては小数点以下を四捨五入すること。

複利現価係数（５年）	0.7473
年金現価係数（５年）	4.2124

～試験前日の過ごし方～

早めに勉強を切り上げて湯舟にゆっくり浸かる。

●出題の趣旨

工場拡張投資において、計画された期間終了後のターミナルバリューと各期のキャッシュフローを算出し当該投資案の正味現在価値を求めることで、投資の経済性評価を行う能力を問う問題である。

●解答ランキングとふぞろい流採点基準

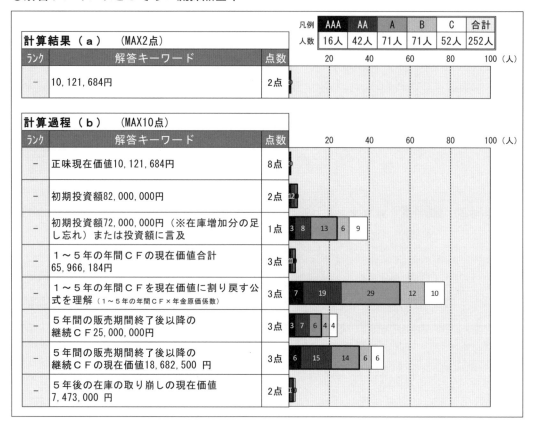

凡例	AAA	AA	A	B	C	合計
人数	16人	42人	71人	71人	52人	252人

計算結果（ａ）　(MAX2点)

ランク	解答キーワード	点数
－	10,121,684円	2点

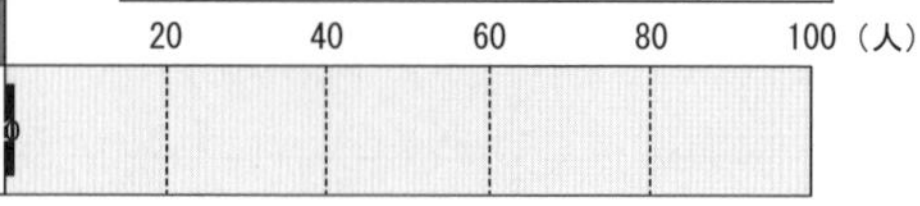

計算過程（ｂ）　(MAX10点)

ランク	解答キーワード	点数
－	正味現在価値10,121,684円	8点
－	初期投資額82,000,000円	2点
－	初期投資額72,000,000円（※在庫増加分の足し忘れ）または投資額に言及	1点
－	１～５年の年間ＣＦの現在価値合計65,966,184円	3点
－	１～５年の年間ＣＦを現在価値に割り戻す公式を理解（１～５年の年間ＣＦ×年金原価係数）	3点
－	５年間の販売期間終了後以降の継続ＣＦ25,000,000円	3点
－	５年間の販売期間終了後以降の継続ＣＦの現在価値18,682,500 円	3点
－	５年後の在庫の取り崩しの現在価値7,473,000 円	2点

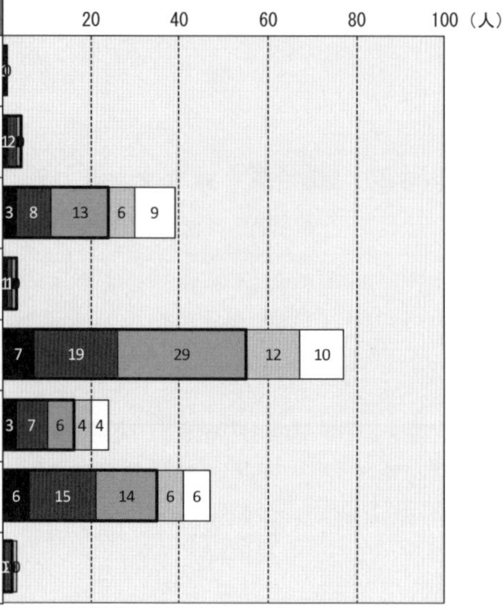

●再現答案（計算過程のみ。MAX８点）

区	再現答案	点	文字数
AAA	５年目までのＣＦの現在価値は在庫増加分の戻しも含めて 1,566×4.2124[3]＋50×20×0.7473[2]＝7,343.9184（万円） ５年目より後のＣＦの現在価値は 150÷0.06[3]×0.7473[3]＝1,868.25（万円） 正味現在価値は 7,343.9184＋1,868.25−7,200−50×20[2]＝1,012.1684（万円）[8]	8	−
AAA	当初５年につき、15,660,000 * 4.2124[3] その次の 10 年につき、1,500,000 * 4.2124 * (0.7473 + 0.7473^2) 投資に係るキャッシュフロー -72,000,000 - 20 * 500,000[2] * (1 - 0.7473) これらを総和して、-2,552,158 円	5	−
A	初期投資額　7,200 万円[1] 投資後 1～5 年期末ＣＦ　1,560 万円×4.2124[3]＝6,596.6184 万円 投資後 6～10 年期末ＣＦ　150 万円×4.2124×0.7473＝472.188978 万円 投資後 11～15 年期末ＣＦ　150 万円×4.2124×0.7473×0.7473＝352.866 万円 投資後 15 年期末ＣＦ　（7,200 万円×10％＋60 万円×30 台）×0.7473×0.7473×0.743＝1,051. 684 万円 正味現在価値　6,596.6184＋472.188978＋352.866＋1,051.684−7,200＝1,273.358736 万円	4	−
C	正味現在価値=7,200 万円[1]-(551.7 万円×4,4124)	1	−

●解答のポイント

（設問３）は、（設問２）の解答を用いて計算するため、（設問２）を正答していないと正しい計算結果を導けない。そのなかで、いかに計算過程で部分点を狙える工夫ができたかがポイントだった。

【超難問とどう向き合う？】

先生：（設問３）も NPV やな。予備校の解答と同じ解答をした人が再現答案のなかで１人しかおらんかった超難問や。

多辺：（設問２）書けなかったからここも空欄です～。

先生：この設問の白紙答案は、Ａ以上答案に５割、Ｂ以下答案に６割と、合格答案も半数近くが白紙答案やった。えらいこっちゃで。解法自体はオーソドックスな NPV の問題やし、計算量も例年に比べて多いわけでもない。それなのに、ほとんど解答できなかったのはなんでやと思う？

多辺：私もそうですけど、前年度同様、（設問２）で出した答えを使う問題なので、端から諦めちゃったんだと思います～。

～試験前日の過ごし方～

翌日の昼、休憩時間に摂取するゼリーを吟味。

永友：NPV は、長い設問文から必要要素を抜き出していくので、なかなか時間が足りなくて本当に難しいっスよね！

先生：せやな、だから今回も NPV を捨てた受験生が多かったようや。ただな、ほかの問題で思うように得点できないことも考えて、部分点だけでも取っといたほうがええ！

永友：そうっスよね！　オレは、正答まで導けなくとも計算過程で少しでも部分点がもらえるよう、最後の１秒までペンを走らせましたよ！　ブラボー！

先生：よい心掛けや。今回、（設問３）の計算過程についての再現答案をふぞろい流で分析したところ、計算過程を記載した答案に対しては平均４点の加点がされてたんや。

多辺：４点のインパクトは大きいかも～。

先生：せや！　中小企業診断士の２次試験は、得点の分布が合否のライン前後に多くなる傾向にある。つまり、合格までたった数点足りずに涙を飲む受験生が必然的に多くなるいうことや。だから、いかに点数を稼いでいくかは常に考えなあかんで！

永友：サッカーと同じく１点にこだわり、できることはすべてやっていきます！　俺のスタミナなら大丈夫！

先生：せやな。今回の（設問３）では、初期投資額を正しく算出したり、値が正しくなくとも年間 CF を現在価値に割り戻したり、NPV の基本的な解答プロセスの記載があれば、何らかの加点がされたと思われる。試験本番で正答まで導けなくても、計算過程で加点がもらえるよう、NPV の基本的な解法は頭に叩き込んどきや！　それから、限られた試験時間のなかで、どの問題からどれくらい点を積み上げていくのかを考えたうえで、設問ごとにかける時間を決めてしっかり合格点を超えていこな！

２人：はい！

注釈：

本設問の解答プロセスにおいては、本事業投資によって生ずる６年目以降の CF とターミナルバリュー（以下、「TV」）を評価する必要があった。TV の算出では、① DCF 法による永続価値（継続価値）を使う方法、②想定事業期間終了時点における CF を使う方法が考え得る。本問題ではどちらとするか悩むところであり、予備校の模範解答も割れている。

永続価値は、企業価値や事業価値の算定など、企業や事業が永続し、CF が継続的に生みだされるものを評価する際に使われる考え方である。そのため、本問のように耐用年数が明示され、残存価値の算出が可能な事業資産を評価する場合には、耐用年数を想定事業期間と見なすとともに、事業終了時点の設備売却額（残存価値）を用いて TV の算出を行うほうが合理的であると思われる。

ただし、本稿では、②の考え方に基づく解答が再現答案のなかに確認できなかったことを踏まえ、後述の「ふぞろいベスト答案」には① DCF 法による永続価値を TV とした解法を記載した。②想定事業期間終了時点の CF を使う解法については、別解として掲載したので、余裕がある方は両者の考え方の違いをご自身で吟味いただきたい。

～試験前日の過ごし方～

今まで解いた事例のキーワードをすべてチェック。

第４問（配点20点）【難易度　★★☆　勝負の分かれ目】

Ｄ社が中古車販売事業を実行する際に考えられるリスクを財務的観点から２点指摘し、それらのマネジメントについて100字以内で助言せよ。

●出題の趣旨

新規事業である中古車販売事業の諸特性を理解し、それらに付随する財務的リスクを指摘するとともに、それらのリスクマネジメントについて助言する能力を問う問題である。

●解答ランキングとふぞろい流採点基準

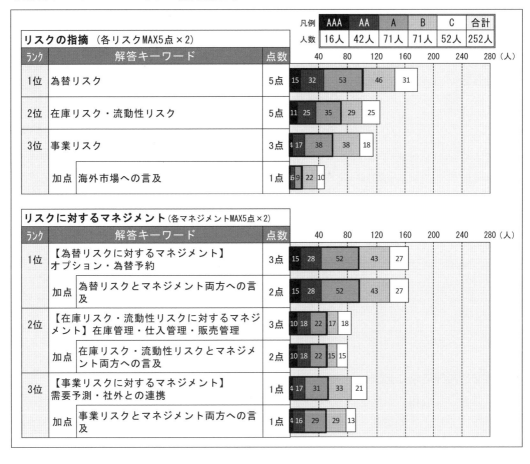

凡例	AAA	AA	A	B	C	合計
人数	16人	42人	71人	71人	52人	252人

リスクの指摘（各リスクMAX5点×2）

ランク	解答キーワード		点数	人数（AAA / AA / A / B / C）
1位	為替リスク		5点	15 / 32 / 53 / 46 / 31
2位	在庫リスク・流動性リスク		5点	11 / 25 / 35 / 29 / 25
3位	事業リスク		3点	4 / 17 / 38 / 38 / 18
	加点	海外市場への言及	1点	6 / 9 / 22 / 10

リスクに対するマネジメント（各マネジメントMAX5点×2）

ランク	解答キーワード		点数	人数（AAA / AA / A / B / C）
1位	【為替リスクに対するマネジメント】オプション・為替予約		3点	15 / 28 / 52 / 43 / 27
	加点	為替リスクとマネジメント両方への言及	2点	15 / 28 / 52 / 43 / 27
2位	【在庫リスク・流動性リスクに対するマネジメント】在庫管理・仕入管理・販売管理		3点	10 / 18 / 22 / 17 / 18
	加点	在庫リスク・流動性リスクとマネジメント両方への言及	2点	10 / 18 / 22 / 15 / 15
3位	【事業リスクに対するマネジメント】需要予測・社外との連携		1点	4 / 17 / 31 / 33 / 21
	加点	事業リスクとマネジメント両方への言及	1点	4 / 16 / 29 / 29 / 13

（グラフ目盛：40　80　120　160　200　240　280（人））

～試験前日の過ごし方～

地方のため試験近くのホテルに移動。事例Ⅳの最終確認。

●再現答案

区	再現答案	点	文字数
AAA	リスクは①**為替変動**[5]により収益が安定しない可能性②販売がうまくいかず**投資額が回収できない**[5]可能性である。ヘッジ方法は①**為替予約**[3+2]などでレートを固定する②**現地ニーズと採算性の検証**[3+2]を十分に行うことである。	20	97
AA	①**為替変動**[5]によるリスク②**在庫と借入金による負債増加**[5]による財務状況悪化のリスク。マネジメントは①売掛金に対する**為替予約**[3+2]を行う②市場調査を行い、**販売可能な車種の仕入**[3+2]を行い、在庫の過多を防ぐこと、である。	20	99
A	リスクは①**為替変動**[5]による収益低下、為替差損の発生、②ノウハウ不足による**外注費や人件費のコスト増加**[3]。マネジメントは①**オプション取引**[3+2]で為替差損を回避し、②**買収や連携**[2]によりノウハウを獲得すること。	15	95
B	リスクは、**為替変動**[5]による為替リスクと**カントリーリスク**[3]である。マネジメントは、**為替予約やプットオプション**[3+2]によりリスク回避し、カントリーリスクは、**対象国の政治や市場の動向の情報収集**[1+1]し、対応を図ることである。	15	100
B	**為替レート変動**[5]のリスクと、それにより収益性が悪化するリスクが考えられる。対策として、ドル売りの**為替予約やドルのプットオプション**[3+2]を購入し、円高時は権利を行使し、円安時は権利を放棄し、為替差益を得るべき。	10	100
C	リスクは、①海外展開における**為替変動**[5]リスク、②有形固定資産の売上獲得の効率性で、マネジメントは、①ノウハウに長けた海外現地法人との**業務提携**[1]によりノウハウを早期に習得し、信用リスク等のリスクに備えること。	6	100

●解答のポイント

D社にとって、「中古車販売事業は新規事業であること」「当面は海外市場をターゲットとすること」を踏まえた財務リスクとそのマネジメントを指摘することがポイントだった。

【与件文や設問要求に忠実に】

先生：いよいよ令和4年度2次試験のラスト問題や！　疲れとると思うけど、最後まで気合い入れていくで。

永友：はい、先生！　事例Ⅳの最終問題ともなるとさすがのオレでもスタミナ切れになりそうだったけど、財務リスクならしっかり勉強してきたからこの設問は楽勝でした！

先生：ほんまか？　突っ走ってしまうのはあんたの悪い癖や。知識が豊富なのはええことやけど、大切なこと見落としてへんか？

永友：え、大切なこと……？

多辺：私、わかったんで言いますけど～、設問文に「D社が中古車販売事業を実行する際

～試験前日の過ごし方～

普段と同じように過去問を1事例だけ解いた。

に考えられる」とあるので、単に財務リスクを挙げるだけでは不十分だということですよね～。

先生：あんた、わかっとるなぁ。事例Ⅳでは単に知識を問う問題が出されることもあるけど、ここでは、D社にとっての中古車販売事業がどういう特性を持つものだったかを踏まえて解答せなあかんかったんや。

永友：しまった、裏を取られた……。

先生：疲労がピークのときこそ、こうした設問要求の見落としに気をつけなあかん。事例Ⅳに限った話やないけど、設問文には解答への制約が書かれとったり、時にはヒントになるようなことが書かれとることもある。与件文と同じようにしっかり読み込まなあかんで。そこが勝負の分かれ目になってしまう可能性もあるんや。

２人：はい！

多辺：それで、永友はどんなリスクを挙げたの？

永友：海外ってことなんで、やっぱ為替リスクだと思ったっス。オレもよく海外行くけど円安だとお小遣い少ない気がするし。

多辺：永友はそんなの気にしないくらい稼いでると思うけど～。輸出企業にとっては、円高が進むと業績が悪化してしまうということですよね。

先生：そうや。それを回避するためのマネジメントといえば……。

永友：先生、答えはプットオプションっス。

多辺：為替予約もマネジメントになるよね～。

先生：そうやな。実際、為替リスクとオプション取引、為替予約を挙げた解答者が一番多かったし、当面は「海外市場をターゲットにする」という与件文にも合致する解答やな。問題はもう１つのリスクとして何を挙げるかや。

永友：海外だからやっぱりカントリーリスクを挙げました。オレも海外行くときは日本と同じようにトレーニングできないんじゃないかと思って心配になるもんな。

多辺：私は、中古車販売事業のノウハウが不足しているという記述があるので、期待どおりに事業を展開できないことがリスクになるんじゃないかと思うな。

先生：２人とも、なかなかいい気づきや。どちらも考えられるリスクやし、ふぞろい流の分析でも加点要素になった可能性はある。ただ、あんたらの解答は本当に設問要求を満たしとると言えるんか？　設問文をもう一度読み直してみ。

多辺：あ、「財務的観点から指摘」ってありますね～。

先生：それや。カントリーリスクや事業リスクも海外での新規事業という特性に合致した解答ではある。ただ、「財務的観点」という条件が加わると少し説得力に欠けてしまうと思わへんか？

永友：なるほど。確かにそうっスね。

多辺：「財務的観点」っていうと、安全性や収益性、効率性が低下するリスクのことだと思うんだけど～。

～試験前日の過ごし方～

22時には就寝（とはいっても、なかなか寝付けなかった…）。

先生：そやな。一般的な考え方として、そういった分析の仕方もあると思う。

永友：先輩、中古車を現金買い取りするってことだから、さっき先輩が言ったように期待どおりに売れないと、現金が減るのに在庫ばっかり抱えることになりますよね。

多辺：まぁね～。つまり、資金繰りの悪化とか過剰在庫のリスクがあるってことよね～。

永友：それって財務的リスクと言えるよな。

先生：あんたら、だいぶわかってきたやないか。つまり、流動性リスクとか在庫リスクということやな。こういった指摘であれば「新規事業である中古車販売事業の諸特性」を踏まえた財務リスクと言えるし、実際に再現答案を見ると、為替リスクの次に解答者が多かったんや。ほんならマネジメントはどうしたらええやろか？

多辺：現金取引なので、資金がショートしないように適切な資金管理が必要だよね～。

永友：あとは、需要予測の精度を上げて、ニーズに合致した車種や台数を仕入れるとか。

先生：そういうことや！　この設問では、リスクとマネジメントを2点指摘する必要があった。リスクだけでも加点はあったと思うけど、指摘したリスクに対して的確なマネジメントを助言することが、本問でしっかりと点数を積み上げるためには必要な要素やったんや。

多辺：単にキーワードを挙げるだけでなく、解答の組み立ても大切ということなんだね～。

先生：そやな。まず知識を整理しておくことは大切なことやけど、試験の緊張感のなかでいかに冷静に与件文や設問文を読み取り実力を発揮できるかは、日頃のトレーニングが重要ということや。

永友：努力は裏切らないってことですね！　ブラボー！　ブラボー！　ブラボー！！！

先生：その意気や！　私もみんなの合格の後押しができるよう、愛を持って指導していくで！

Column

試験当日、想定外の難化があったときには……

難関の1次試験を突破したツワモノが一堂に会する2次試験。会場の異様な雰囲気のなか、目の前には超難化した問題がずらり……。これは令和4年度の事例Ⅳで多くの受験生が直面した事態です。過去問を何周もして自信をつけて本番に臨みましたが、見た瞬間に足切りが脳裏をよぎる内容で動揺が止まりませんでした。「これで落ちたらまた1次試験からだ」、「絶対40点も行かない」、「諦めてほかの試験受けようかな？」など雑念が頭を支配し、落ち着きを取り戻すのに何分もかかりました。冷静になれたのは、周りも同じ気持ちだろう、そして相対評価でそこまで悪い点数にはならないだろうと割り切れたからです。

皆さんも大幅に難化した事例を目の前にしたときにどうすれば冷静になれるか自己分析すると、動じることなく普段どおりの実力が発揮できると思います！　（じゅん）

～試験前日の過ごし方～

いつもどおり。

事例Ⅳ特別企画

「ラスボス」への向き合い方
～難問から部分点をもぎ取るスキルを磨け！～

先生：令和４年度の事例Ⅳはいつも以上に難しかった、という受験生が多いように思う。あんたらはどのように取り組んだんか、ちょっと聞かせてくれる？

多辺：私は事前に作戦を決めてました～。例年第１問で出題される経営分析と、そのほかの記述問題でしっかり得点を獲得し、CVP を１問とればA答案というのを信じて、今回も経営分析と記述重視で取り組みました～。

先生：事例Ⅳへの取り組み方の定石やな。しかも今回は「生産性」やら、「線形計画法」やら、今までにはない知識が必要となったんやけど、その対応はできたんか？

多辺：そうなんですね～。設問文で「生産性」の制約が出てきて、頭が一瞬真っ白になりました。でも、考えてもわからないから、悩まず有形固定資産回転率と書きました。第２問（設問２）の線形計画法もわからなかったけど（設問１）は解けたし、第４問の記述、第３問の内外作区分はできたので、ふぞろい流採点ではぎりぎり60点取れたんですよ～。

先生：多辺、あんたには目利きの力がある。さすが、私の教え子やな。

多辺：まぁね～。第３問（設問２、３）を白紙で答案出すのは恥ずかしいけど、NPV は疲れるし、時間もないから仕方ないよね～。

永友：なんですか先輩、その適当な取り組み方。事例Ⅳの花形はNPV！　社長の気持ちに応えるべく、出された問題はすべて全力で答えてこその試験じゃないんスか？　それを白紙で出すなんて！

先生：ほう永友、あんた、ええこと言うやないか。で、あんたはどないやったんや？

永友：オレは、前年の試合で負けて悔しい思いをして！　１年間毎日欠かさずトレーニングに励んだから、全問題に全力でぶつかったっス！　第１問は「生産性」で面食らって時間を浪費したし、第２問は線形計画法が思い浮かばなかった。それでも、ラスボスの第３問のNPV は試合終了まで20分切ったところで、アドレナリンを最大限分泌させて、力を振り絞って取り組みました！

多辺：はい出た～、努力と根性を一生懸命アピールするタイプ～。でもさ～永友、結果NPV 正解できたの～？

永友：実は……途中で計算ミスして、第３問はすべての設問でゴールを外したっス。

多辺：永友は、第２問でも共通固定費を引き忘れて、みんなが取れてる問題を落としてるよね～。NPV 諦めて、第２問を見直しておけば正解できてたんじゃないの？　私、嘘つけないんで言いますけど～、永友のやり方はコスパ悪いと思うな～。

永友：でも、オレの日頃のトレーニングの成果を採点者に感じてもらうことはできたと

～試験前日の過ごし方～

前日は息子のサッカーの試合を応援。普段どおり晩酌でビール２本。

思ってるし！　最終的な解答は間違えだらけでも、70点超の高得点をもらうことはできたし！　悔いはありません！

多辺：え～、それで70点取れたの？　でも、永友の取り組み方はリスク高いと思う～。試験はリスク回避が重要って言われますよね、先生？　私はNPVを捨て問にして、落ち着いて取れる問題をゆっくり見直したいな～。

先生：そういうやり方を勧める人もいるみたいやが、１つ聞いてええか？　試験におけるリスク回避ってどういうことや？

多辺：難問を避けて、確実に取れる問題に集中して安定的に点数取るってことですよね～？　つまり、計算量が多くて正答率の低いNPVは避ける～が正解ですよね～。

先生：それは本当にリスク回避になるんやろか？　永友のやり方は本当にリスクが高いんやろか？　永友、あんたが試験において大切にしていることはなんや？

永友：はい、全身全霊で試合にぶつかり、日頃の努力の成果を採点者に見てもらうことです！

先生：よう言うた！　採点者に見てもらうのは最後の答えだけやない、その過程や。診断士に求められている力をあんたが備えているということを、採点者に示すことや。多辺、解答用紙の計算過程欄があんなに大きな理由はなぜか、よう考えてみ。

多辺：え～と、つまり計算過程を書かせて、問題に対する理解度やスキルを測るってことですか～。あ～、つまり部分点獲得のチャンスがたくさんあるってことか～。

先生：そうや。特に正答率が極端に低いNPVでは、最後の正解よりも計算過程を見て、受験生の理解度を測る、つまり途中式の配点が高いと考えるべきやろう。どないに正答率が低くても、協会が毎年NPV問題を出し続けとるんは、NPVは診断士として習得すべきスキルやからしっかり勉強せえ、という思いを込めてはるんやないかと思う。だとすれば、正答にたどり着けなくとも、計算過程を書いた受験生には、要素ごとで相応の点数が与えられるはずや。そこに、出題者のメッセージがあり、愛があるんや！

参考　ふぞろい流採点における計算過程の得点率

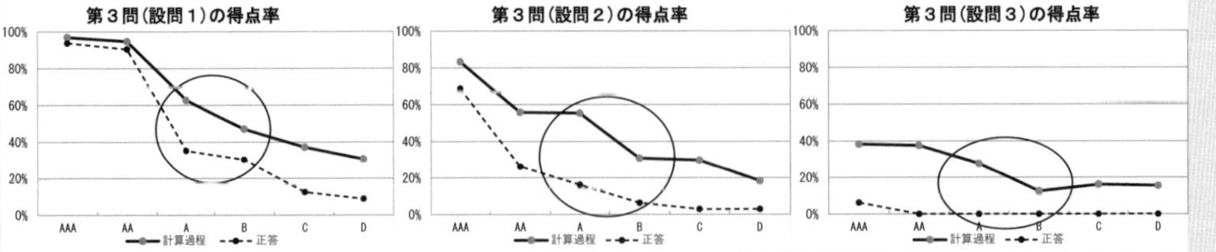

ふぞろい流の分析結果によれば、第３問においてＡ答案とＢ答案の差は、正答したかどうか（正答率）ではなく、計算過程において得点できたか（計算過程の得点率）であった。計算過程を示して部分点をもぎ取る力がＡ答案とＢ答案の明暗を分けたと推察される。

～試験前日の過ごし方～

地方受験生はホテル宿泊、エアコンをつけて寝るのはやめましょう。乾燥に注意。

先生：今回のように「生産性」や「線形計画法」など、知らんと解答できひんような問題が出ても、NPV 問題から部分点をもぎ取ることができれば挽回が可能や。つまり、最後まで諦めずに難問に取り組むことは、リスクヘッジにもなるということや。

永友：世界の強豪相手に競り勝って決勝点をもぎ取るためには！　ラスボスに立ち向かう折れない心が大切ってことっスね！　ブラボー！

多辺：確かに、そう言われるとそうかもしれないですね。でも、全問に取り組むためのスタミナは私には皆無ですから～。元ギャルだし～、食べるのが生きがいですし～。

先生：多辺、あんたの取り組み方を否定しているわけやない。確実に取れる問題を丁寧に取り組んで合格点まで積み上げるんは定石や。ただし、今回のように傾向が変わったりすると、取れる問題が見つからへんこともある。せやから、リスクヘッジいう意味でも、難問から部分点をもぎ取るスキルは大切なんや。下の欄にそのコツをまとめておいたから、参考にしいや！

多辺：は～い、ありがとうございます！　それじゃあ、私も頑張って NPV に取り組んで過去問やりながら、ちょっとずつスキルを磨いていこ～。

永友：はい、これからもますますトレーニングして！　メンタルモンスターになって難敵に立ち向かいます！　うぉー、燃えてきたー！

先生：あんたら、その意気や！　ぶらぼー！！

〈部分点のもぎ取りスキル〉

部分点をもぎ取るために必要なのは、採点者に対して、出題趣旨を理解し解答する力があることをアピールすること。つまり、計算過程においてそれぞれの計算式の意図・位置づけを示し、思考のプロセスを採点者に的確に伝えることだと考えます。以下、そのポイントを示すとともに、部分点がしっかり獲得できたと予想される記述を【よい例】、部分点にならないか、部分点になったとして評価が低いと思われる記述を【悪い例】として記載します。

【ポイント】

1．正解へのプロセス／要素を分解する。
2．解答プロセスや要素ごとにタイトル／キーワード（※）を付ける。
3．要素ごとに、その計算式を記載する。
4．単位（※※）をできるだけ丁寧に書く。

※　「減価償却費」「初期投資額」「１～５年目の CF」「ターミナルバリュー」など。

※※「万円」「年」「万円／年」など丁寧に書くことで思考が整理され、計算ミス防止にもつながる。

【よい例】

①減価償却費：（設備投資額7,200万円－残存価値720万円）÷耐用年数15年＝432万円／年

②６年目以降の継続価値：継続 CF 150万円／年÷割引率0.06＝2,500万円

【悪い例】

①7,200×0.9÷15=432　⇒　式／数値が何を意味するのか、採点者に伝わらない。

②150÷0.06＝2,500　⇒　式／数値が何を意味するのか、採点者に伝わらない。

～試験前日の過ごし方～

ひたすら、模試の解答を確認。

ふぞろい流ベスト答案 事例Ⅳ

第1問（配点25点）

（設問1） 【得点】12点

	(a)	(b)
①	棚卸資産回転率[2]	33.41回[2]
②	売上高総利益率[2]	59.59%[2]
③	労働生産性[2]	748.60万円[2]

（設問2） 79字 【得点】13点

労	働	生	産	性	が	低	い[6]	。	要	因	は	事	業	多	角	化	に	よ	り
同	業	他	社	と	比	べ	て[2]	①	従	業	員	が	多	く	1	人	当	た	り
の	売	上	が	小	さ	い[3]	こ	と	②	人	件	費[3]	や	固	定	資	産[3]	へ	の
投	資	が	売	上	に	繋	が	っ	て	い	な	い[3]	こ	と	で	あ	る	。	

第2問（配点20点）

（設問1） 【得点】10点

(a)	**2,840,000**[2]（円）
(b)	製品A1個当たりの限界利益：7,800－4×400－2×1,200＝3,800 製品B1個当たりの限界利益：10,000－2×400－4×1,200＝4,400 直接作業時間1時間当たりの限界利益を計算すると **製品A：3,800÷2＝1,900　製品B：4,400÷4＝1,100**[1] となり、**「製品A＞製品B」**であるため、**製品Aを優先して生産する**[1]。 そのときの製品Aの販売量は、**3,600÷2＝1,800個**[1] したがって、利益額＝**3,800円×1,800個**[5]－4,000,000円＝**2,840,000円**[1]

（設問2） 【得点】10点

(a)	**2,200,000**[2]（円）
(b)	製品Aの生産量をX、製品Bの生産量をYとすると、 **年間直接作業時間：2X＋4Y≦3,600時間**[3] **アルミニウムの年間消費量：4X＋2Y≦6,000kg**[2] となり、限界利益が最大になるのは、**X＝1,400個 Y＝200個**[2] のときである。 したがって、利益額＝**(3,800円×1,400個)＋(4,400円×200個)－4,000,000円**[1] **＝2,200,000円**[1]

～試験前日の過ごし方～

神社へお参りして、解いたことのある過去問を解く。

第３問（配点35点）

（設問１） 【得点】12点

(a)	**412,500（円）**[2]
(b)	D社の点検整備費用／台を固変分解すると以下のとおり。 変動費：直接労務費6,000円＋間接費7,500円×30%＝**8,250円**[5] これと外注コスト２%を比較する。 車両代金をXとすると、0.02X＜8,250円　ゆえに、X＝**412,500円**[10]

（設問２） 【得点】13点

(a)	**15,660,000（円）**[2]
(b)	減価償却費＝(設備投資額7,200万円－残存価値720万円)÷15年＝**432万円／年**[3] 売上＝60万円×20台×12ヶ月＝**14,400万円**[3] 原価＝50万円×20台×12ヶ月＝**12,000万円**[3] 点検整備費用＝(1.0万円／台＋0.45万円／台)×20台×12ヶ月＝**348万円**[3] 税引前利益＝14,400万円－12,000万円－348万円－432万円＝**1,620万円**[3] 税引後利益＝1,620万円×0.7＝**1,134万円**[3] 年間キャッシュフロー＝1,134万円＋432万円＝**1,566万円**[9] {7,200万円＋在庫投資増加額（50万円×20台)}÷1,566万円≒5.24年
(c)	**5.24（年）**[2]

（設問３） 【得点】10点

(a)	**10,121,684（円）**[2]
(b)	１年目の投資＝7,200万円＋在庫投資増加額（50万円×20台)＝**8,200万円**[2]…① １～５年目のCFのNPV＝1,566万円×4.2124＝**6,596.6184万円**[3]…② ６年目以降のCFのNPV＝**150万円÷0.06**[3]×0.7473＝**1,868.25万円**[3]…③ ５年目の在庫取り崩しのNPV＝50万円×20台×0.7473＝**747.3万円**[2]…④ 本投資のNPV＝②＋③＋④－①＝**1,012.1684万円**[8]

（設問３別解）

(a)	**2,694,555（円）**[2]
(b)	１年目の投資＝7,200万円＋在庫投資増加額（50万円×20台)＝**8,200万円**[2]…① １～５年目のCFのNPV＝1,566万円×4.2124＝**6,596.6184万円**[3]…② ６～10年目のCFのNPV＝150万円×4.2124×0.7473＝472.188978万円 11～15年目のCFのNPV＝150万円×4.2124×0.7473×0.7473＝352.866823万円 ６～15年目のCFのNPV＝472.188978万円＋352.866823万円＝**825.055801万円**[3]…③ 15年目の残存価値のNPV＝720万円×0.7473×0.7473×0.7473＝**300.481295万円**[3]…④ ５年目の在庫取り崩しのNPV＝50万円×20台×0.7473＝**747.3万円**[2]…⑤ 本投資のNPV＝②＋③＋④＋⑤－①＝**269.455496万円**[8]

～試験の朝の過ごし方～

お気に入りの朝ご飯を食べる。

第4問（配点20点）　99字　　**【得点】20点**

リスクは①**為替リスク**[5]、②**在庫リスク**[5]である。
マネジメントは①**為替予約やプットオプショ**
ン[3+2]の購入、②海外市場の調査・分析を行い、
適切な車種の仕入れや精緻な売上予測[3+2]により、
適正な在庫水準を保ち流動性を確保する。

ふぞろい流採点基準による採点

100点

第1問（設問1）：与件文および財務諸表から得られる情報に基づいて指標を選択しました。また、生産性に関する指標を、課題を示すと考えられる指標として選択しました。

第1問（設問2）：（設問1）で指摘した生産性に関する指標と、その要因について多面的に解答しました。

第2問（設問1）：各製品の1個当たり、1時間当たりの限界利益を計算し、両者を比較したうえで利益を最大にするセールスミックスを求め、利益額を算出しました。

第2問（設問2）：制約条件（直接作業時間、アルミニウムの消費量）をもとに、線形計画法を用いて利益を最大にするセールスミックスを求め、利益額を算出しました。

第3問（設問1）：D社が点検整備を行う場合の1台当たりの費用を固変分解して変動費で計算し、外注に出す場合の費用と比較することで買取価格を算出しました。

第3問（設問2）：増加する月間20台分の売上および費用を年換算して年間キャッシュフローを計算し、設備投資額と在庫投資増加額の和を除して回収期間を算出しました。

第3問（設問3）：5年目までのキャッシュフロー、5年後の在庫取り崩しのキャッシュフロー、6年目以降のキャッシュフローをそれぞれ現在価値に割り引き、その合計額から初期投資額を引いて正味現在価値を算出しました。

第4問：D社にとって中古車販売事業が新規事業であること、当面は海外市場をターゲットにすることを踏まえて、財務的リスクとマネジメントについて解答しました。

～試験の朝の過ごし方～

炭水化物を大量摂取しながら、各事例の知識も復習で補充。

第2節 ふぞろい大反省会
～悩める受験生のために、ふぞろい16メンバーが恥を忍んで、失敗談を大公開！！！

この企画は、先輩たちの「やらかしてしまった……」と大反省していることを紹介します。特に、正解や設問ごとの得点開示がなされない２次筆記試験については、「これが正しい」という勉強方法や取り組み方、姿勢などはわかりにくいものですが、「これはやってしまった……」という先輩たちの失敗を反面教師にすることは可能です。ぜひ、参考にしていただければと思います。

【ふぞろいメンバーの失敗談の分布】

まずはふぞろい16メンバーの受験生活における失敗談の内訳をご紹介します。どんなシチュエーションでの失敗が多かったのでしょうか！？　ふぞろい16メンバーへのアンケート結果（複数回答可）をご覧ください。

【ふぞ16メンバーの「大失敗」内訳】

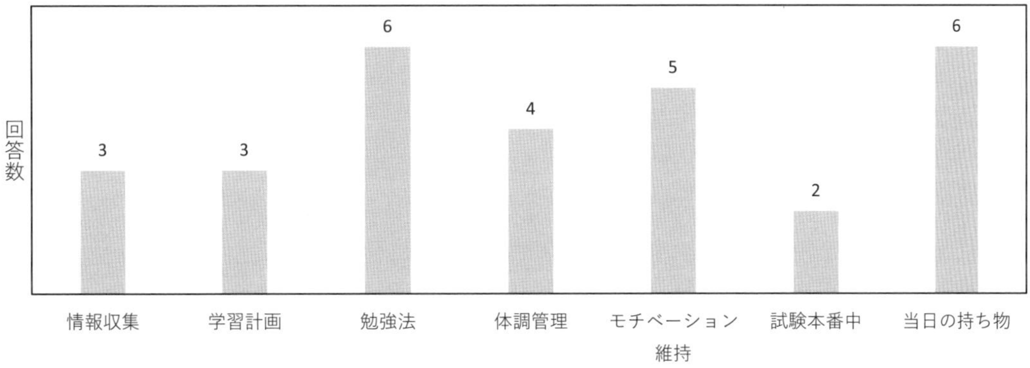

上記のとおり、ふぞろいなメンバーだけあって、失敗も多彩なようですね……。

このコーナーでは、ふぞろい16メンバーをゲストにお招きし、経験した失敗談、それを乗り越えた秘訣や失敗を踏まえた反省点、後輩受験生へのメッセージを語ってもらいます。

司会進行は、企画チームのたくろう（以下、たく）＆ほの（以下、ほの）で、お届けします。それでは、どのような大失敗が登場するのでしょうか？　同じ失敗をしないよう、心して聞いてくださいね。

～試験の朝の過ごし方～

早起き、早めに試験会場に到着しておくこと。

【テーマ１：情報収集、学習計画、勉強法編】

たく：それでは、栄えある最初のゲストは……！？　はい！はい！はい！　僕です！

多辺：はい出た～、司会がしゃしゃり出るタイプ～。

先生：多辺！　そこに愛はあるんか？　そないにいけずなこと、言うんやない。

永友：まぁまぁ、気を取り直して……それで、どんな失敗をしたんだよ？

たく：ずばり「２次試験の勉強の開始が遅すぎ……」

多辺：なんだ～、超ありがちなやつじゃ～ん。

先生：多辺！　最後まで人の話は聞くもんやで！

たく：先生、フォローありがとうございます。それじゃ、改めて……**僕の失敗は、「２次試験の勉強の開始が遅すぎて、教材が売り切れになっていた」ことです！！！**

永友：どういうこと？　教材なんかなくても、勉強できるっしょ。体幹トレーニングは、機材なしでもできるぜ！

多辺：永友、それは違うと思う～。２次試験の解答は、協会から開示されてないでしょ？　答えがないのに、どうやって勉強するのよ～。やっぱり、『ふぞろい』を買って過去問演習をするに限るわ～。

たく：多辺さん、まさにそのとおりです。僕の場合、**１次試験終了後に、夏休みをゆっくり過ごしていたら……、『ふぞろい』が売り切れになっていた**んです！！！

多辺：２次試験の対策は教材準備も含めて、早めにやるべきってことね。それで、どうやって勉強して、合格したのよ？　教材なしで合格したわけじゃないでしょうね。

たく：実は……。ネットで売っていなかったので、中古で購入して、過去問演習をしました（同友館さん、ごめんなさい！）。

多辺：たくろう、それこの場で言っちゃっていいの～？　ま、『ふぞろい』を使った過去問演習が、２次試験突破には有効ってことには変わりないけど～。

ほの：ほかにも、２次試験の勉強開始時期を反省する声は多かったようですね。

- 過去問を実際の解答用紙を使って解き始めるのが遅かった（ゆーき）
- １次試験と並行して２次試験の勉強も始めるべきだった（いのっち、ちさと）

ほの：また、学習スケジュールに関する反省もありました。教材の準備も含めて、スケジュールをしっかり立てて、２次試験に臨みましょう！

- 『意思決定会計講義ノート』（税務経理協会）、『30日完成！事例Ⅳ合格点突破計算問題集』（同友館）を４月～５月に取り組み、そのまま放置（こやちん）
- 勉強計画を詰め込み過ぎた。仕事で疲れて、手を付けられなかった（ぜあ）

先生：「ご利用は計画的に」ってことやな。

～試験の朝の過ごし方～

あくまでいつもどおり。

【テーマ２：コンディション・モチベーション管理編】

たく：盛り上がってきたところで……次のゲストは、じゅん（以下、じゅ）です！！！
どんな失敗をしたのか、お願いします！！！

じゅ：僕の失敗はですね……「**２次試験対策（１回目）が中途半端だったこともあり、弱気になる自分の性格と向き合いきれず、本番でアガってしまった**」ことです……。周囲のペンの進む音に動揺してしまって、問題文があまり頭に入ってこなかったんです。前日も緊張でなかなか眠ることができず、睡眠不足も相まって試験本番は事例Ⅲの途中でスタミナ切れでした……（とほほ）。

永友：そんな弱気じゃだめだぜ！　じゅん！　一緒に体幹トレーニングをして、強靭なメンタルを手に入れようぜ！！！

多辺：はい出た～、永友の体幹トレーニング愛。皆がみんな、体幹トレーニングが勉強の息抜きになるわけじゃないんだよ～。

先生：１つ聞いてええか？　あんた、２回目の２次試験では、アガらんかったんか？

じゅ：２回目の２次試験は、１回目の反省を生かして、しっかりコンディションを整えて挑みました！　試験本番前の睡眠対策として、**前日に呼吸が深くなるマッサージをしてもらい、熟睡できるようにしました**。そのほか、試験中のスタミナ不足解消のため、**事例が終わるごとにホットアイマスクでリフレッシュしたり、ラムネでブドウ糖補給をしたかな**。なんなら、事例間休憩で15分くらい仮眠してました（笑）。でも、やっぱり一番大事なのは、日々の積み重ねだと思います。**当日の受験会場をイメージし、どんなことが起きても動揺しないメンタルとルーティーンを本番までに作る**ことができたから、２回目の２次試験は成功したんじゃないかな。

永友：じゅん……弱気になる自分の性格と向き合って、コンディションを整えたんだな……じゅんは、アスリートの熱い心を持ってる！　ブラボー！！！

多辺：じゅんは、アスリートじゃないんだからさ～。

ほの：このほかにも、コンディション・モチベーション管理に関する失敗は、多かったようですね。

- 試験本番中に気分が悪くなり、事例Ⅱで途中退出した（しゅうと）
  ⇒直前期は自分の体調と相談し、無理のない生活リズムを作ることが大切
- 「長時間受験」に対応できる体力づくりが足りなかった（けーた）
  ⇒長時間試験に慣れる機会、疲れた状態で演習をこなす機会が必要

たく：なるほど！！　コンディション・モチベーションを整えることは、１日にしてならず！　とういうことだね。

～試験の朝の過ごし方～

ちゃんと朝ご飯を食べる。コーヒーを飲みすぎない。トイレには行っておく。

【テーマ３：試験本番、当日の持ち物編】

たく：大トリは、しゅうと（以下、しゅ）です。すごい失敗（ヤツ）をお願いします！

しゅ：僕の失敗は……「**２次試験本番で、時計を忘れ、事例Ⅰから事例Ⅳすべてを体内時計で受験した**」ことです。当日、スマートウォッチで行っちゃいました（笑）。

多辺：（体内時計？）どうせ、教室のなかに、でっかい時計があったんじゃないの～。

しゅ：いや、無かったっス。ガチで時計なしで４科目を受験しました！

永友：うぉ～、ワールドクラスの体内時計だな！　でも、相当焦ったんじゃないのか？

しゅ：いや、むしろ、ペンとかほかの忘れモノがなくてよかったなと（笑）。ポジティブに考えて、試験に臨みました。

永友：よく、動揺せずに、試験に臨めたな。逆境に負けない精神力もワールドクラスだぜ！ブラボー！！！

多辺：私だったら、せめて昼休憩にコンビニに買いに行くけど……。

しゅ：その発想はなかったですね。10分前になったら試験官がアナウンスしてくれることを思い出して、気にせず試験に臨みました。そもそも見直しの時間を除けば、各事例とも80分もかからないという自信があったので！

永友：すごい自信だな。どういうトレーニングを積んだら、そんな自信が持てるんだ？

しゅ：実は、**本番１週間前ぐらいから、過去問を60分で解く練習**をしていたんだよね。

多辺：60分！？　ちょっと、飛ばしすぎじゃないの～？　どうやったら、そんな短時間で解くことができるの？

しゅ：**与件文を読み飛ばしてもいいから、とにかく早く読むことを心掛けていました**。なぜかと言うと、本番でも焦って読み飛ばすだろうから、だったら日頃から読み飛ばしておこうと（笑）。あと、勉強時間をなかなか確保できないなかで、**10分ずつ計って、与件文を読むだけ、設問解釈だけといった感じで、隙間時間に勉強**したことで、10分間隔の体内時計が身に付いたんだと思います。

永友：素晴らしい！　さっそく俺も体幹トレーニング、いや体内時計トレーニングを……

多辺：永友、それは違うと思う～。腕時計を忘れなければ、よいだけの話じゃない？

ほの：このほかにも当日の持ち物に関する失敗は、多かったようですね。

- 試験当日に消しゴムを忘れたこと。開始直前にコンビニへダッシュ（はやと）
- 試験会場に缶コーヒーを持ち込んだら、缶は中身が見えないからダメだと試験前に注意された。試験当日はペットボトルを推奨（かじしゅん）

たく：皆さま、いかがだったでしょうか。ふぞろい16メンバーと同じ失敗をしないよう、計画的な受験勉強、万全のコンディション調整、試験前日の持ち物チェックをして、２次試験本番に臨んでください。皆さんの合格を心よりお祈り申し上げます。

～試験の朝の過ごし方～

いつもどおり。

第3節　424名の再現答案から見えてきた「高得点答案」の作文技術 ～上位９名の再現答案に迫る～

本節では、送っていただいた再現答案のなかから高得点答案について分析し、どのような共通点があるかを考察することで、高得点を獲得するためのポイントを探ります。

再現答案のうち、総合得点280点以上の答案（424名中上位９名）を比較、検討したところ、どの答案も比較的「設問文に忠実」「趣旨が明確」「無駄が少ない」という共通点が見られました。以上から、高得点答案は「採点者にとって読みやすい文章」であると考えられます。そこで、採点者にとって読みやすい文章とはどういうものか、高得点者は実際にどのように解答しているのか、各事例から１問ずつ再現答案を例示します。

●事例Ⅰ　第２問

設問の概要：新規就農者を獲得し定着させるために必要な施策について助言する。

助	言	は	①	農	業	大	学	校	の	卒	業	生	に	対	し	て	イ	ン	タ
ー	ン	シ	ッ	プ	に	よ	り	雇	用	の	ミ	ス	マ	ッ	チ	を	解	消	、
②	農	業	未	経	験	者	に	対	し	て	O	J	T	で	地	域	関	係	性
の	構	築	と	能	力	開	発	を	支	援	、	③	突	発	対	応	時	に	割
増	賃	金	を	支	給	す	る	、	事	で	獲	得	と	定	着	を	図	る	。

ポイント：文末を「獲得と定着を図る」とすることで設問文に忠実で、趣旨が明確な文章になっています。

●事例Ⅱ　第２問

設問の概要：商品コンセプトと販路を明確にして、新たな商品開発について助言する。

X	県	の	良	質	な	食	材	を	提	供	す	る	事	を	商	品	コ	ン	セ
プ	ト	に	、	高	い	加	工	力	を	活	か	し	、	県	内	の	農	業	や
漁	業	と	協	力	し	て	、	山	・	海	の	幸	を	用	い	た	メ	ニ	ュ
ー	を	開	発	し	、	ホ	テ	ル	や	旅	館	、	飲	食	店	に	販	売	す
る	。	以	上	で	、	顧	客	満	足	と	X	県	再	活	性	化	を	実	現。

ポイント：「コンセプト」「販路」を用いることで、制約条件を満たしていることが明らかです。加えて、末尾にこの助言で期待される効果の記載もあり読みやすい解答です。

～事例Ⅲのポイント・攻略法～

与件文を読む際に、発生している問題とその工程を明確にリンクさせる。

●事例Ⅲ　第５問

設問の概要：X社との新規取引が今後の戦略にどのような可能性を持つか助言する。

可	能	性	は	①	新	市	場	開	拓	で	既	存	事	業	へ	の	依	存	度
を	下	げ	、	経	営	の	安	定	化	を	図	る	事	、	②	高	度	な	金
型	製	作	技	術	や	費	用	低	減	、	生	産	性	向	上	の	提	案	力
を	活	か	し	、	短	納	期	化	す	る	事	で	X	社	の	高	価	格	製
品	の	受	注	や	新	規	顧	客	開	拓	で	事	業	拡	大	を	図	る	。

ポイント：設問文で問われている「可能性」を主題として要素を列挙していること、各要素において因果関係が並列に記されていることにより、解答の趣旨が明確です。

●事例Ⅳ　第４問

設問の概要：リスクを財務的観点から２点挙げ、そのマネジメントについて助言する。

海	外	市	場	が	中	心	と	な	る	た	め	生	じ	る	為	替	相	場	の
変	動	リ	ス	ク	に	対	し	、	外	貨	の	プ	ッ	ト	オ	プ	シ	ョ	ン
や	為	替	予	約	を	活	用	。	地	政	学	的	要	因	や	景	気	変	動
に	よ	る	需	要	変	動	リ	ス	ク	に	対	し	て	は	リ	ス	ク	分	散
の	た	め	国	内	市	場	開	拓	を	検	討	。							

ポイント：２つ挙げたリスクとそのマネジメントの対応関係が明確です。

【まとめ】

今回の『ふぞろい』を執筆するうえで、私たちは424名分の再現答案を分析しましたが、答案の作文技術にはバラツキが認められました。上掲の高得点答案例を始め、A以上答案は加点要素を網羅しつつ、読みやすい文章で記載されている傾向がありました。

中小企業診断士試験について規定されている「中小企業診断士の登録等及び試験に関する規則」において、２次試験は「中小企業診断士となるのに必要な応用能力を有するかどうかを判定することを目的とし、中小企業の診断及び助言に関する実務の事例並びに助言に関する能力について、（中略）行う。」とされています。すなわち、事例企業の状況に応じて知識を応用させること、事例企業の社長へ助言することが求められていると考えられます。

助言能力の確認が試験の目的であることを踏まえると、助言内容が明確な答案が高得点であることに違和感はありません。『ふぞろい』は受験生の再現答案をもとに加点要素となるキーワードを分析しています。キーワードの出現頻度と実際の得点には高い相関が認められますが、A以上答案を狙うためには、キーワードによる採点に加え、客観的に見て解答が読みやすいかどうかという観点も重要である可能性があります。問題演習に取り組む際は、「主語を明確にする」「設問文に過不足なく答える」「箇条書きをする際は並列、従属など対応関係を明確にする」などを意識してはいかがでしょうか。

～事例Ⅲのポイント・攻略法～

与件文中で挙げられた弱みをすべて箇条書きに抜き出し、設問に割り振る。

第2章

令和3年度試験 答案分析

(2022年版)

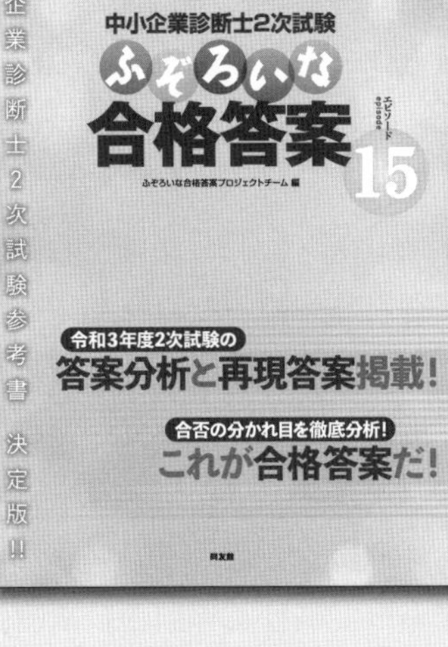

【登場人物紹介】

〈片山 隆二（かたやま りゅうじ（43歳 男)〉（以下、先生）

　将来スポーツジムを経営するために中小企業診断士の資格を取得した講師兼ジムトレーナー。筋トレでは部位ごとにジムを替えるように、事例ごとにしっかりとした理念を持っており、的確なアドバイスが特徴。

〈有勝 結果（ありがち ゆか）（28歳 女)〉（以下、有勝）

　性格は真面目で頑張り屋、人当たりがとても良いストレート受験生。とにかく飲み込みが早く要領がいいが、素直すぎてありがちなミスをしてしまうことが欠点。

〈多川 延行（たがわ のぶゆき）（38歳 男)〉（以下、多川）

　長年の受験勉強により多くの知識とノウハウを豊富に蓄積している多年度受験生。自分の解答が一番という思い込みをしてしまい、ストレート受験生の解答についついツッコミを入れてしまう。

第1節　ふぞろいな答案分析

▶事例Ⅰ（組織・人事）

令和３年度　中小企業の診断及び助言に関する実務の事例Ⅰ（組織・人事）

Ａ社は首都圏を拠点とする、資本金2,000万円、従業員15名の印刷・広告制作会社である。1960年に家族経営の印刷会社として創業し、1990年より長男が２代目として引き継ぎ、30年にわたって経営を担ってきたが、2020年より３代目が事業を承継している。

創業時は事務用品の分野において、事務用品メーカーの印刷下請と特殊なビジネスフォームの印刷加工を主な業務としていた。当初は印刷工場を稼働しており、職人が手作業で活字を並べて文章にした版を作って塗料を塗る活版印刷が主流で、製版から印刷、加工までの各工程は、専門的な技能・技術によって支えられ、社内、社外の職人の分業によって行われてきた。

しかしながら1970年代からオフセット印刷機が普及し始めると、専門化された複数の工程を社内、社外で分業する体制が崩れ始め、それまで印刷職人の手作業によって行われてきた工程が大幅に省略され、大量・安価に印刷が仕上げられるようになった。

さらに2000年頃より情報通信技術の進化によって印刷のデジタル化が加速し、版の作成を必要としないオンデマンド機が普及することによって、オフィスや広告需要の多くが、より安価な小ロット印刷のサービスに置き換わっていった。とりわけ一般的な事務用印刷の分野においては、技術革新によって高度な専門的技術や知識が不要となったため、印刷業ではない他分野からの新規参入が容易になり、さらに印刷の単価が下がっていった。

こうした一連の技術革新に伴う経営環境の変化に直面する中で、多くの印刷会社が新しい印刷機へと設備を刷新してきたのに対して、Ａ社では、２代目が社長に就任すると、保有していた印刷機、印刷工場を順次売却し、印刷機を持たない事業へと転換した。制作物のデザイン、製版、印刷、製本までの工程を一括受注し、製版や印刷工程を、凸版、凹版、平版などの版式の違いに応じて専門特化された協力企業に依頼することで、外部にサプライチェーンのネットワークを構築し、顧客の細かいニーズに対応できるような分業体制を整えることに注力した。Ａ社では、割り付けやデザインと紙やインク、印圧などの仕様を決定して、印刷、製本、加飾などの各工程において協力企業を手配して指示することが主な業務となっていった。当時、新しい技術に置き換わりつつあった事務用印刷などの事業を大幅に縮小し、多工程にわたり高品質、高精度な印刷を必要とする美術印刷の分野にのみ需要を絞ることで、高度で手間のかかる小ロットの印刷、出版における事業を幅

～診断士試験を受験してよかったこと～

経営全般の知識が身についたこと。

広く展開できるようになった。その結果、イベントや展示に用いられる紙媒体の印刷物、見本や写真、図録、画集、アルバムなどの高精度な仕上がりが求められる分野において需要を獲得していった。

1990年代から行われた事業の転換は、長期にわたって組織内部のあり方も大きく変えていった。印刷機を社内で保有していた時は、製版を専門とする職人を抱えていたが、定年を迎えるごとに版下制作工程、印刷工程を縮小し、それらの工程は協力企業に依頼することとなった。そして、図案の作成と顧客との接点となるコンサルティングの工程のみを社内に残し、顧客と版下職人、印刷工場を仲介し、印刷の段取りを決定して協力企業に対して指示を出し、各工程間の調整を専門に行うディレクション業務へと特化していった。

他方で2000年代に入ると、同社はデザインと印刷コンテンツのデジタル化に経営資源を投入し、とりわけ高精細画像のデータ化においてプログラミングの専門知識を持つ人材を採用し始めた。社内では、複数の事業案件に対してそれぞれプロジェクトチームを編成し、対応することとなった。具体的には、アートディレクターがプロジェクトを統括して事業の進捗を管理し、外部の協力企業を束ねる形で、制作工程を調整しディレクションする体制となった。

また、広告代理店に勤務していた３代目が加わると、２代目は図案制作の工程を版下制作から独立させて、新たにデザイン部門を社内に発足させ、３代目に部門の統括を任せた。３代目は、前職においてデザイナー、アーティストとの共同プロジェクトに参画していた人脈を生かし、ウェブデザイナーを２名採用した。こうした社内の人材の変化を受けて、紙媒体に依存しない分野にも事業を広げ、ウェブ制作、コンテンツ制作を通じて、地域内の中小企業が大半を占める既存の顧客に向けた広告制作へと業務を拡大した。しかしながら、新たな事業の案件を獲得していくことは難しかった。とりわけ、こうした新たな事業を既存の顧客に訴求するためには、新規の需要を創造していくことが求められた。また、中小企業向け広告制作の分野においては、既に数多くの競合他社が存在しているため、非常に厳しい競争環境であった。さらに新規の市場を開拓するための営業に資源を投入することも難しいために、印刷物を伴わない受注を増やしていくのに大いに苦労している。

新規のデザイン部門と既存の印刷部門はともに、サプライチェーンの管理を担当し、デザインの一部と、製版、印刷、加工に至る全ての工程におけるオペレーションは外部に依存している。必要に応じて外部のフォトグラファーやイラストレーター、コピーライター、製版業者、印刷職人との協力関係を構築することで、事業案件に合わせてプロジェクトチームが社内に形成されるようになった。

２代目経営者の事業変革によって、印刷部門５名とデザイン部門10名の２部門体制で事業を行うようになり、正社員は15名を保っている。３代目は特に営業活動を行わず、主に初代、２代目の経営者が開拓した地場的な市場を引き継ぎ、既存顧客からの紹介や口コミを通じて新たな顧客を取り込んできたが、売り上げにおいて目立った回復のないまま現在に至っている。

～診断士試験を受験してよかったこと～

会計が楽しくなった。

第１問（配点20点）

２代目経営者は、なぜ印刷工場を持たないファブレス化を行ったと考えられるか、100字以内で述べよ。

第２問（配点20点）

２代目経営者は、なぜＡ社での経験のなかった３代目にデザイン部門の統括を任せたと考えられるか、100字以内で述べよ。

第３問（配点20点）

Ａ社は、現経営者である３代目が、印刷業から広告制作業へと事業ドメインを拡大させていった。これは、同社にどのような利点と欠点をもたらしたと考えられるか、100字以内で述べよ。

第４問（配点20点）

２代目経営者は、プロジェクトごとに社内と外部の協力企業とが連携する形で事業を展開してきたが、３代目は、２代目が構築してきた外部企業との関係をいかに発展させていくことが求められるか、中小企業診断士として100字以内で助言せよ。

第５問（配点20点）

新規事業であるデザイン部門を担う３代目が、印刷業を含めた全社の経営を引き継ぎ、これから事業を存続させていく上での長期的な課題とその解決策について100字以内で述べよ。

～診断士試験を受験してよかったこと～

普通に生きているだけで、１次試験で学んだ知識にぶち当たって生活が面白くなること。

第１問（配点20点）【難易度　★☆☆　みんなができた】

２代目経営者は、なぜ印刷工場を持たないファブレス化を行ったと考えられるか、100字以内で述べよ。

●出題の趣旨

ニッチ戦略、高付加価値分野への経営資源の再配分について、経営戦略の視点から分析する能力を問う問題である。

●解答ランキングとふぞろい流採点基準

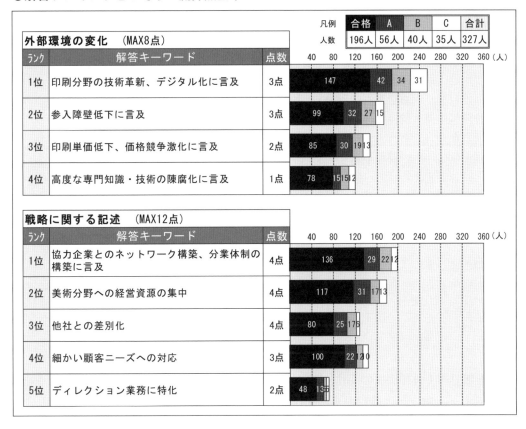

凡例	合格	A	B	C	合計
人数	196人	56人	40人	35人	327人

外部環境の変化　（MAX8点）

ランク	解答キーワード	点数
1位	印刷分野の技術革新、デジタル化に言及	3点
2位	参入障壁低下に言及	3点
3位	印刷単価低下、価格競争激化に言及	2点
4位	高度な専門知識・技術の陳腐化に言及	1点

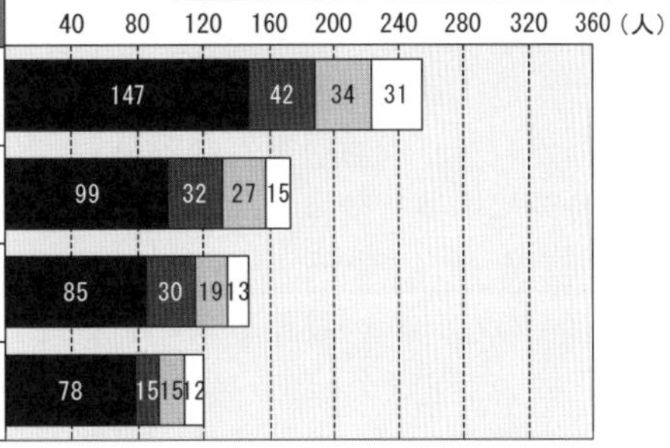

戦略に関する記述　（MAX12点）

ランク	解答キーワード	点数
1位	協力企業とのネットワーク構築、分業体制の構築に言及	4点
2位	美術分野への経営資源の集中	4点
3位	他社との差別化	4点
4位	細かい顧客ニーズへの対応	3点
5位	ディレクション業務に特化	2点

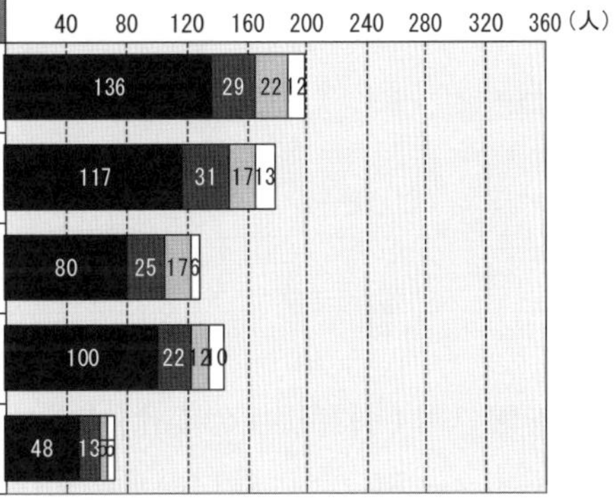

～診断士試験を受験してよかったこと～

受験してなければ、何も変化のない毎日を過ごしてたはず。大変だったけれど、刺激的な変化があった。

●再現答案

区	再現答案	点	文字数
合	理由は、**技術革新**[3]により**新規参入増加**[3]や**低価格競争激化**[2]する中で、高精度な印刷を必要とする**美術印刷分野に経営資源集中**[4]すると共に、**顧客の細かいニーズに対応**[3]できるよう**協力企業とのネットワーク構築**[4]し**差別化図る**[4]為。	20	100
A	理由は①**印刷のデジタル化**[3]で事務用印刷分野への**新規参入が容易**[3]になり**単価が下がった**[2]ため。②高品質・高精度な印刷を必要とする**美術印刷分野に経営資源を投入**[4]し高付加価値化、**差別化で競争優位を確保**[4]するため。	16	97
A	理由は①**デジタル化の加速でオフセットやオンデマンドの普及**[3]により**高度な専門知識が不要**[1]で**新規参入が多く**[3]**価格競争が激化**[2]し②社外の**協力企業との外部の連携**[4]で**細かなニーズに対応**[3]でき③固定費の変動費化をするため。	15	99
B	理由は①**技術革新**[3]により創業からの**高度な技術が不要**[1]となった為②他分野からの**新規参入が容易**[3]になり競争が激化した為③**美術印刷の分野に需要を絞った**[4]為④定年を待って工程を縮小し士気低下を防止できた為、である。	11	99
C	理由は①印刷の**技術革新**[3]による為、②熟練職人の定年が近づいていたことが考えられる。①は**技術不要**[1]となり**新規参入が増え**[3]、**価格競争が激化**[2]したこと、②は定年と共に縮小していった生産工程が今はない為である。	8	97

●解答のポイント

ファブレス化を行った理由を、外部環境の変化とA社が採るべき経営戦略の視点から多面的に解答できたかがポイントだった。

【A社を取り巻く外部環境の変化】

先生：さぁ、令和3年度最初の事例だ。元気よくいこう！　さて、第1問は2代目がA社をファブレス化した理由について問われているぞ。2人は試験最初の問題に落ち着いて対応できたかい？

有勝：私は、2代目が思い切ってファブレス化したことから、経営環境に何かしらの変化があるのではないかと考えました。与件文を読むと、技術革新による印刷業界の変化について書かれていたため、「これだ！」と思い、技術革新で他分野からの新規参入が増えたことを書きました。

多川：ワシも一緒じゃ！　しかし、それだけじゃ足らんのぉ。きっと、新規参入がしやすくなった結果、競争環境が厳しくなったから2代目は戦略を変更したんじゃ！

～資格以外に得られたこと～

同じ通信教材を選んだ仲間や、ふぞろいメンバーとの出会い。

先生：いいぞ！　この第1問では経営戦略の視点を求められている。まずはSWOTの観点で冷静に事業環境を分析しよう。2人が言うとおり、A社の事業環境が厳しくなり、何かしらの変化が必要になったのだろう。

【戦略の視点】

先生：事業環境の変化を受けて、2代目はファブレス化を選択したわけだが、ファブレス化した理由はなんだと思う？

多川：ワシは、「ファブレス化」というキーワードから1次試験の知識を用いて、協力企業と分業することで経営資源を高付加価値分野に集中させることをすぐに思いつきました。これで高得点間違いなしじゃ！

有勝：なるほど。「ファブレス化」というキーワードから解答の骨子を作られるところ、さすがです。でも、経営資源を集中させた結果は書かなくていいんですか？　ちなみに私は、分業体制を整えて、他社がやらない顧客の細かなニーズに対応することで、競合他社と差別化することができるんじゃないかと考えました。

多川：第1問から、そんな鋭いツッコミすなぁ！　ツッコミはワシの役目じゃ。でも、その指摘はごもっとも……。新規参入で価格競争が激しくなった事業環境でA社が生き抜くためには差別化することが大事なんだろう。1次試験の知識をそのまま使うのではなく、ちゃんと事例企業に合わせた解答にすることも意識しないとな。

有勝：多川さん、私たちもこの試験競争を生き抜いて、合格しましょう！

先生：いいぞ、2人とも、なかなかよいスタートだ！　実際の再現答案を見ると、この問題は、みんなができたと思われる。合格＋A答案とB答案の差はあまりなさそうだが、C答案とD答案は、解答要素が全体的に少ない印象だ。それに対して、合格＋A答案は「ファブレス化を選択する意図、期待する効果、採るべき戦略」を書けている答案が多かった。「他社との差別化」は協会の出題趣旨（経営戦略の視点）とも関係するため、加点された可能性が高い。試験最初の問題で心も筋肉も緊張したとは思うが、みんなができたと思われる問題は、大外ししないように要素を重ねて、確実に得点していくことが重要だ。さて、筋肉もほぐれてきたことだろう。第2問もこの調子で頑張ろう。パワー！！（笑顔）

多川：大外し……。気をつけます！

～資格以外に得られたこと～

継続する力。

第２問（配点20点）【難易度　★☆☆　みんなができた】

２代目経営者は、なぜＡ社での経験のなかった３代目にデザイン部門の統括を任せたと考えられるか、100字以内で述べよ。

●出題の趣旨

先代経営者からの事業承継や後継経営者の新規事業の立ち上げに関して、経営組織の視点から分析する能力を問う問題である。

●解答ランキングとふぞろい流採点基準

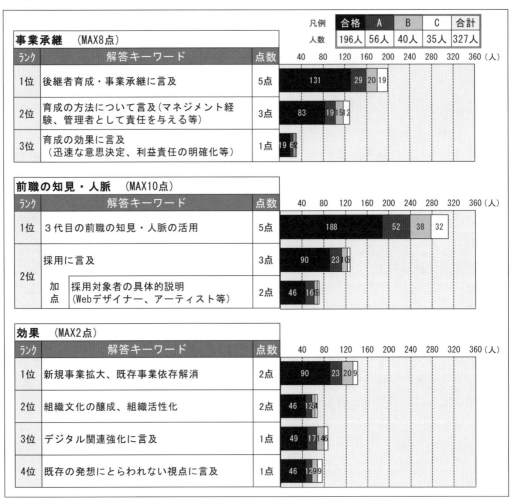

凡例	合格	A	B	C	合計
人数	196人	56人	40人	35人	327人

事業承継　（MAX8点）

ランク	解答キーワード	点数
1位	後継者育成・事業承継に言及	5点
2位	育成の方法について言及（マネジメント経験、管理者として責任を与える等）	3点
3位	育成の効果に言及（迅速な意思決定、利益責任の明確化等）	1点

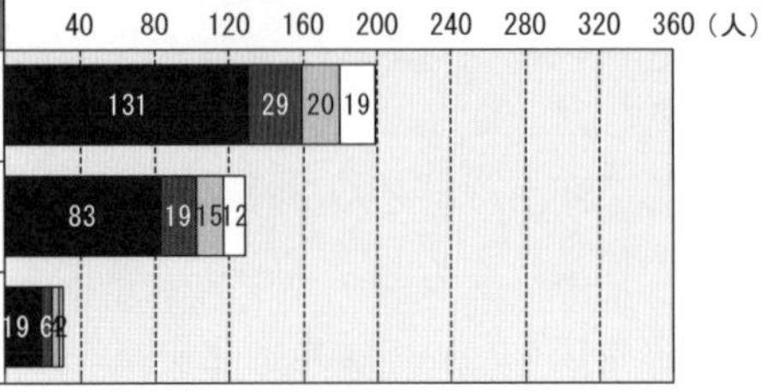

前職の知見・人脈　（MAX10点）

ランク	解答キーワード		点数
1位	３代目の前職の知見・人脈の活用		5点
2位	採用に言及		3点
	加点	採用対象者の具体的説明（Webデザイナー、アーティスト等）	2点

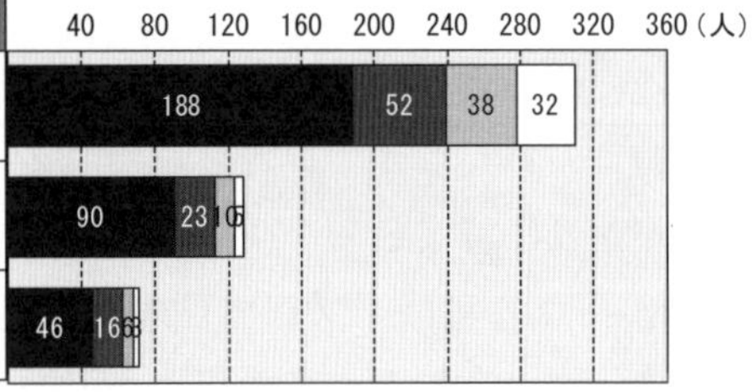

効果　（MAX2点）

ランク	解答キーワード	点数
1位	新規事業拡大、既存事業依存解消	2点
2位	組織文化の醸成、組織活性化	2点
3位	デジタル関連強化に言及	1点
4位	既存の発想にとらわれない視点に言及	1点

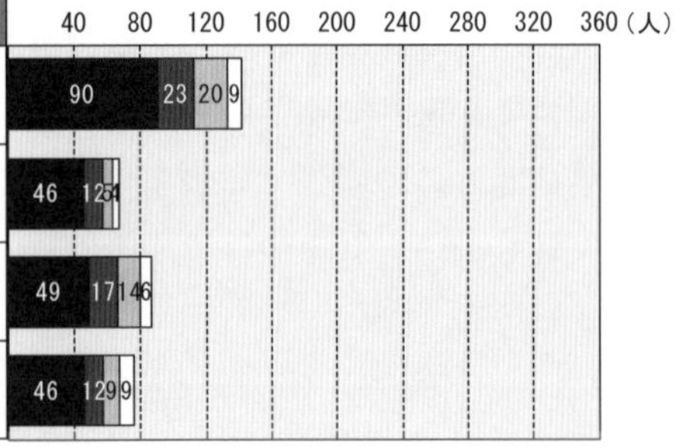

～資格以外に得られたこと～

『ふぞろい15』のかけがえのない仲間！

●再現答案

区	再現答案	点	文字数
合	理由は①**広告代理店勤務のノウハウ活用**[5]で相乗効果を生み出す②前職の**デザイナー等**[2]との共同プロジェクト参画を活用して**採用円滑化**[3]③**部門統括を任せる**[3]ことで**後継者として育成**[5]、等により**デザイン部門を成長**[2]させる為。	20	99
合	**前職での共同プロジェクト経験**[5]による**デザイナー**[2]の**採用**[3]やウェブ制作等で**組織を活性化**[2]し**デザイン部門を強化**[1]し、外部との連携による**拡大**[2]を考えた為。**次期社長**[5]としての**マネジメント経験の蓄積**[3]により育成を行う為。	20	97
A	理由は、①**３代目の前職での人脈を活用**[5]した**ウェブデザイナー**[2]の**採用**[3]、②３代目の経験を生かした既存顧客への**広告制作への事業拡大**[2]、③３代目の**管理者としての育成**[3]、④社内人材変化による**組織活性化**[2]、である。	15	96
B	**前職の広告代理店での経験と人脈**[5]を生かしたウェブ制作、コンテンツ制作を通じて、地域内の既存顧客に向けた**広告制作事業を拡大**[2]するとともに、**新たな発想を持って**[1]事業を牽引させる狙いがあったため。	7	92
C	理由は、1　2代目は、**デザイン力の強化**[1]と印刷コンテンツのデジタル化に注力していたこと。2　3代目はデザイナーやアーチストとの**共同プロジェクトに参画した経験**[5]があり、その人脈が生かせること。	6	93

●解答のポイント

与件文から読み取れる、３代目の前職の知見・人脈だけでなく、知見を生かした効果や事業承継の観点も踏まえ多面的に記載することがポイントだった。

【与件文の内容を正確に拾えたか】

先生：さぁ、体も温まってきたところで、第２問いってみよう！　２人は第２問の設問趣旨をどう捉えたかな？

有勝：答えやすかったです！　ズバリ「３代目の前職での知見・人脈の活用」が設問趣旨だと考えました。与件文に書いてあったので、すぐに思い浮かびました。

多川：右に同じじゃ。この論点は全然クセがない！

先生：いいね！　「３代目の前職の知見・人脈の活用」は受験生の大半が書けている論点で、メジャーな論点だったと考えられる。筋肉でたとえるなら上腕二頭筋のようなものだね。でもそれだけじゃ足りないぞ、２人はさらに掘り下げて書けたかな？

多川：（たとえがわかりにくいんよ……。）えっ、さらに掘り下げる？

～資格以外に得られたこと～

40歳過ぎて新しいこと始めてもよいんだ！　と実感できたこと。

有勝：当然です！ 知見・人脈の活用の具体例として「新規事業に有用な人材の採用」まで書けないと合格点は狙えないですよ！

先生：素晴らしい！ その解答、僕の広背筋が喜んでいるよ！ 具体的な活用方法まで言及できた受験生はぐっと少なくなるが、合格＋Ａ答案にはここまで言及できた答案が多く、合否を分けたポイントだった可能性がある。「前職での知見・人脈の活用」に気づいただけで満足せず、丁寧に与件文を読み込むことが重要だったと考えられるぞ！

多川：全然気づかなかった。与件文に書いてあるワードに飛びついてしまって深掘りできなかったのぉ。

【与件文から論点を類推できたか】

先生：次に「事業承継」の論点はどうかな？

有勝：えっ？ 事業承継？ そんなの書いてないですよ。だって与件文にそんなこと一言も書いてないじゃないですか。

多川：ワシは「事業承継」について書いたんじゃ。だって中小企業にとって事業承継は大事だし最近のトレンドです。

有勝：それってあなたの感想じゃないですか？ 与件文に書いてないことを解答に書くなんて私のセオリーにありません！

先生：まあまあ、一旦２人とも落ち着こう。深呼吸して、ハッ！！（笑顔）。まず、データから見てみると、「事業承継」の論点は合格者の約７割が記載しているぞ。さらに、試験後に協会から発表された出題の趣旨も「先代経営者からの事業承継や後継経営者の新規事業の立ち上げに関して、経営組織の視点から分析する能力を問う問題である。」と記載されており、事業承継の論点は加点要素であったと考えるのが自然だ。一方、Ｂ～Ｄ答案での記載割合はぐっと下がり、この論点を書けるかどうかが合否の分かれ目になった可能性があるぞ！

有勝：でも、与件文に書いてないんだからあくまで解答者の想像であって、これが許されたらどんな解答も加点されちゃうんじゃないかしら……。

先生：なるほど、確かに与件文に「事業承継のために統括を任せた」とは書いていないね。では、キーワードが解答者の単なる想像か否かはどうやって区別すればよいかな？

多川：それはフィーリングです。おぼろげながら浮かんできたんじゃ、事業承継というキーワードが……。

先生：それでは根拠を持って解答できているとはいえないぞ。基本的な整理としては、①与件文に書いてあること、②与件文から当たり前に推測できること、③１次試験の知識、この３点は解答者の想像とは明確に異なるぞ。まず、Ａ社は家族経営を行っていると与件文に書いてあるね。そのうえで、親族外に承継を行うなどの大きな方針転換があったとは書いていない。社外にいた３代目が入社するとともに新部門を

～資格以外に得られたこと～

政策とか、行政とかの考えとかを読み込んだので、その知識も身につけた。

設け統括を任せていることからも、3代目は入社時から次期社長として期待されていたと推測されるぞ。つまり、3代目を次期経営者として育成することは当時のA社の経営課題であったと推測できるんだ。では経営層育成のために必要な施策はなんだろうか？

多川：マネジメント経験を持たせることです！　企業経営理論で勉強したのぉ。

先生：そうだね、1次試験の知識として、「マネジメント経験を持たせること」が「次期経営層としての育成」に有効だと思い出せれば、事業承継の論点が浮き彫りにならないかい？

多川：確かに、そう言われると、はっきりは書いていないが事業承継が論点なのは納得できます。与件文に書いてあることをそのまま解答欄に要約するだけだったら、ワシもストレート合格できたはずじゃからのぉ。

有勝：なるほど、納得しました。与件文から離れて自分の想像を解答欄に書いてしまうのが怖かったんですけど、何が想像になるのかきちんと整理できてなかったです。先生の言うように1次試験の内容が理解できていれば、根拠ある解答かをきちんと整理して、自信を持って解答ができそうです！　これからはよい意味で解答に幅が出て多面的に書けそうです！

【簡潔な記載で字数を制限し「効果」まで書けたか】

先生：素晴らしいぞ有勝さん！　筋肉もダメージを受けて回復するときに強くなるんだ。自分ができていなかった所に気づけたことで、君の事例Ⅰは成長しているぞ。まさに筋トレでパンプアップした僕の大胸筋のようだ！　では最後に、「効果」についてはどうだったかな？

多川：当然書いてないです。文字数も足りないし、効果まで書く余裕はなかったんじゃ。

先生：そうだね。ここまでの2つの論点を網羅していたらかなりの文字数を書いているだろうし、100字のなかに効果まで盛り込めた受験生はかなり少なかったぞ。80分という時間制約のなかで、「3代目の人脈・知見の活用」「事業承継」という論点を即座に読み取り、コンパクトな記載でまとめ、効果を記載する字数を残すのは至難の業といえるだろう。

有勝：効果まで記載できればパーフェクトだけど、まずは合格者の多くが書けていた論点を漏れなく丁寧に押さえられるようになることが重要ですね。

～資格以外に得られたこと～

戦友とも呼べる仲間を得た。

第３問（配点20点）【難易度　★★☆　勝負の分かれ目】

Ａ社は、現経営者である３代目が、印刷業から広告制作業へと事業ドメインを拡大させていった。これは、同社にどのような利点と欠点をもたらしたと考えられるか、100字以内で述べよ。

●出題の趣旨

事例企業の競合との差別化や新規事業と既存事業とのシナジー効果について、事業戦略の視点から分析する能力を問う問題である。

●解答ランキングとふぞろい流採点基準

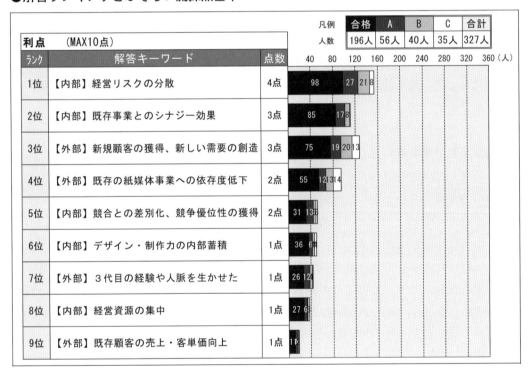

凡例	合格	A	B	C	合計
人数	196人	56人	40人	35人	327人

利点　（MAX10点）

ランク	解答キーワード	点数
1位	【内部】経営リスクの分散	4点
2位	【内部】既存事業とのシナジー効果	3点
3位	【外部】新規顧客の獲得、新しい需要の創造	3点
4位	【外部】既存の紙媒体事業への依存度低下	2点
5位	【内部】競合との差別化、競争優位性の獲得	2点
6位	【内部】デザイン・制作力の内部蓄積	1点
7位	【外部】３代目の経験や人脈を生かせた	1点
8位	【内部】経営資源の集中	1点
9位	【外部】既存顧客の売上・客単価向上	1点

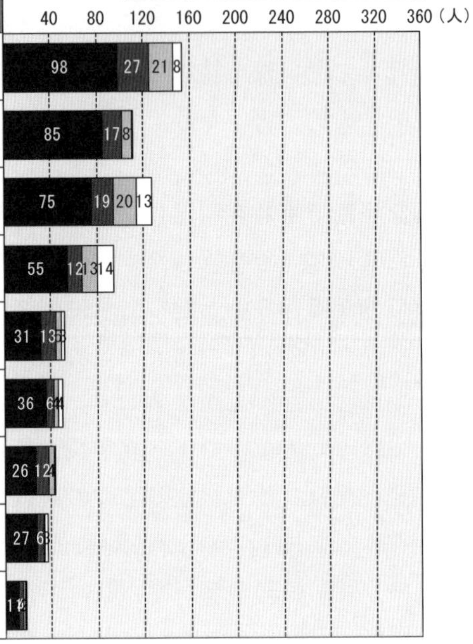

欠点　(MAX10点)

ランク	解答キーワード	点数
1位	【外部】厳しい競争環境に言及	4点
2位	【内部】経営資源の分散	4点
3位	【外部】新市場での需要を獲得できなかった	3点
4位	【内部】営業力不足に言及	2点
5位	【内部】既存の経営資源を活用できなかった	1点
6位	【内部】売上・収益が向上しなかった	1点
7位	【外部】外部への依存度が上がった	1点

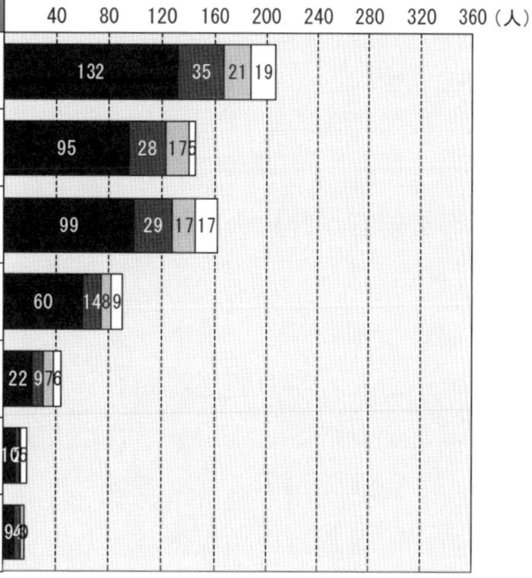

●再現答案

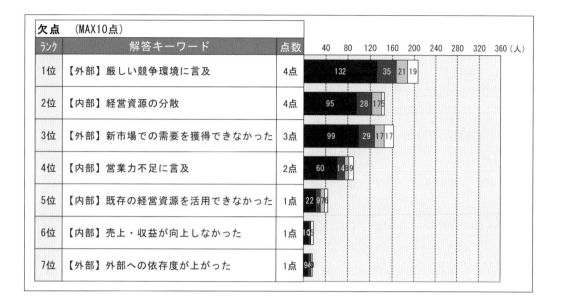

区	再現答案	点	文字数
合	利点は①**紙事業への依存脱却**[2]により**経営リスク分散**[4]②**３代目の経験と人脈を活用可能**[1]③**既存事業とのシナジーを発揮**[3]。欠点は①**経営資源分散**[4]でノウハウ蓄積が困難②広告制作業は**競争激化**[4]で、Ａ社に**新規顧客獲得力がない**[3]。	20	100
A	利点は、①地域中小企業顧客に印刷物以外の広告の提案②**新事業開拓**[3]による**経営リスクの分散**[4]である。欠点は、①**競合他社が多く、競争が激しい**[4]中、②**経営資源を投入できず**[4]、**新規顧客の獲得が難しいこと**[3]である。	17	96
B	利点は、①**広告制作業による売上向上**[3]、②売上構成比が平準化し**リスク分散**[4]が図れる事、欠点は、①**営業に資源を投入できず**[2]、新たな案件獲得が困難な事、②**経営資源分散**[4]による競争優位性の低下、③ノウハウがない事。	13	99
C	利点は広告制作業に注力することにより**新たな収益獲得**[3]ができ、**事業のリスク分散**[4]ができたこと、欠点は製版を専門とする職人が定年退職することとなり、**印刷事業のノウハウがなくなってしまう**[1]こと。	8	91

～知識以外に自分に身についたこと～

やればできる精神（やらなきゃ受験生活から抜け出せない）。

●解答のポイント

利点・欠点について、それぞれ内部要因と外部要因を意識し多面的に解答することがポイントだった。

【多面的な解答が肝】

多川：「利点」と「欠点」……あまり設問としては出てない言葉じゃのぉ。これまではあったとしても「メリット」と「デメリット」なんよぉ。

先生：そうだね。この題意が問われたことは過去にもほとんどない。言葉の意味としては難しいわけではないが、「メリット・デメリットとの意味の違いはあるのか？」と少し戸惑った人もいただろう。

有勝：改めて言葉の意味を確認すると、「利点」とは「有利な点、または好都合な点」、「欠点」は「不十分な点、落第点」とありますね。うーん……「SWOT 分析」で考えるといいんでしょうか？　S（強み）が O（機会）に生きた内容を「利点」として、T（脅威）のなかで出てきた W（弱み）を「欠点」と捉えれば、分析しやすいでしょうか。

先生：いいね！　その考えは僕の上腕三頭筋のように骨太だ！　A 社の【内部的な要因】といえる S と W、一方【外部的な要因】ともいえる O と T。これらの要因をどちらも、多面的に盛り込めた解答が合格＋ A 答案には多かったぞ。

多川：なるほど……。

先生：一方、内部・外部のいずれかにしか触れていない解答は点数が伸びなかった印象だ。筋肉と同じだ！　大胸筋のような外から見える筋肉だけ鍛えても意味がない。インナーマッスルを鍛えて強い体幹ができてこそ、本当のマッチョになれる！

有勝：……。A 社の「利点」については以下のように記載しました。強みは、ドメインを拡大して事業開始した広告制作業と既存の印刷事業とのシナジー効果が生まれたことだと考えました。これは【内部要因】ですよね。また、それに伴って広告制作業という新しい市場を開拓する機会を獲得できたことが利点。これは【外部要因】に当たることになりますよね。これらをつなげて書けば、よい説明になる気がします！

多川：解答のクセのなさがすごいんじゃ！　バランスがいいのぉ。コツはわかったので、「欠点」についてはワシに説明させてほしい。まずは、新たに参入した広告制作業はすでに多くの競合が存在しており、非常に厳しい競争環境の業界であることが与件文の第８段落にハッキリ書いてある。この業界で戦わざるを得ない、ということは明らかに【外部要因】としての脅威だといえる。そして、そんな厳しい競争環境にあるにもかかわらず、市場を拡大するための営業に資源を投入することも難しい状況であることも書いてある。これも第８段落にガッツリ記載されている。この状

～知識以外に自分に身についたこと～

文字カウントしなくても、自分の書いた文章がおよそ何文字かわかるようになった。

況を説明する言葉としては、事例Ｉ、企業経営理論としては定番中の定番、「経営資源の分散」で決まり。当然これは【内部要因】じゃ！

先生：もうバッチリだな！　その点をバランスよく書けていれば、高得点が狙えるだろう！　ハッ！！（笑顔）

【結局、Ａ社の業績は順調？　順調じゃない？】

多川：いやでもちょっと待てぃ！　確かにその解答はバランスがいいのはわかるが、解答に一貫性がない気もしてきたぞ。利点の部分では売上が伸びたような表現で、欠点の部分では売上が取れていないような表現もある。結局どっちなんじゃ？

有勝：言われてみればそうかも……。試験中はとりあえず「これは多面的に答えないと」ということで頭がいっぱいになって、あまり解答の一貫性は意識しませんでした。とりあえず個々のパーツを組み合わせた解答になっていたかもしれないです。でも、よくわからないんですよね、今回のＡ社。そもそも「利点と欠点」という問い方自体、「いい面も悪い面も両方あった」ということだと思うんですけど、与件文を素直に読んでいくと結構混乱しました。

先生：それはいい指摘だね！　確かに、今回の事例Ｉについては解釈が難しい部分があるね。Ａ社は経営環境の変化に手を打ち、新規需要を取り込むためにドメイン拡大を行っている状況が第８段落に記載されているが、同時に受注獲得の様子に苦戦している状況も描かれている。さらに最終の第10段落も見てみよう。この段落の最後の一文から引用するぞ。「新たな顧客を取り込んできたが、売り上げにおいて目立った回復のないまま現在に至っている」と書かれている。ここでＡ社の姿を少しイメージできない人が多かったようだ。まさに「新たな顧客を取り込めたのかい？　取り込めてないのかい？　どっちなんだい！？」と言いたくなる気持ちだ！

多川：こんなタイミングで鉄板ギャグをすなぁ！　ただ、ワシが言いたかったのはそういうことじゃ。何度も与件文を見返し、わけがわからなくなってきて、思わぬ時間を食ってしまったからのぉ。

有勝：そこまでは深読みしてませんでした……。それを考えだすと確かに試験中にかなり混乱してしまいそうですよね。

先生：そうだね。利点は利点、欠点は欠点として記載しているが両者を合わせて確認すると多少整合性がないように感じる解答が合格＋Ａ点にも一定数見られた。利点と欠点、それぞれの解答が的を射た内容であれば加点されていた可能性はある。あくまで、与件文にある各要因を抜き出して、利点・欠点それぞれに多面的に盛り込んで答える、ということが必要だった設問といえるだろう。

〜知識以外に自分に身についたこと〜

シンプルに、頭がよくなったと感じる。考えるプロセスを見える化してから、考えるようになった。

第４問（配点20点）【難易度　★★★　難しすぎる】

２代目経営者は、プロジェクトごとに社内と外部の協力企業とが連携する形で事業を展開してきたが、３代目は、２代目が構築してきた外部企業との関係をいかに発展させていくことが求められるか、中小企業診断士として100字以内で助言せよ。

●出題の趣旨

協力企業との関係とネットワークの構築について、助言する能力を問う問題である。

●解答ランキングとふぞろい流採点基準

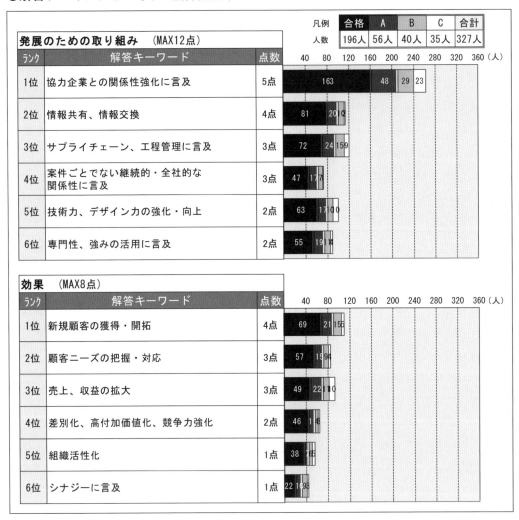

凡例	合格	A	B	C	合計
人数	196人	56人	40人	35人	327人

発展のための取り組み　（MAX12点）

ランク	解答キーワード	点数
1位	協力企業との関係性強化に言及	5点
2位	情報共有、情報交換	4点
3位	サプライチェーン、工程管理に言及	3点
4位	案件ごとでない継続的・全社的な関係性に言及	3点
5位	技術力、デザイン力の強化・向上	2点
6位	専門性、強みの活用に言及	2点

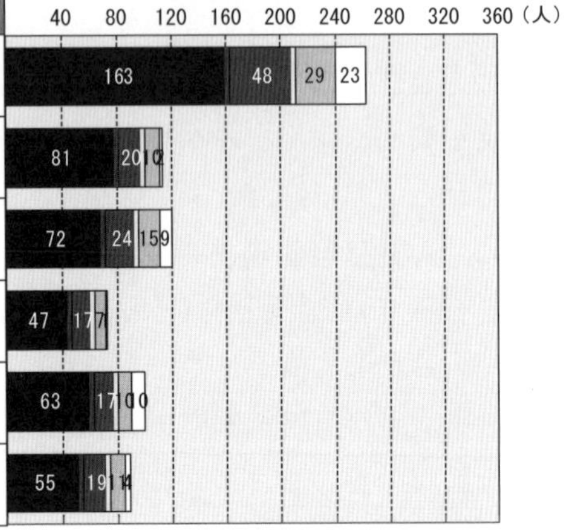

効果　（MAX8点）

ランク	解答キーワード	点数
1位	新規顧客の獲得・開拓	4点
2位	顧客ニーズの把握・対応	3点
3位	売上、収益の拡大	3点
4位	差別化、高付加価値化、競争力強化	2点
5位	組織活性化	1点
6位	シナジーに言及	1点

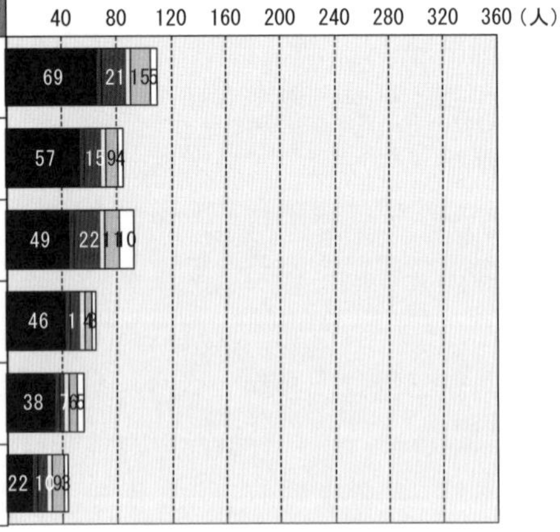

～診断士の魅力～

蛍光灯のルクスから Wi-Fi の概要まで、カバー範囲が広い。

●再現答案

区	再現答案	点	文字数
合	①**デザイン部門**[2]と印刷部門の定例会議を開催して**サプライチェーン**[3]の**情報を共有**[4]し、②**新規市場開拓**[4]のために**最適な外部企業**[2]を選択し、③他社と**差別化**[2]を図る。以上を助言し、**連携を促進**[5]しデザイン部門の**売上伸長**[3]を図る。	20	100
A	①**外部の協力会社と連携強化**[5]し②**イノベーション**[2]対応の**人材交流**[4]と能力開発③**共同受注開発**[1]で**印刷工程指示能力強化**[3]④**顧客ニーズを把握**[3]した新製品開発向上と既存顧客の提案力強化。**新市場開拓**[4]と新規顧客増加で**売上拡大**[3]。	20	100
B	**プロジェクト単位での連携を会社単位の組織的な連携とする**[3]ことで、共同プロジェクトにより**関係性強化**[5]する。**サプライチェーン**[3]などの重複排除による効率化により、低コスト化。弱い営業力の外部販売チャネル活用。	11	98
C	施策は、①**デザイン部門**[2]と印刷部門の**サプライチェーン管理**[3]を統合して外注管理業務を効率化する。②**外部企業の情報を一元化してDB化し、全社で共有**[4]すること。	9	74

●解答のポイント

協力会社との継続的な関係強化のための取り組みと、その効果について多面的に解答できたかがポイントだった。

【外部企業との関係発展のための取り組み】

有勝：第４問は与件文にヒントが少なく感じました。与件文の第９段落には「必要に応じて外部のフォトグラファーやイラストレーター、コピーライター、製版業者、印刷職人との協力関係を構築する」と書いてあり、すでに関係性を築けているように思えて、何を書いたらよいかわかりませんでした。なので、第４問は後回しにして、ほかの設問から解きました！　逃げるが勝ちですね！　ただ、結局第４問を解くころにはほとんど時間がなくなっていました……。

先生：設問が難しいと思ったら後回しにして、ほかの設問から解こうとしたのは素晴らしい判断だ！　大腿四頭筋に乳酸が溜まっている日は、無理をせず大胸筋を鍛えるようにするのと一緒だ！

多川：（たとえがまた筋トレじゃ……。）

先生：ただし、本当に与件文にヒントはなかったかな？　設問文もよく見てみるんだ！

多川：第９段落には「事業案件に合わせてプロジェクトチームが社内に形成される」と書いてあります！　ということは関係性をより発展させるには、事業案件ごとだけで

～診断士の魅力～

診断士ならではのコミュニティ。

はない継続的な関係性である、個別企業ではできないことを複数の企業や組織が連携して行う戦略的提携（アライアンス）を結ぶということじゃ！

有勝：設問文にも「２代目経営者は、プロジェクトごとに」協力企業と連携していたと書いてありますね。

先生：いいね！　第４問の出題の趣旨にも「協力企業との関係とネットワークの構築について、助言する能力を問う問題」とある。戦略的提携は、ネットワーク戦略と呼ばれることもある。協力会社と下請先としての関係性にとどまらず、戦略的提携（アライアンス）を結ぶことでより関係性を発展させる取り組みを行うことが求められていたんだ！

有勝：アライアンスは１次試験で勉強しましたが、２次試験では思いつきませんでした。

多川：ワシはアライアンスのことはわかっていたんだが、与件文にサプライチェーンとあったから、QCDを中心に書いてしまったんじゃ。

先生：出題の趣旨にあるようなアライアンスやネットワークなど、協力企業との継続的な関係性について言及した答案は、全体の２割程度、合格＋Ａ答案でも３割弱しかなかった。80分という短い解答時間のなかで出題の趣旨で問われている点までたどり着いた受験生は少なかったと思われる。よって、そのことに触れられていなくても、関係性の発展のための取り組みを多面的に書ければ十分に得点はできただろう。ただし、このことに触れた答案の約９割が合格＋Ａ答案だった。１次試験の知識に基づいて与件文を正確に読み取ることができれば、合格に近づくということだ！

【効果を書くか】

先生：ところで、２人は関係性を発展させることによる効果については書いたかい？

有勝：「いかに発展させていくことが求められるか」という設問だったので、協力企業との関係性を発展させる施策だけを書きました。

多川：助言問題がきたら効果を書くのが鉄板じゃ！　効果を伝えない助言は、「もうええわ！」のない漫才のようなもんなんよ！

有勝：（漫才って何のことだろう？）

先生：そうだ！　中小企業診断士として経営者にアドバイスをするとき、その施策の効果を一緒に伝えないと、経営者もなぜその施策をすればよいのかわからないだろう？

有勝：確かに！　こういうメリットがあるから、と説明しないと中小企業の社長さんもやる気になってくれませんね！

先生：多面的な答案という意味でも、効果のことに触れている答案も多かった！　中小企業診断士としてアドバイスをするという意味でも施策によってどのような効果があるのかを意識しながら取り組んでみるんだ！

～診断士の魅力～

将来が漠然と不安な人がとりあえず勉強するといろいろ自信がつく資格であること。

第５問（配点20点）【難易度　★★☆　勝負の分かれ目】

新規事業であるデザイン部門を担う３代目が、印刷業を含めた全社の経営を引き継ぎ、これから事業を存続させていく上での長期的な課題とその解決策について100字以内で述べよ。

●出題の趣旨

次世代経営者の事業戦略や経営組織の構築に関わる論点について、提言する能力を問う問題である。

●解答ランキングとふぞろい流採点基準

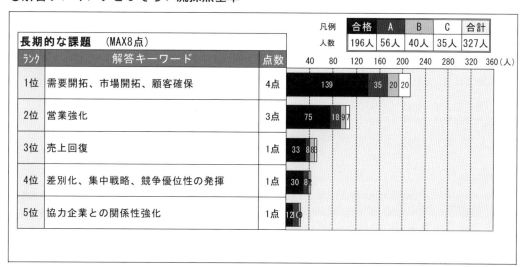

長期的な課題　（MAX8点）

ランク	解答キーワード	点数
1位	需要開拓、市場開拓、顧客確保	4点
2位	営業強化	3点
3位	売上回復	1点
4位	差別化、集中戦略、競争優位性の発揮	1点
5位	協力企業との関係性強化	1点

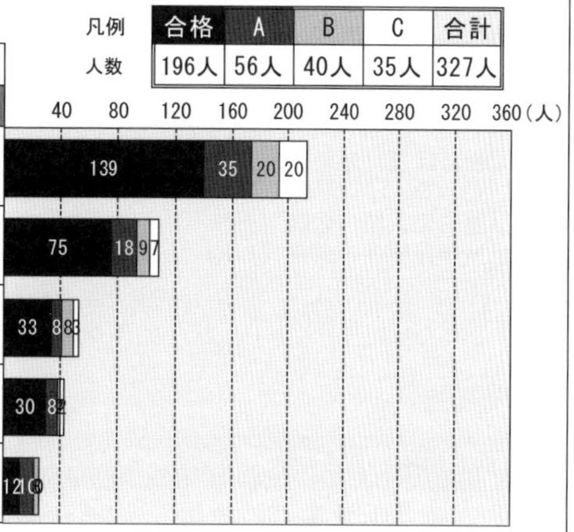

Column

「がんばれ！　診断士ぃ！」

私は妻と息子（そうちゃん、３歳）の三人家族なのですが、２次試験直前は平日夜遅くまで、休日も一日中外で勉強していたため、１か月近く息子と十分に遊んであげることができませんでした。息子はパパっ子だったため、相当寂しい思いをしたようです。最初の頃は、勉強のために外出する際「診断士の勉強が終わったら遊ぼうね」と説明すると、泣きじゃくって身体にしがみつき、しばらく離してくれませんでした。ところが何度も説明するうちに「がんばれ！　診断士ぃ！」と玄関まで見送ってくれるようになりました。３歳ながらにいろいろ我慢してくれていたことを思うと、胸がいっぱいになります。そうちゃん、ありがとね。これからはいっぱい遊ぼうね！　試験が終わった今も、息子からは「診断士ぃ！」と呼ばれるようになってしまい、「パパ」と呼んでくれないのが最近の悩みです（泣）。

（ゆーきち）

～診断士の魅力～

ダイバーシティ。独占業務がないお陰で、本当に多種多様な人材がいます。

解決策　（MAX12点）

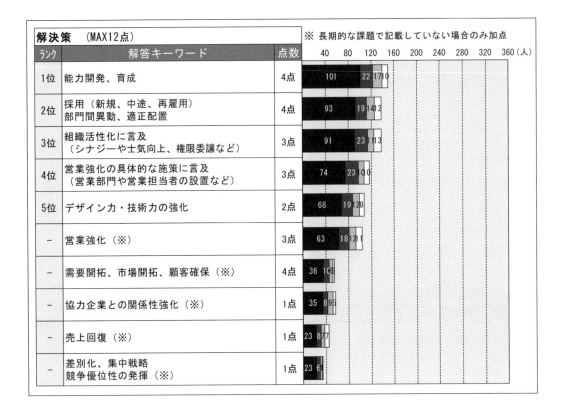

※ 長期的な課題で記載していない場合のみ加点

ランク	解答キーワード	点数
1位	能力開発、育成	4点
2位	採用（新規、中途、再雇用） 部門間異動、適正配置	4点
3位	組織活性化に言及 （シナジーや士気向上、権限委譲など）	3点
4位	営業強化の具体的な施策に言及 （営業部門や営業担当者の設置など）	3点
5位	デザイン力・技術力の強化	2点
−	営業強化（※）	3点
−	需要開拓、市場開拓、顧客確保（※）	4点
−	協力企業との関係性強化（※）	1点
−	売上回復（※）	1点
−	差別化、集中戦略 競争優位性の発揮（※）	1点

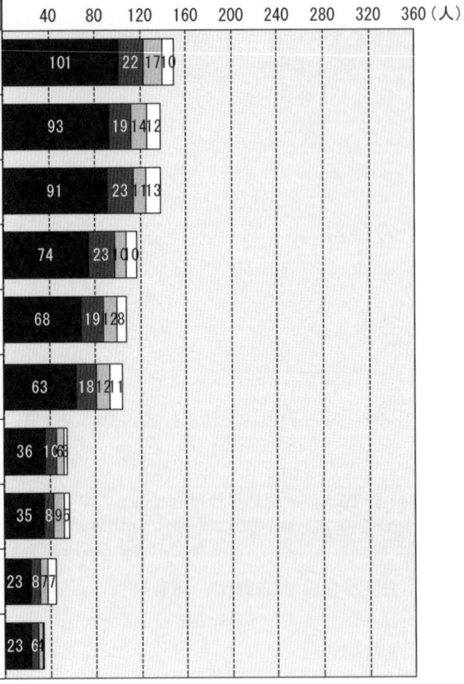

●再現答案

区	再現答案	点	文字数
合	課題は①**営業力の強化**[3]②広告・デザイン・印刷事業のシナジー発揮による**新規顧客獲得**[4]。対応策は①営業経験のある人材の**採用**[4]②配置転換と**研修**[4]の拡充③長期的な取り組みや連携の奨励。以上で**組織活性化と士気を向上**[3]。	18	99
A	課題は、①顧客獲得のための**営業力を強化する**[3]、②広告制作事業の**差別化を図る**[1]ことである。解決策は、①**営業部門を新設**[3]し**新規顧客開拓**[4]を行う、②**高精度でデザイン性を有する広告に特化**[2]し差別化を図る。	13	93
B	①持続的に**売上をアップする**[1]課題に対して、**営業部門を新たに設置**[3]して**新規需要を創出**[4]する②**印刷業のノウハウを蓄積**[2]し、高品質・高精度な印刷を必要とする美術分野に対して**差別化集中**[1]戦略を採用する。	11	92
C	長期的な課題は、２代目の経営者が開拓した地場的な市場以外の新たな**市場開拓**[4]である。解決策は、社長の人脈を活かし、外部企業や既存顧客より紹介してもらい、３代目が**営業を行う**[3]ことで、**売り上げの回復を図る**[1]。	8	98

～診断士の魅力～
合格前後の１週間で知り合いが60人くらい一気に増えた！

●解答のポイント

長期にわたる戦略的な課題と課題達成のための具体的な組織・人事に関わる解決策を多面的に解答することがポイントだった。

【多面的な解答ができたか】

先生：さあ、事例Ｉ最後の設問だ。最後の追い込み、頑張っていこう！　ヤー！！（笑顔）

多川：事例Ｉでの解決策といえば、やはり人事施策、「幸の日も毛深い猫」じゃ！

有勝：それは何ですか？

多川：人事施策のフレームワークで、「採用・配置」「賃金・報酬」「能力開発」「評価」「モチベーション」「権限委譲」「部門」「階層」「ネットワーク」「コミュニケーション」の頭文字を取ると「幸の日も毛深い猫」になるんよぉ。

先生：さすがだ！　これまでの筋トレの成果が発揮されているな。与件文の最終段落からＡ社はどんな弱みを抱えていると読み取れるかな？

有勝：営業活動が不十分で、売上が確保できていないことだと思います。

先生：そのとおりだ。Ａ社の弱みを補い、目指す姿に向けた「新規需要の開拓」や「営業の強化」といった課題は多くの人が指摘できたが、解決策にはバラツキが見られた。合格＋Ａ答案の多くは、人事施策から多面的に要素を解答していたぞ。

有勝：人事施策のフレームワークを覚えていれば、要素を充実させられるんですね。

【課題と解決策の区別ができたか】

有勝：先生、正直、設問文に出てくる課題と解決策って違いがよくわからないんです。課題と解決策って明確に区別するんですか？

先生：さあ、筋肉よ、聞かれてますよ。課題と解決策、区別をするのかい？　しないのかい？　どっちなんだい！？　しーない！　パワー！！（笑顔）

多川：ちょっと待てぃ！　どういうことなんじゃ！

先生：合格＋Ａ答案のなかには、ふぞろい流採点では課題とした要素が解決策での要素として解答されている答案も一定数あったんだ。おそらく、明確な区別は求められておらず、論理的な説明ができていれば、加点されているものと考えられるぞ。ハッ！！（笑顔）

有勝：キーワードは重要ですが、兎にも角にも、論理的な文章が大切なんですね。

～診断士の魅力～

さまざまなバックグラウンドを持つ方とつながりが持てること。

事例Ⅰ特別企画

重要論点！　事業承継を取り巻く環境

有勝：第２問で事業承継がテーマになっていたのは納得したんですけど、そもそも事業承継って重要な論点なんですか？　要は次の社長を決めて引き継ぐってことですよね？　そんなに難しいことなんですかね？

多川：（自分が第２問で事業承継の論点を書かなかったからって、まだ根に持ってる……。）

先生：有勝さん！　事業承継は、日本の中小企業が抱える大きな課題で、中小企業診断士試験においても重要論点であり今後も出題される可能性が十分あるぞ！　その証拠に、「2021年版中小企業白書」（以下、白書）でも丸々１章設けて丁寧に解説されているんだ！　よい機会なので具体的に見ていこう！

【休廃業・解散件数と事業承継の関係】

先生：図表１のグラフは、白書からの抜粋で、中小企業の休廃業・解散件数と経営者の平均年齢の推移を整理したものだ。休廃業・解散件数増加の背景には経営者の高齢化が一因としてあると考えられるぞ。

多川：白書にも載ってるんだから重要論点なのは決まりじゃ！

有勝：うーん、確かにそう読めなくもないですけど、単純に儲かってないから休廃業・解散しているってことはないんでしょうか？

図表１　休廃業・解散件数と経営者平均年齢の推移

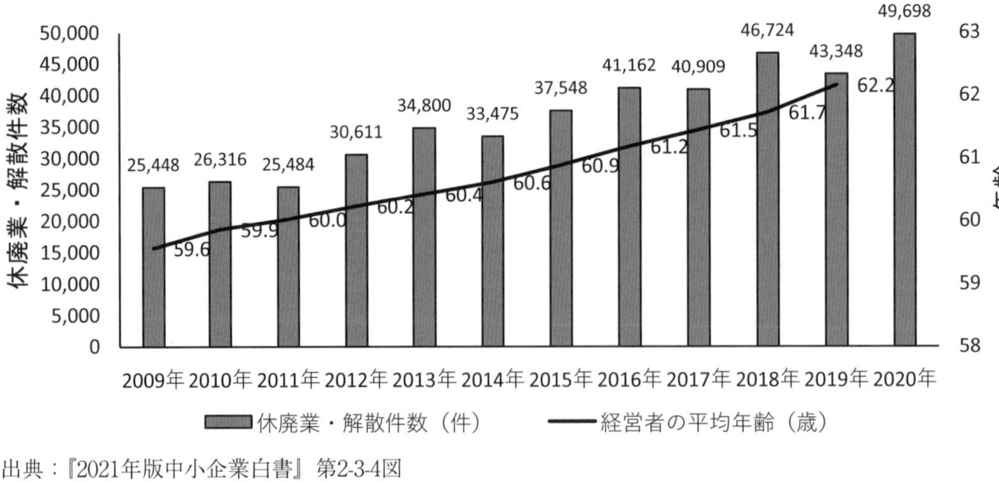

出典：『2021年版中小企業白書』第2-3-4図

～診断士の勉強が仕事に活かせた瞬間～

会社の補助金申請を２次試験の知識で対応できたこと。

先生：１つのデータだけ見て安易に納得せず多面的に考える姿勢が素晴らしいぞ、有勝さん！　ではもう１つグラフを見てほしい。こちらも白書からの抜粋だぞ。

図表２　休廃業・解散企業の損益別構成比

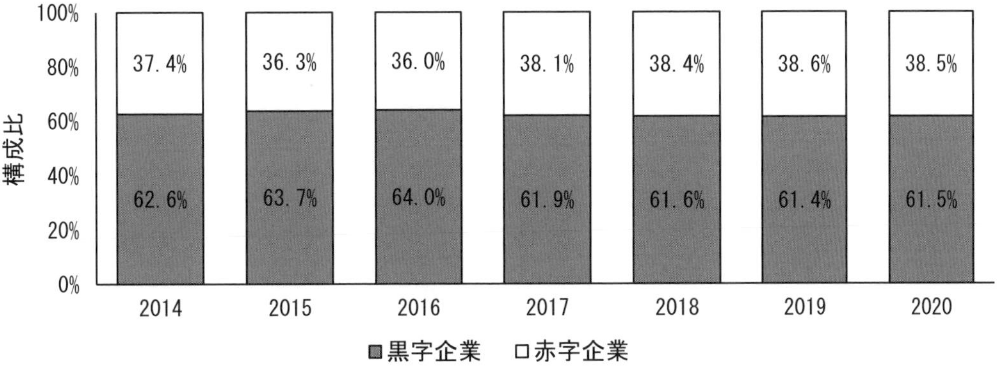

出典：『2021年版中小企業白書』第2-3-6図

有勝：えっ、６割以上の企業が黒字なのに休廃業・解散してるんですか！

多川：もったいないのぉ。黒字ならワシが引き継いで経営したいんじゃ。

先生：そうだね、データで見てみると、休廃業・解散の主な原因は業績不振ではなさそうだね。さらに、2020年に中小企業庁が発表したデータによると、2020年から10年の間に、中小企業・小規模事業者の経営者約381万人のうち、70歳以上の経営者は約245万人になると予想されている。そして、この245万人のうち約半数の127万人が後継者未定とされているんだ。これらのデータから、一定数の企業に事業承継の課題があり、多川さんのような意欲ある次世代に事業を引き継ぐ取り組みの重要性が読み取れるね。

【事業承継に向けた具体的な取り組み】

有勝：事業承継が中小企業の重要論点であることは理解できました。でも、事業承継のためには具体的にどんな取り組みが必要になるんでしょう？

先生：いい質問だね！　実際に経営者が事業承継前５年程度で実施した取り組みが図表３だ。

多川：「先代とともに経営に携わる」が約６割じゃのぉ。経営者のOJTじゃ！

先生：そうだね！　経営者としてのノウハウを学ぶことは重要だな。それ以外にも、取引先や金融機関、そして何よりも自社従業員に次期社長として認められる必要もあるぞ！　Ａ社は家族経営だったため後継者の育成が課題になっていたと考えられるが、親族外承継やM&Aを活用した事業承継もあるため、企業同士のマッチングやデューデリジェンスなど、診断士の活躍の場も多いぞ。

有勝：確かに経営戦略や組織体制とも関係してきて中小企業診断士の活躍の場がありそう

～診断士の勉強が仕事に活かせた瞬間～

お客様が「マーチャンダイジング」と言ったとき、知ったかぶりせずに済んだ。

ですね。具体的に中小企業診断士は事業承継にどのように関わってるでしょうか？

図表３　現経営者が事業承継前（５年程度）に承継に向けて実施した取り組み

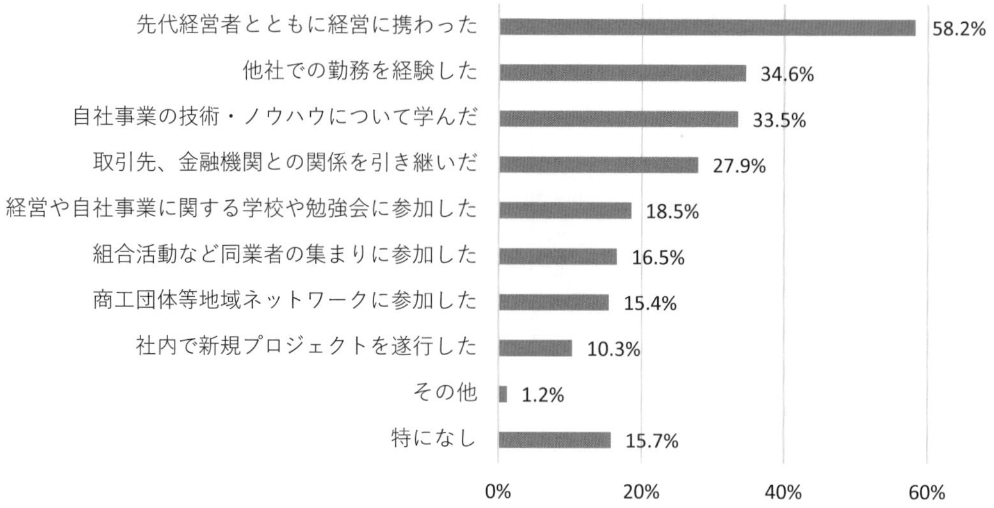

出典：『2021年版中小企業白書』第2-3-34図

【事業承継と中小企業診断士との関わり】

先生：いい質問だね！　まずは、公的な組織との提携として、事業承継・引継ぎ支援センターの相談窓口対応や実際の事業承継支援業務を行うことがあるぞ。また、日々の診断業務のなかでも主要な課題として挙げられることが多いから、実務補習の課題で事業承継に取り組んだという合格者も多いぞ。

多川：なるほどのぉ。中小企業診断士試験で論点として出題されるのも納得なんじゃゃ。

【過去の出題状況と論点】

有勝：これまでの２次試験ではどれぐらい出題されてるんですか？

先生：受験生としてはそこが一番気になるかもしれないね。ご存じのとおり２次試験は模範解答が開示されないので明言はできないのだが、下の表の年度の設問は事業承継に関する出題だったと考えられるぞ！

多川：これまでは買収に関する設問が多いんじゃゃ。協会発表の設問の趣旨に事業承継とはっきり書かれたのは初めてかのぉ。

～資格を取ってやりたかったこと～

知人の会社の助言・サポート。

年度	事例	設問	設問	出題の趣旨
平成21	事例Ⅰ	第２問	金融機関の後押しがあったにもかかわらず、当初、Ａ社社長は、Ｆ社を傘下に収めることに対して、積極的、前向きではなかった。その理由として、どのようなことが考えられるか。Ｆ社が直面していた財務上の問題以外で考えられる点について、100字以内で述べよ。	**企業買収**の意思決定を行う上で、買収者がどういった事項を検討するのか、また買収後の課題をどのように想定すべきかに関して、財務上の問題以外で、中小企業診断士として必要となる課題発見能力を問う問題である。
平成22	事例Ⅰ	第２問	転廃業を迫られている地方の二次問屋に対してＡ社が積極的に進めている友好的買収に関連して、以下の設問に答えよ。	業界の大きな構造変化の中で転廃業を迫られている取引業者の**友好的買収**に関連して、中小企業診断士としての基本的理解力と分析能力、助言能力を問う問題である。
令和２	事例Ⅰ	第１問（設問２）	Ａ社長の祖父がＡ社の買収に当たって、前の経営者と経営顧問契約を結んだり、ベテラン従業員を引き受けたりした理由は何か。100字以内で答えよ。	**買収側企業の被買収側企業に対する条件提示**の意図について、理解して分析する能力を問う問題である。
令和３	事例Ⅰ	第２問	２代目経営者は、なぜＡ社での経験のなかった３代目にデザイン部門の統括を任せたと考えられるか、100字以内で述べよ。	先代経営者からの**事業承継**や後継経営者の新規事業の立ち上げに関して、経営組織の視点から分析する能力を問う問題である。

【試験対策と心構えについて】

有勝：なるほど、令和４年度以降も事業承継を論点とした出題の可能性がありそうですね。試験対策としては何をすればいいんでしょう？

先生：そうだね。おすすめとしてはやはり白書に目を通しておくことだな！　白書には中小企業が抱える課題や具体的な取り組みが丁寧にまとめられているぞ。

多川：クセはないけど量がすごいのぉ。あんなの、２次試験の勉強しながら全部読んで覚えるのは無理じゃ。

先生：これは心構えにも近いが、試験のために白書を読んで一字一句覚えることにはあまり意味がないぞ。君たちのゴールは試験に合格することではなく、中小企業診断士になって中小企業の経営を支援することじゃないのかい？　全国の中小企業の社長たちがどんな課題を持っているのか把握しておくのはプロとして当然だぞ。

多川：受験生の段階でそこまで考えるのは難しいんじゃ。まずは試験に合格しないと。

先生：あえて厳しく言ったが、そんなに構える必要はないぞ。要は、中小企業が抱える課題や中小企業を取り巻く環境について興味を持って情報収集すればいいんだ。試験の合格は通過点にすぎない。その先に拡がる世界に目を向けることも重要だぞ。筋トレ後にプロテインを飲むのと同じだな！

有勝：なんだか最後は壮大なテーマになりましたね。でも、事業承継が大事なのはよくわかりました。合格後の活動も見据えて意識的に情報収集したいと思います。

先生：興味を持って接すれば記憶にも定着しやすいし、何より実務に直結する知識なので学んでおいて損はないぞ！　試験に向けて知識を整理しておこう！

～資格を取ってやりたかったこと～

自己実現！　包み隠さず言うと、「お金持ちになりたい！！」です。

ふぞろい流ベスト答案　事例Ⅰ

第1問（配点20点）　99字　【得点】20点

理由は、①印刷分野の技術革新[3]で参入障壁が下がり[2]、価格競争が激化[3]したため②社外の協力企業と分業体制を構築[4]し、経営資源を美術分野に集中[4]させて細かな顧客ニーズに対応[3]することで、他社との差別化[4]を図ったため。

第2問（配点20点）　99字　【得点】20点

理由は①3代目の前職の人脈[5]を生かし、デザイナー[2]を採用[3]できたから②部門統括を任せマネジメント経験[3]を持たせることで、迅速な意思決定を可能にし[1]経営者として育成[5]したから③新たな組織文化の醸成[2]を目指したから。

第3問（配点20点）　99字　【得点】20点

利点は①既存事業とのシナジー[4]効果が発揮され②既存事業への依存度が低下[2]、③リスクの分散[4]になったこと。欠点は①経営資源が分散[4]し②営業力を強化できず[2]③厳しい競争環境[4]の中、新しい受注獲得が出来なかった[3]こと。

第4問（配点20点）　100字　【得点】20点

専門性の高い[2]協力企業との間で定期的な情報共有[4]を行い、プロジェクトごとに留まらない戦略的提携[3]を結び、関係性を強化[5]する。提携により顧客ニーズの変化に対応[4]し、差別化[2]することで、新規顧客を開拓[4]し売上向上[3]を図る。

第5問（配点20点）　98字　【得点】20点

長期的な課題は①営業力強化[3]による新規需要の開拓[4]、②協力企業との関係性強化[1]。解決策は①営業人材の新規採用[4]、②営業研修による営業人材の育成[4]、③広告部門と印刷部門間のシナジー[3]発揮で、デザイン力を高める[2]。

～資格を取ってやりたかったこと～
診断士として独立。

ふぞろい流採点基準による採点

100点

第１問：Ａ社を取り巻く事業環境の変化と、その変化に対してＡ社がどのような経営戦略で環境に適応して他社と差別化したか、という流れを意識して記述しました。

第２問：３代目の前職の人脈を生かすことに加え、次期経営者としての育成の観点と取り組みの効果を盛り込み、多面的に記述しました。

第３問：利点と欠点について、制限文字数のなかでそれぞれの要因をバランスよく、多面的に解答することを意識し、また１次試験の知識を活用し記述しました。

第４問：協力企業との関係を発展させる取り組みと、その期待効果について、多面的に記述しました。

第５問：次世代経営者が事業を存続するための施策を、戦略的観点および人事組織観点から多面的に記述しました。

Column

悩んでいるであろう超多年度生へ

私は２次試験を６年間受け続けました。よく諦めなかったなぁと改めて思います。ようやく冷静に考えられるようになったので、自分の気づきを記したいと思います。

〈ポイント１〉３年目の受験。再び１次試験からということで、ハードルの高さから再受験するか悩んでいました。そのときに診断士Ｘさんから「セミナーをするから来てみたら？」とお誘いを受けて遠路はるばる名古屋へ。同じ受験生の方々が前向きにセミナーを受講されている姿を見て、自分も頑張ってみようと受験を決意できました。【悩んだら周りの方に相談してみよう】

〈ポイント２〉自分は受験校Ｙ→Ｚ→Ｚ→Ｙと元に戻しました。たとえば、事例Ⅰの成果報酬制度を受験校Ｙでは積極的に書かせますが、受験校Ｚでは消極的です。どちらがよい悪いという話ではなく、両方の選択肢が頭にあるので余計に悩むようになってしまいました。１つ目の受験校で成長できたなら、そのまま継続して深化させるという選択肢もありますよ。【隣の芝生は青い】

〈ポイント３〉受験校通信講座の弱点ですが、ほかの受験生を感じることはできず、どのような解答を書いているのか知るすべもありません。オンライン勉強会に参加したことで、他人の答案と比較でき、自分の癖を知ることができました。【積極的に参加しよう】

そして何よりも大事なこと。受験仲間を見つけましょう。仲間の存在が、本当に大きな支えとなりました。この場を借りて、ありがとう！　（まさひろ）

事例Ⅱ（マーケティング・流通）

令和３年度　中小企業の診断及び助言に関する実務の事例Ⅱ（マーケティング・流通）

B社は資本金300万円、社長を含む従業者数15名の豆腐の製造販売業者である。B社は清流が流れる地方都市X市に所在する。この清流を水源とする地下水は良質な軟水で、滑らかな豆腐づくりに向く。

1953年（昭和28年）、現社長の祖父がX市の商店街にB社を創業した。地元産大豆、水にこだわった豆腐は評判となり、品評会でも度々表彰された。なお、X市は室町時代に戦火を避けて京都から移り住んだ人々の影響で、小京都の面影を残している。そのため、京文化への親近感が強く、同地の職人には京都の老舗で修行した者が多い。同地の繁盛店は、B社歴代社長、新しい素材を使った菓子で人気を博す和菓子店の店主、予約が取りにくいと評判の割烹（かっぽう）の板前など京都で修行した職人が支えている。

1981年（昭和56年）、創業者の病をきっかけに、経営は息子の２代目に引き継がれた。その頃、X市でもスーパーマーケットなど量販店の出店が増加し、卸販売も行うようになった。従来の商店街の工場兼店舗が手狭になったため、良質な地下水を採取できる農村部の土地に工場を新設した。パートの雇用も増やし、生産量を拡大した。

2000年（平成12年）、創業者の孫にあたる現社長が、京都での修行を終えてB社を継承した。その頃、地場資本のスーパーマーケットからプライベート・ブランド（PB）の製造呼びかけがあった。国産大豆を使いながらも、価格を抑え、集客の目玉とするPBであった。地元産大豆にこだわった祖父と父のポリシーに反するが、事業拡大の好機と捉え、コンペ（企画競争型の業者選定会）に参加し、受注に成功した。そしてPB製造のための材料用倉庫と建屋も新築し、パートも増やした。その後、数度のコンペで受注契約を繰り返し、最盛期はB社売上比率の約半分がPBで占められた。しかし、2015年（平成27年）のコンペで大手メーカーに敗れ、契約終了となった。

PBの失注のタイミングで、X市の大手米穀店Y社からアプローチがあり、協議の結果、農村部の工場の余剰設備をY社へ売却し、整理人員もY社が雇用した。X市は豊富な水を活かした米の生産も盛んで、Y社は同地の米の全国向けECサイトに注力している。Y社社長は以前より在庫用倉庫と炊飯に向く良質な軟水を大量に採取できる井戸を探していた。Y社は建屋を改修し、B社の地下水を購入する形で、Y社サイトのお得意さまに限定販売するペットボトル入り水の製造を開始した。またY社は「X市の魅力を全国に」との思いからX市企業の佃煮、干物などもY社サイトでコラボ企画と称して販売している。近年、グルメ雑誌でY社サイトの新米、佃煮が紹介されたのをきっかけに、全国の食通を顧客として獲得し、サイトでの売上が拡大している。

B社社長はPB関連施設の整理のめどが立った頃、B社の将来について、残った従業員

〜資格を取ってやりたかったこと〜
世の中の役に立ちたい。中小企業を支え、日本を支えたい！

と会議を重ねた。その結果、各地で成功例のある冷蔵販売車を使った豆腐の移動販売の開始を決意した。売上の早期回復のために移動販売はフランチャイズ方式を採用した。先行事例を参考に、フランチャイジーは加盟時に登録料と冷蔵販売車を用意し、以降はＢ社から商品を仕入れるのみで、その他のフィーは不要とする方式とした。また、フランチャイジーは担当地域での販売に専念し、Ｂ社はその他のマーケティング活動、支援活動を担当する。結果、元商店経営者やＢ社の元社員などがフランチャイジーとして加盟した。

移動販売の開始と同時に原材料を全て地元産大豆に戻し、品揃えも大幅に見直した。手頃な価格の絹ごし豆腐、木綿豆腐の他、柚子（ゆず）豆腐、銀杏豆腐などの季節の変わり豆腐も月替わりの商品として加えた。新商品のグラム当たり単価はいずれもスーパーマーケットの高価格帯商品よりも高く設定した。

移動販売は戸別訪問の他に、豆腐の製造販売店がない商店街、遊戯施設、病院などの駐車場でも許可を得て販売している。駐車場での販売は高齢者が知り合いを電話で呼び、井戸端会議のきっかけとなることも多い。移動販売の開始後、顧客数は拡大したものの客単価は伸び悩んでいたが、フランチャイジーの１人がデモンストレーション販売をヒントに始めた販売方法が客単価を引き上げた。自身が抱える在庫をどうせ廃棄するならば、と小分けにし、使い捨て容器に盛り付け、豆腐に合った調味料をかけて試食を勧めながら、商品説明を積極的に行った結果、次第に高単価商品が売れ始めた。フランチャイジーと高齢者顧客とのやり取りは来店前の電話での通話が主体である。インスタント・メッセンジャー（IM）の利用を勧めた時もあったが敬遠されたため、電話がメインになっている。ただし若年層にはIMによるテキストでのやり取りの方が好まれ、自社の受注用サイトを作る計画もあったが、ノウハウもなく、投資に見合った利益が見込めないとの判断により、IMで十分という結論に達した。

移動販売の開始以降、毎年秋には農村部の工場に顧客リストの中から買い上げ額上位のお得意さまの家族を招いて、日頃のご愛顧への感謝を伝える収穫祭と称するイベントを実施してきた。これは昔ながらの方法で大豆の収穫を体験するイベントである。収穫の喜びを顧客と共有すると共に、Ｂ社の顧客は高齢者が多いため、一緒に昔を懐かしむ目的で始めた。しかし、食べ物が多くの人の努力を経て食卓に届くことを孫に教えたいという声が増え、年を追うごとに子連れの参加者が多くなった。収穫体験の後には食事会を開き、Ｂ社商品を使った肉豆腐や湯豆腐を振る舞う。ここで参加者が毎年楽しみにしているのは炊きたての新米に、出来たての温かい豆腐を乗せ、鰹節としょうゆ、薬味の葱（ねぎ）少々をかけた豆腐丼であった。豆腐丼は祖父の時代からＢ社でまかないとして食べてきたものである。「豆腐に旅をさせるな」といわれるように出来たての豆腐の風味が最も良く、豆腐と同じ水で炊き上げた新米との相性も合って毎年好評を得ていた。同市の年齢分布を踏まえると主婦層の顧客が少ないという課題を抱えつつ、移動販売は高齢層への販売を伸ばし続けていた。

しかしながら、新型コロナウイルス感染症のまん延に伴い、以降、試食を自粛した。ま

～資格を取ってやりたかったこと～

執筆活動。まさか、さっそくふぞろい15に参画できるとは。

た、人的接触を避けるために、駐車場での販売から戸別販売への変更を希望したり、戸別訪問を断ったりする顧客が増えてきた。収穫祭では収穫体験のみを実施し、室内での食事会を中止した。その際に、豆腐丼を惜しむ声が複数顧客より寄せられた。Ｂ社社長が全国に多数展開される豆腐ECサイトを調べたところ、多くのサイトで豆乳とにがりをセットにした商品が販売されていることを知り「手作り豆腐セット」を開発し、移動販売を開始した。顧客が豆乳とにがりを混ぜ、蒸し器で仕上げる手間のかかる商品であるが、出来たての豆腐を味わえる。リモートワークの浸透を受け、自宅での食事にこだわりを持つ家庭が増え、お得意さま以外の主婦層にも人気を博している。この商品のヒットもあり、何とかもちこたえてきたものの、移動販売の売上は３割落ち込んだままである。そこで、人的接触を控えたい、自宅を不在にする日にも届けてほしいという高齢層や主婦層の声を踏まえ、生協を参考に冷蔵ボックスを使った置き配の開始も検討している。そして、危機こそ好機と捉え、豆腐やおからを材料とする菓子類による主婦層の獲得や、地元産大豆の魅力を伝える全国向けネット販売といった夢をこの機にかなえたいと考えている。しかし、具体的な打ち手に悩んだＢ社社長は2021年（令和３年）８月末に中小企業診断士に相談することとした。

第１問（配点20点）

2021年（令和３年）８月末時点のＢ社の状況を、移動販売の拡大およびネット販売の立ち上げを目的としてSWOT分析によって整理せよ。①〜④の解答欄に、それぞれ30字以内で述べること。

第２問（配点25点）

Ｂ社社長は社会全体のオンライン化の流れを踏まえ、ネット販売を通じ、地元産大豆の魅力を全国に伝えたいと考えている。そのためには、どの商品を、どのように販売すべきか。ターゲットを明確にした上で、中小企業診断士の立場から100字以内で助言せよ。

第３問（配点30点）

Ｂ社のフランチャイズ方式の移動販売において、置き配を導入する場合に、それを利用する高齢者顧客に対して、どのような取り組みを実施すべきか。中小企業診断士の立場から（a）フランチャイザー、（b）フランチャイジーに対して、それぞれ50字以内で助言せよ。

第４問（配点25点）

Ｂ社ではＸ市周辺の主婦層の顧客獲得をめざし、豆腐やおからを材料とする菓子類の新規開発、移動販売を検討している。製品戦略とコミュニケーション戦略について、中小企業診断士の立場から100字以内で助言せよ。

〜資格を取ってやりたかったこと〜

まずは実務補習。経営診断のイロハを学ぶことができ楽しかった！

第１問（配点20点）【難易度　★☆☆　みんなができた】

2021年（令和３年）８月末時点のＢ社の状況を、移動販売の拡大およびネット販売の立ち上げを目的としてSWOT分析によって整理せよ。①～④の解答欄に、それぞれ30字以内で述べること。

●出題の趣旨

内外の経営環境を分析する能力を問う問題である。

●解答ランキングとふぞろい流採点基準

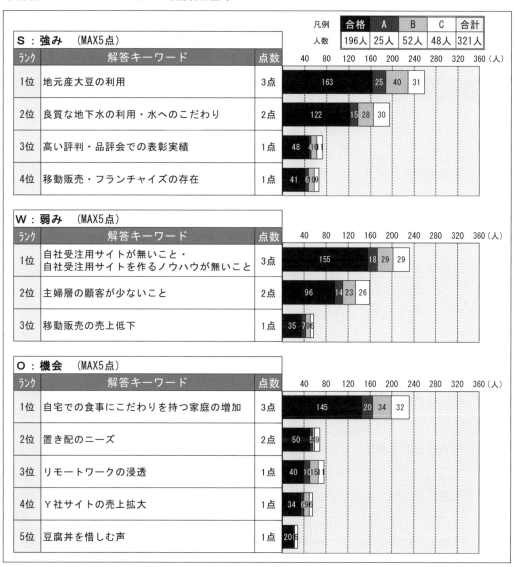

凡例	合格	A	B	C	合計
人数	196人	25人	52人	48人	321人

S：強み　（MAX5点）

ランク	解答キーワード	点数	合格	A	B	C
1位	地元産大豆の利用	3点	163	25	40	31
2位	良質な地下水の利用・水へのこだわり	2点	122	15	28	30
3位	高い評判・品評会での表彰実績	1点	48	4	10	11
4位	移動販売・フランチャイズの存在	1点	41	6	10	9

W：弱み　（MAX5点）

ランク	解答キーワード	点数	合格	A	B	C
1位	自社受注用サイトが無いこと・ 自社受注用サイトを作るノウハウが無いこと	3点	155	18	29	29
2位	主婦層の顧客が少ないこと	2点	96	14	23	26
3位	移動販売の売上低下	1点	35	7	9	6

O：機会　（MAX5点）

ランク	解答キーワード	点数	合格	A	B	C
1位	自宅での食事にこだわりを持つ家庭の増加	3点	145	20	34	32
2位	置き配のニーズ	2点	50	5	4	9
3位	リモートワークの浸透	1点	40	10	15	11
4位	Ｙ社サイトの売上拡大	1点	34	6	9	6
5位	豆腐丼を惜しむ声	1点	20	1		6

（横軸：40　80　120　160　200　240　280　320　360（人））

T：脅威　（MAX5点）

ランク	解答キーワード	点数
1位	新型コロナウイルス感染症のまん延	3点
2位	戸別訪問・移動販売の断り	2点
3位	食事会・イベントの中止	2点
4位	人的接触の回避	1点
5位	試食の自粛	1点

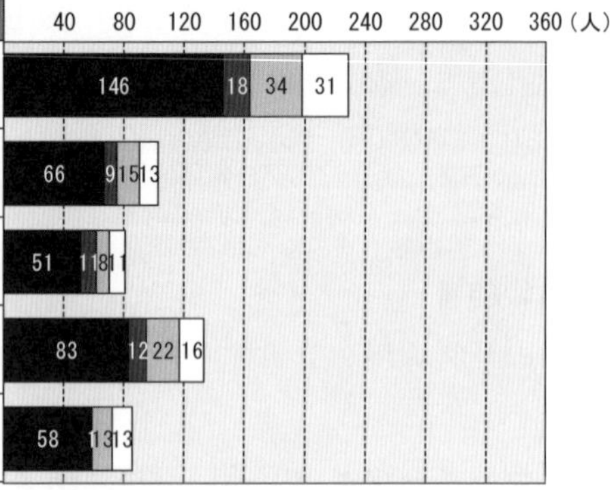

●再現答案

S：強み

区	再現答案	点	文字数
合	①地元産の大豆[3]と水にこだわった豆腐[2]作り②品評会での表彰実績[1]	5	29
A	良質な水[2]と地元産大豆にこだわった豆腐[3]と移動販売フランチャイズ[1]	5	30
B	地元産大豆にこだわり[3]、季節の変わり豆腐など商品開発力がある。	3	30
C	良質な軟水で滑らかな豆腐[2]。新製品開発力。井戸端会議の口コミ。	2	30

W：弱み

区	再現答案	点	文字数
合	自社の受注サイト作成のノウハウがない[3]、主婦層の顧客が少ない[2]。	5	30
A	移動販売の売上減少[1]、自社ＨＰ運営能力不足[3]、主婦層が少ない[2]	5	28
B	自社用サイト制作のノウハウが無く[3]、投資に及び腰である事。	3	28
C	①主婦層の顧客少ない[2]、②収穫祭規模縮小。	2	20

～２次試験とは○○である～
パズル？

O：機会

区	再現答案	点	文字数
合	**自宅での食事にこだわりを持つ家庭の増加**[3]と**置き配ニーズ**[2]。	5	27
A	**食事に拘りを持つ家庭が増え**[3]、人的接触を控えた**置き配ニーズ増加**[2]	5	30
B	①近隣に職人がいること、②**自宅での食事でのこだわり増大**[3]。	3	28
C	①収穫祭で子連れ参加者増加、②自宅不在時の**置き配ニーズ高まり**[2]	2	30

T：脅威

区	再現答案	点	文字数
合	室内での**食事会の中止**[2]。**戸別販売を断る**[2]顧客の増加。**接触忌避**[1]。	5	29
A	**コロナ**[3]で、**イベント**[2]や**移動販売**[2]の**人的接触が敬遠**[1]されていること	5	29
B	**新型コロナウイルスの蔓延**[3]で外部環境が大きく変化していること	3	29
C	戸別販売への変更希望や**戸別訪問を断る**[2]顧客の増加。	2	24

Column

レア！？　夫婦受験

私は夫と２人で中小企業診断士を受験しました。この話をすると、すごいね、と言われることも多いですが、勉強時間を確保するために気を遣わなくてよいし、相手が勉強していると刺激になるし、情報収集が効率的だし、テキスト代は浮くし、実はよいこと尽くしです。特に試験１か月前くらいからは、企業を特集しているテレビ番組を観ながら「この会社は差別化に成功しているね」「やっぱり中小企業は細かいニーズに応えることが大事だよね」などという、傍から見たら少し変わった会話をしていました。これも知識の定着に役立ったのではないかと思います。私の場合は家族でしたが、友だちでも同僚でも、身近に勉強仲間がいるのはきっと力になるはず。今はネット上で勉強仲間を探すこともできますし、私は参加しませんでしたが、そういうのもよいのかもしれないですね。　（みほ）

●**解答のポイント**

Ｂ社の経営環境について、第２問以降との関連や時制も踏まえてキーワードの優先順位付けを行い、限られた文字数のなかで要点を過不足なく盛り込めるかがポイントだった。

【S：強み】

先生：オイ、オレの筋肉！　事例Ⅱをやるのかい？　やらないのかい？　どっちなんだい！？　やーる！

有勝：最初は恒例のSWOT分析ですね。いきなりですけど、Ｂ社は強みがありすぎますね！　候補がありすぎて、どれにするか迷っていたら時間がかかってしまいました。

多川：ワシは取り扱っている商品の質が高いことが強みと考えて、与件文にあった「地元産大豆にこだわった豆腐」と「品評会での表彰実績」を選びました。

先生：国産大豆を使っていた時期もあったが、原材料を全て地元産大豆に戻したという記載があるくらいだから、「地元産大豆の利用」はかなり優先度が高いと思うぞ。ちなみに豆腐は高タンパク食品なので筋肉をつけるにはもってこいだ！

【W：弱み】

先生：次に「弱み」だな。ここは何を書いたかな？

多川：ここはやっぱり「プライベートブランドの失注」じゃ！　与件文のなかでもプライベートブランドに関して結構な文量が書かれていたので重要だと考えました。

有勝：多川さん、ちょっと待ってください。プライベートブランドの失注をしたのは2015年のことですよね？　この問題では2021年８月末時点での弱みを解答する必要があると思います。

先生：有勝さん、そのとおりだ！　設問文にわざわざ書かれているくらいだから時制を意識する必要があるんだ。プライベートブランドに関する部分を弱みとする解答も一定数あったが、Ｂ答案以下に多く見られたぞ。設問文を一字一句丁寧に読み解くことは、筋トレ前のエネルギー補給くらい当たり前にしておくべきだ！

【O：機会】

先生：続いて「機会」だな。どんどん鍛えていくぞ！　パワー！！（笑顔）

有勝：ここは与件文からそのまま「自宅での食事にこだわりを持つ家庭の増加」を書くことができれば十分ではないでしょうか。Ｂ社の「強み」であるこだわりの豆腐の需要が増えそうなので、チャンスですよね！

多川：もったいないのぉ！　少し工夫すれば文字数的にももう１つ要素を加えられるはずじゃ。「置き配ニーズ」だけでも書いておくべきじゃ！

～２次試験とは○○である～

高い壁である。登った先には見晴らしのよい景色が待っている。

先生：多川さん、その少しでも点数を取りにいく姿勢が素晴らしい！　筋トレと同じでどれだけギリギリまで攻められるかが大事だ。解答を見ていても「読点」や「丸囲み数字」を利用して複数の要素を詰め込んでいる解答が多かった。与件文ではひらがなで「こだわり」とあるが、漢字で「拘り」としている解答もあったので、的確に文字数を減らすトレーニングも大事だと思うぞ！

有勝：詰め込み力半端ないですね！　私も頑張ります！

【T：脅威】

先生：SWOT分析の最後は「脅威」と「胸囲」のどちらなのか筋肉ルーレットに聞いてみましょう。右胸に止まれば「脅威」！　左胸に止まれば「胸囲」！　さぁどっちだ！　それではいきたいと思います！　筋肉ルーレットスタート！！　テ・テ・テ～♪　さあ～動き出していますよ！　トゥッ……トゥッ……。脅威……胸囲……。さぁどっちに止まるんだい！　トゥッ……。あーっ！　右胸です！　右胸ということは「脅威」！　それでは「脅威」の解説をしていきましょう！「脅威」はSWOT分析のほかと比べても、一番解答の筋立てがしやすかったと思うけど何を書いたんだい！

有勝：ここは迷わず「新型コロナウイルス感染症のまん延」と書きました！　事例Ⅱの全体を通して、新型コロナウイルス感染症（以下、新型コロナウイルス）のまん延という外部環境の変化にどのように対応するか、という観点で問題が作られているように感じました。

多川：ワシも同じじゃ！　そこからさらにB社に具体的にどのような影響が出ているのかを解答できればよいと思い、「戸別訪問の断り」と「食事会の中止」としました。

先生：２人とも素晴らしい！　僕の広背筋が大喜びしているよ！　ほかにも「試食の自粛」や「人的接触の回避」などの解答も同様に得点につながったと思われるぞ。一方、「スーパーマーケットなどの競合」といった解答はB答案以下の割合が高かったぞ。設問文にも「移動販売の拡大およびネット販売の立ち上げを目的としてSWOT分析」と書かれているので、この目的に沿った解答を意識することが大事だ！

多川：それにしても新型コロナウイルスを考慮しなければならない問題が出てくるなんて、予想外でした。中小企業診断士試験は相変わらずクセがすごい！

先生：それには私も少し驚いた。しかし、自分が驚いたときには、周りの受験生だって驚いているんだ。慌てず、どのようなときも揺るがない強靭なメンタルを手に入れるために、勉強も筋トレも頑張っていこう！　パワー！！（笑顔）

～２次試験とは○○である～

情報戦。

第２問（配点25点）【難易度　★★☆　勝負の分かれ目】

Ｂ社社長は社会全体のオンライン化の流れを踏まえ、ネット販売を通じ、地元産大豆の魅力を全国に伝えたいと考えている。そのためには、どの商品を、どのように販売すべきか。ターゲットを明確にした上で、中小企業診断士の立場から100字以内で助言せよ。

●出題の趣旨

強み・機会を活かすことで、弱み・脅威を克服するための、ターゲティング戦略、商品戦略、流通戦略を提言する能力を問う問題である。

●解答ランキングとふぞろい流採点基準

凡例	合格	A	B	C	合計
人数	196人	25人	52人	48人	321人

ターゲット　（MAX6点）

ランク	解答キーワード	点数	合格	A	B	C
1位	全国の食通・自宅の食にこだわる	4点	178	24	36	31
2位	主婦・家族・家庭	2点	138	15	33	27

商品　（MAX7点）

ランク	解答キーワード	点数	合格	A	B	C
1位	手作り（地元産大豆使用・季節の）豆腐セット	4点	154	22	32	20
2位	豆腐丼	3点	120	12	24	17
3位	高付加価値な（地元産大豆使用・季節の）豆腐	1点	51	6	15	22

販売方法　（MAX7点）

ランク	解答キーワード	点数	合格	A	B	C
1位	ＥＣサイトでの販売	3点	137	18	34	27
加点	Ｙ社サイト	1点	123	16	25	23
加点	コラボ企画・協業・連携	1点	89	12	18	15
2位	Ｙ社商品とのセット販売	2点	86	5	13	7
3位	レシピ掲載・雑誌掲載・ＩＭ活用	1点	55	12	16	11

（目盛：40　80　120　160　200　240　280　320　360（人））

～２次試験とは○○である～

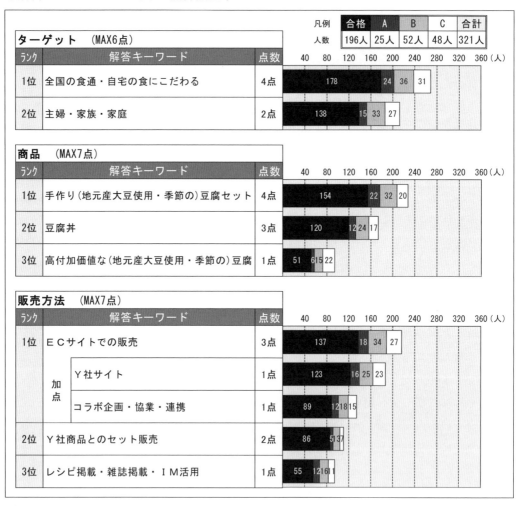

答えがない課題を考え抜くことへの耐性試験。

効果　（MAX5点）

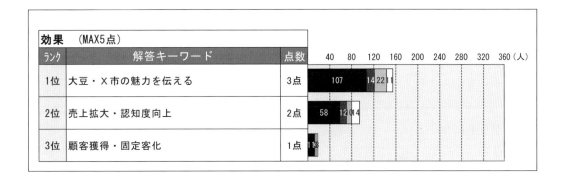

ランク	解答キーワード	点数
1位	大豆・X市の魅力を伝える	3点
2位	売上拡大・認知度向上	2点
3位	顧客獲得・固定客化	1点

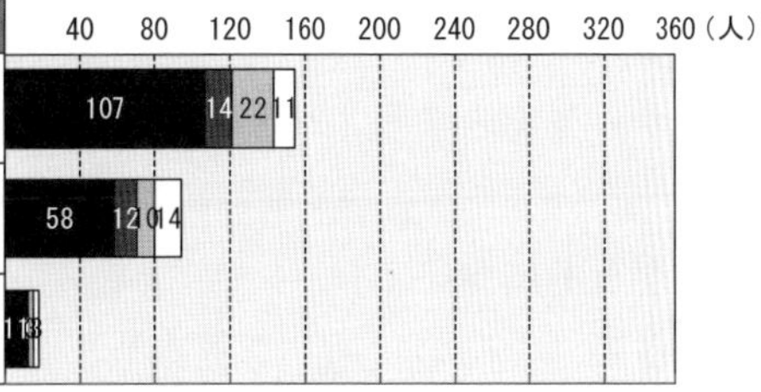

●再現答案

区	再現答案	点	文字数
合	助言は、自宅食事にこだわりある**家庭**[2]や**全国の食通**[4]に対し、**手作り豆腐セット**[4]や**豆腐丼**[3]セットを、**Y社**[1]**ECサイト**[3]から豆腐と相性の良い**米とのコラボ企画**[1]**で販売**[2]してもらい、**地元産大豆の魅力を全国に伝え**[3]、**売上向上**[2]を図る。	25	100
A	**全国の自宅での食事にこだわりを持つ**[4]**家庭**[2]に対し、出来立ての豆腐を味わえる**手作り豆腐セット**[4]を、**Y社とコラボを企画**[1]し**Y社**[1]**のECサイト**[3]上で**豆腐丼**[3]のレシピを掲載の上、**Y社の新米とセットで販売**[2]する。	20	93
B	**全国の食通**[4]をターゲットに、地元産大豆を使用した**手作り豆腐セット**[4]を販売し、**Y社**[1]**の全国向けECサイト**[3]を活用して**コラボ企画**[1]を行い、**地元産大豆の魅力を訴求**[3]して、その魅力を全国に伝える。	16	88
C	標的は、こだわりの材料を使う**食通**[4]とし、こだわりの素材で和菓子を開発し、京都で修業した職人がこだわりの製法で作ることを訴求し、**Y社**[1]**サイトで全国販売**[3]することで、**地元産大豆の魅力を全国に伝える**[3]。	11	94

●解答のポイント

与件文に記載されているターゲットに対し、B社の強みを生かした商品、外部環境の活用により弱みを克服できる販売方法を明記することがポイントだった。

先生：次は、第2問だ！　設問文に「ターゲットを明確にした上で、どの商品を、どのように販売すべきか」と記載があったね！　2人はどのように解答したかな？

多川：ワシは、定番の「誰に、何を、どのように、効果」の「ダナドコ」フレームを使って解答しました。こんなのガターのないボウリングくらい簡単じゃ！

有勝：私も「ダナドコ」フレームをベースに第1問で挙げたSWOT分析の解答を意識し

ながら解答を組み立てました。地元産大豆の魅力を全国に伝えるために、地元を超えていける助言がしたいですね！

先生：２人とも基本のフォームがしっかり身についているね！　では、まずはターゲットから見てみよう！　ヤー！！（笑顔）

【ターゲットについて】

有勝：私は「全国の食通」を提案しました。Ｂ社の既存顧客にはいない層ですし、与件文にも記載があったので、間違いないと思います。

多川：有勝さんはまだまだ甘いのぉ。ワシは「全国の食通」と「自宅での食事にこだわりを持つ主婦層」の２つを提案しました。「全国の食通」はＢ社と付き合いがあるＹ社の顧客でＹ社との連携によって今後獲得したい顧客層やし、「主婦層」は与件文にも主婦層の顧客が少ないことが課題として挙げられていたから、完璧じゃ！

先生：多川さん素晴らしいね！　その解答は僕の三角筋のように仕上がっているね！
ターゲットに関して、多川さんのように「全国の食通」や「主婦層」の解答率が高く、それ以外のキーワードはあまり書かれていなかったようだ！

【商品について】

先生：では、商品についてはどうだったかな？

多川：ワシは「豆腐を使った新商品の和菓子」を提案しました。地元産大豆の魅力を全国に伝えたいＢ社社長に響くいい提案ができたはずじゃ！

先生：うーん、その解答、僕のヒラメ筋は喜ばないな。有勝さんはどうかな？

有勝：私は、与件文の「豆腐に旅をさせるな」というキーワードが印象的だったので、自宅で楽しめる「手作り豆腐セット」と「豆腐丼」を提案しました。設問には「どの商品」という記載があったので、新商品開発ではなく既存商品の提案をすべきではないかと考えたのですが、小賢しいこと言ってしまったでしょうか……。

先生：いや、いい考えだね！　設問文に「どの商品」とあるので、与件文に記載があるＢ社の強みとなる既存商品を提案するのが最適だろう。実際に、全体的に「手作り豆腐セット」の解答数が多く、そのうえ、合格＋Ａ答案には、「豆腐丼」や「高付加価値な豆腐」が併せて示されており、それがＢ答案以下との差になったようだ。
さらに、解答するうえでのテクニックでいうと、第４問の設問文に「豆腐やおからを材料とする菓子類の新規開発」という文章があるから、そこと被らないような商品を選ぶという考えが浮かぶようになると解答も筋肉もパワーアップだな！　さらに先生おすすめのマグマ豆腐を紹介だ！　まずはＢ社の豆腐を買ってきてください。このままでも十分おいしい豆腐。粉チーズを用意していただけますか。ここからがマグマなんです！　ドゥンドゥン It's My Life 〜♪　ヤー！！（笑顔）

有勝：……。

〜試験に持って行ってよかったもの〜

いろんな厚さのインナーダウン。

多川：……。

【販売方法について】

多川：販売方法は設問文に「ネット販売を通じ」という文言があったので、ワシは与件文にあった「Y社サイトでの販売」を書きました。

有勝：私は「Y社ECサイト」を活用し、さらに「コラボ企画でY社の米とB社の豆腐のセット販売」という提案をしました。これで、「自社受注用サイトがない」というB社の弱みを、「Y社の全国向けECサイトの活用」という機会によって克服することができるので、第１問のSWOT分析を使ってよい助言ができたと思っています。生かしましょう、機会！　克服しましょう、弱み！

先生：２人とも「Y社ECサイトでの販売」に着目した点は素晴らしい！　さらに有勝さんのように、「Y社ECサイトでの販売」、「コラボ企画」を書けている答案は合格＋A答案の約45％を占めている。カロリーを制する者は体重を制するように、この設問で押さえておくべきポイントだったといえるね！

【効果について】

有勝：設問文で「地元産大豆の魅力を全国に伝えたい」という文言が入っていたので、これって効果じゃないのかなと思ったのですが、この場合はどのように解答したらよかったのでしょうか？　「ダナドコ」には「誰に、何を、どのように、効果」で解答するので、効果を書かないと違和感がありますし……。

多川：ワシも迷った！　この場合は素直に「地元産大豆の魅力を伝える」は書いたけど、そのほかには何かありました？

先生：多川さんの言うように、全体の半数は「地元産大豆やX市の魅力を伝える」というキーワードや「売上向上」や「認知度向上」という効果を書いている解答であったが、そもそも今回の再現答案の３分の１は効果に言及していなかった。さらに、そのうち半数は合格＋A答案の解答だったため、今回に限っては効果を書かずともあまり合格＋A答案とB答案以下の差がつかなかったようだ。第２問に関しては、設問の意図を読み取り、ターゲット・商品・販売方法について多面的に解答できたかが鍵だったな！　ハッ！！（笑顔）

～試験に持って行ってよかったもの～

ドライフルーツ（休み時間リフレッシュ用）。

第3問（配点30点）【難易度　★★★　難しすぎる】

Ｂ社のフランチャイズ方式の移動販売において、置き配を導入する場合に、それを利用する高齢者顧客に対して、どのような取り組みを実施すべきか。中小企業診断士の立場から（a）フランチャイザー、（b）フランチャイジーに対して、それぞれ50字以内で助言せよ。

●出題の趣旨

フランチャイズ方式における役割分担を踏まえて、特定ターゲットへのニーズ対応方法を提言する能力を問う問題である。

●解答ランキングとふぞろい流採点基準（a）

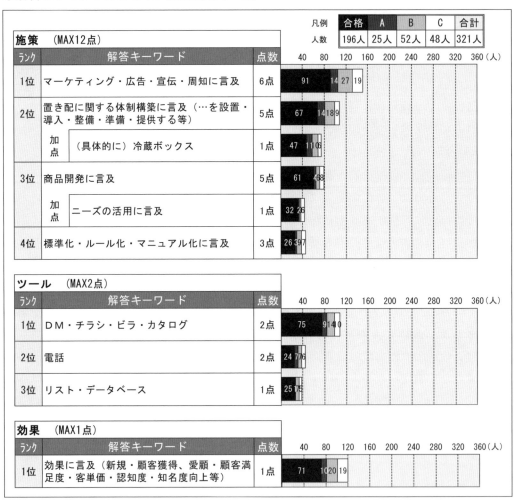

凡例	合格	A	B	C	合計
人数	196人	25人	52人	48人	321人

施策　（MAX12点）

ランク	解答キーワード	点数	合格	A	B	C
1位	マーケティング・広告・宣伝・周知に言及	6点	91	14	27	19
2位	置き配に関する体制構築に言及（…を設置・導入・整備・準備・提供する等）	5点	67	14	18	9
加点	（具体的に）冷蔵ボックス	1点	47	11	10	6
3位	商品開発に言及	5点	61	4	6	8
加点	ニーズの活用に言及	1点	32	2 6		
4位	標準化・ルール化・マニュアル化に言及	3点	26	3	9	7

ツール　（MAX2点）

ランク	解答キーワード	点数	合格	A	B	C
1位	ＤＭ・チラシ・ビラ・カタログ	2点	75	9	14	10
2位	電話	2点	24	7	7	6
3位	リスト・データベース	1点	25	1	7	5

効果　（MAX1点）

ランク	解答キーワード	点数	合格	A	B	C
1位	効果に言及（新規・顧客獲得、愛顧・顧客満足度・客単価・認知度・知名度向上等）	1点	71	10	20	19

（グラフ目盛：40　80　120　160　200　240　280　320　360（人））

〜試験に持って行ってよかったもの〜

エナジードリンク・エナジーゼリー飲料。

●再現答案

区	再現答案	点	文字数
合	①置き配希望顧客への**冷蔵ボックス**[1]**の準備**[5]②**ＤＭ**[2]、収穫祭での**置き配開始周知**[6]により、**置き配を拡大**[1]する。	15	48
A	**チラシ**[2]を作成して商店街等で配布して**置配サービスを周知**[6]する。**保存に適した冷蔵ボックス**[1]**を準備**[5]する。	14	47
B	**ＤＭ**[2]の配達や**チラシ**[2]を商店街や病院に配布して、**置き配サービスを周知**[6]し**利用客の増加につなげる**[1]。	9	45
C	専用の**冷蔵ボックス**[1]**や冷蔵パックを用意**[5]し、回収し繰り返し使用することで**品質の保持とコスト低減を図る**[1]。	7	49

●解答ランキングとふぞろい流採点基準（b）

凡例	合格	A	B	C	合計
人数	196人	25人	52人	48人	321人

施策　（MAX10点）

ランク	解答キーワード	点数
1位	顧客への商品・サービスに関する情報発信に言及（配達前後の連絡、商品説明等）	5点
加点	（具体的に）豆腐・試食品・レシピ・調味料	1点
2位	顧客からの情報収集、ニーズの収集・把握に言及	5点
3位	顧客への提案・販売・営業に言及	4点
4位	置き配の実施・導入に言及	3点
加点	（具体的に）冷蔵ボックス	1点

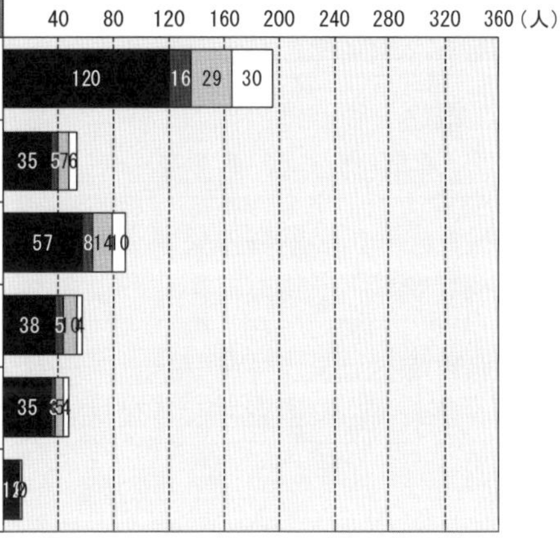

ツール　（MAX3点）

ランク	解答キーワード	点数
1位	電話	3点
2位	ＤＭ・チラシ・ビラ・カタログ	2点

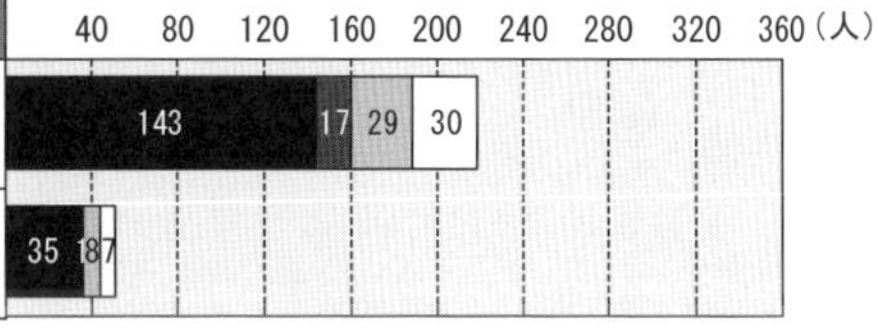

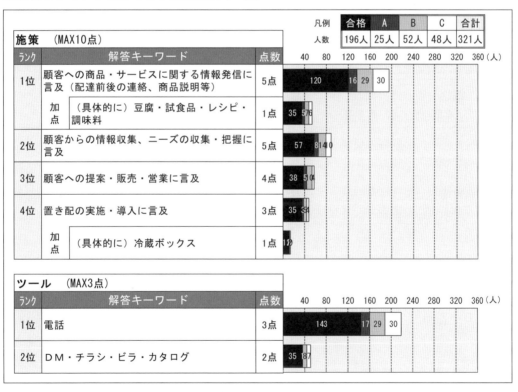

～試験に持って行ってよかったもの～

置き時計。各事例開始時に０時０分に合わせて使用していました。

効果　(MAX2点)

ランク	解答キーワード	点数
1位	関係性・接点強化	2点
2位	愛顧・顧客満足度向上	2点
3位	売上・収入・単価向上	1点
4位	固定・リピート	1点
5位	客数増加・顧客獲得	1点

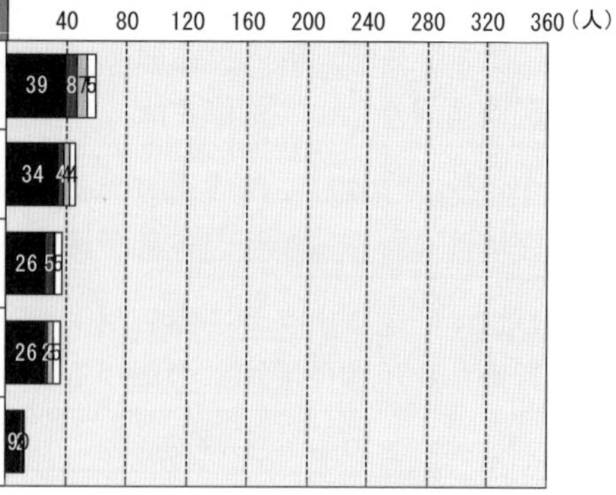

●再現答案

区	再現答案	点	文字数
合	**配送後電話[3]連絡を行い**[5]、**商品提案**[4]、**ニーズ把握**[5]の機会とすることで**顧客愛顧を高め**[2]利用頻度向上を図る。	15	47
A	①**電話**[3]を通して積極的なコミュニケーション、**ニーズ把握を行う**[5]。②**人的販売**[4]を通し**客単価を高める**[1]。	13	46
B	置き配時に①**顧客の要望を聞き**[5]ながら**提案販売を行い**[4]、②Y社と連携し佃煮・干物の配送サービスを行うこと。	9	50
C	顧客接点が無くなり顧客ニーズの収集が困難な為、置き配にアンケートを添えて**顧客ニーズを収集する**[5]。	5	47

●解答のポイント

フランチャイズ方式の特徴や役割分担を理解しつつ、特定のターゲットに向けたフランチャイザーとフランチャイジーの施策を提案することがポイントだった。

【フランチャイズ方式の特徴と役割とは？】

先生：では、続いては第３問だ！　事例Ⅱのなかでは一番配点が高い設問だったが、合格＋Ａ答案でも内容が多岐にわたっており、解答に苦労したと考えられる。これは鍛え上げた者だけが高得点を獲得できる設問といえるね。ちなみに「フランチャイズ方式」とは何か覚えているかな？

多川：もちろんです！　フランチャイザーとフランチャイジーが共同で事業を運営する契約を締結し、フランチャイザーは、自らの商標などをフランチャイジーに使用させ、

～試験に持って行ってよかったもの～

受験票を固定するセロハンテープ。

同一イメージの事業を実施する権利を付与するとともに、フランチャイジーに事業活動についての経営指導を行う。フランチャイジーは対価として、加盟料やフィー（本部への定期的な納入金）を支払う。これがフランチャイズ方式ですよね！　これくらいの知識は１次試験の範囲だから知ってて当然じゃ！

有勝：多川さん、さすがです！　でも、与件文には「フランチャイジーは加盟時に登録料と冷蔵販売車を用意し、以降はＢ社から商品を仕入れるのみで、その他のフィーは不要とする方式」とあるので、今回の事例ではフィーは不要ではないでしょうか。

多川：なにっ！

先生：有勝さんの言うとおりだ！　フィーは不要だね。ただし、フィー以外については多川さんの説明のとおりだ。それぞれの役割をしっかりと理解して、(a) と (b) の解答を書き分けることが、この設問のポイントだったといえるね！　ハッ！！(笑顔)

【フランチャイザーの施策について】

先生：それではフランチャイザーの施策からいってみよう！　ここでは何を書いたかな？

多川：やはりフランチャイザーはフランチャイジーの経営指導が基本なので、置き配導入にあたって、置き配が実施できる体制の構築や置き配サービスの手順の標準化が必要と考えました。

有勝：私は置き配のサービスが顧客に知られていないとフランチャイジーが困ってしまうので、広告や宣伝などで置き配サービスを広く普及させることが必要と考えました。

先生：２人とも、素晴らしい解答だ！　僕の大胸筋が大喜びしているよ！　２人の解答以外に合格＋Ａ答案に多かったのは、顧客のニーズを調査、活用して、商品を開発するという施策だ。高齢者顧客のニーズに合わせた商品を開発することで、フランチャイジーの営業活動はより効果的になるんだ。筋トレ初心者が筋肉を効率的につけるためには、ジムトレーナーの知識が必要というように、「フランチャイジーの売上を上げるためにフランチャイザーとしてどのような施策が必要か」ということを考えることが重要だ！

【フランチャイジーの施策について】

先生：それではフランチャイジーの施策はどうかな？

有勝：これは与件文にヒントがありますよね！　「フランチャイジーと高齢者顧客とのやり取りは来店前の電話での通話が主体」と書いていたので、顧客に対して、電話を使った情報提供や営業活動が必要と考えました。電話で顧客からのニーズを収集するという施策も考えられますよね！

多川：有勝さん！　ちょっと待てぃ！　そもそも置き配は人的接触回避にも用いられるが、不在時に活用するというケースもあるはず。それであれば、置き配前後に電話連絡なんかしても電話に出る人なんておらんのじゃ！　よって、業務の効率性を考

～ファイナルペーパーに書いた一言～

迷ったら全部書く！

えたら電話ではなくIM（インスタント・メッセンジャー）を活用したほうがよいに決まってるんじゃ！

有勝：でも、設問文では「高齢者顧客に対して」とありますし、与件文に寄り添った解答にしたほうがよいのではないでしょうか。小賢しいこと言ってすみません……。

先生：多川さん、実際の経験則や知識だけの解答では僕の腹直筋は喜ばないな！　確かに一般的な置き配ではメールやIMを用いるケースが多いが、これはあくまで中小企業診断士の２次試験だ。設問文にターゲットは高齢者顧客とあり、やり取りの主体が電話と書かれている以上、与件文に沿った解答を目指すべきだ。設問条件に合うようにキーワードを組み合わせて、答案を磨き上げよう！　そう、僕の大腿四頭筋のように！

多川：たとえのクセがすごい……。

【ターゲットについて】

有勝：設問文に「高齢者顧客に対して」とターゲットが記載されてましたが、解答にも書いたほうがよかったのでしょうか？

多川：そこは悩ましかった！　でも、事例Ⅱで施策の提案といえば「ダナドコ」が定番のフレームワークじゃ。「誰に」というところも入れたほうがいいんじゃないかな。

先生：ここは難しいところだが、解答の文字数が50字と少なかったことや合格＋Ａ答案ではターゲットについてほとんど記載していなかったということから推測すると、施策の内容がしっかり書けていればターゲットの記載はなくても合格点が狙えただろう。

【ツールについて】

多川：ツールについてはIMしか書けませんでした。ツールって本当に書かないといけないんでしょうか。電話やIMは与件文にありますが、そのほかのツールは与件文にも出てこないんよ。IM以外思いつく奴なんておらんはずじゃ！

有勝：私は与件文に沿って、(a) と (b) のいずれの解答にも電話というキーワードを入れました。

先生：２人とも１つ忘れてはいけないことがある。これは筋トレの前のストレッチくらい重要なことだが、第３問は与件文のヒントが少なかったため、再現答案では本当にさまざまな施策が書かれていたんだ！　そのなかで多く用いられていたツールをふぞろい流採点の評価軸として設定しているが、実際の採点では異なる基準で採点されている可能性も十分にある。キーワードだけでは実際の採点を表現できない可能性があるということを認識することが重要なんだ！　ただし、フランチャイジーにおいては「電話」というキーワードが、ほかのキーワードと比較して、合格＋Ａ答案に多く含まれており、加えてターゲットに合致したキーワードであることか

～ファイナルペーパーに書いた一言～

社長に寄り添うこと、自分本位にならないこと。

ら、加点される可能性は高いといえるだろう。

多川：ちなみにワシが書いたIMは一切加点されないんですか？

先生：なかなか難しい質問だ。合格＋Ａ答案にはほとんど含まれていなかったため、ふぞろい流採点上、加点はしなかった。ただし、少数ではあるが、合格＋Ａ答案のなかにも、高齢者がIMを使えるように工夫するなどの記載もあったことから、設問条件に沿った形でIMを使用していれば、一定程度の加点があった可能性もあるだろう。

多川：確かに実際の採点のクセを把握することは難しいですよね……。

先生：そのとおりだ！　ただし、「高齢者顧客に対して」と設問文にある以上、高齢者が敬遠するIMを優先的に書く必要があるか、よくよく考えてみる必要があるね！

多川：勉強になりました！

【効果について】

多川：効果についてはどうですか？　施策を助言するにあたり、どのような効果があるか示さないと社長に伝わらないため、いずれも効果について書いたのぉ。

有勝：私は（a）と（b）の解答欄がそれぞれ50字しかなかったので、施策の部分で書きたいことが多すぎて、効果については省略しました。

先生：合格＋Ａ答案でも効果については多く記載されていた。また、（a）と（b）の解答でそれぞれ比較すると（b）のほうが効果について多く記載されていたんだ。これは顧客との接点があるフランチャイジーの施策のほうが、効果について言及しやすかったからと考えられるね！　多川さんのように効果を書ければよいが、有勝さんのように効果が書けていなくても一定数の合格＋Ａ答案があったため、十分合格に必要な点数は獲得できていた可能性がある。繰り返しになるが第３問は難問だ！このような難問について悩みすぎて時間を浪費し、みんなが解ける設問に時間をかけられなくなることは絶対に避けなければならない！

有勝：なるほど！　逃げるが勝ちということですね！

先生：そのとおり！　ただし、筋トレに関しては絶対に逃げてはいけない！　限界こそ最大のチャンスだ！　これは受験勉強においても同じことがいえる。無理はしてはいけないが、自分の限界まで過去問演習を積み重ねることで、みんなが書いているキーワードを解答に盛り込めるようになるんだ！

多川：……あれ？　後半ほとんど効果の話、してないですよね……。

先生：……。ハッ！！（笑顔）

～ファイナルペーパーに書いた一言～

採点者も人間。判読できる字で、ストレスなく読める文章を提供する。

第４問（配点25点）【難易度　★★★　難しすぎる】

Ｂ社ではＸ市周辺の主婦層の顧客獲得をめざし、豆腐やおからを材料とする菓子類の新規開発、移動販売を検討している。製品戦略とコミュニケーション戦略について、中小企業診断士の立場から100字以内で助言せよ。

●出題の趣旨

新しい市場への参入に際して必要となる、製品戦略、コミュニケーション戦略を提言する能力を問う問題である。

●解答ランキングとふぞろい流採点基準

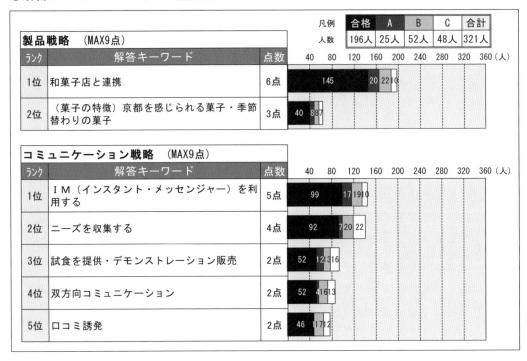

凡例	合格	A	B	C	合計
人数	196人	25人	52人	48人	321人

製品戦略　（MAX9点）

ランク	解答キーワード	点数
1位	和菓子店と連携	6点
2位	（菓子の特徴）京都を感じられる菓子・季節替わりの菓子	3点

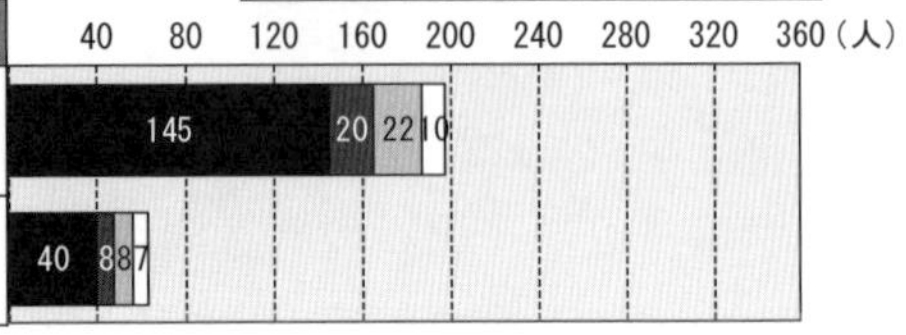

コミュニケーション戦略　（MAX9点）

ランク	解答キーワード	点数
1位	ＩＭ（インスタント・メッセンジャー）を利用する	5点
2位	ニーズを収集する	4点
3位	試食を提供・デモンストレーション販売	2点
4位	双方向コミュニケーション	2点
5位	ロコミ誘発	2点

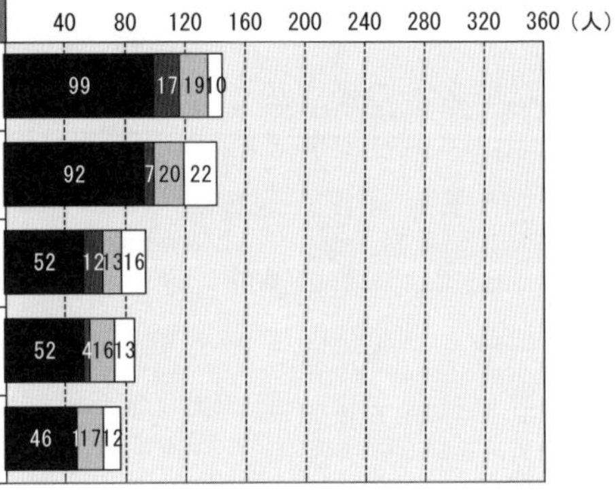

～ファイナルペーパーに書いた一言～

そういやファイナルペーパー作ってなかった（笑）。

効果　(MAX7点)

ランク	解答キーワード	点数
1位	新規顧客獲得・固定客化	4点
2位	関係性構築・愛顧向上・顧客満足度向上	4点
3位	高付加価値・ブランド・差別化	2点
4位	売上向上・購買促進	2点

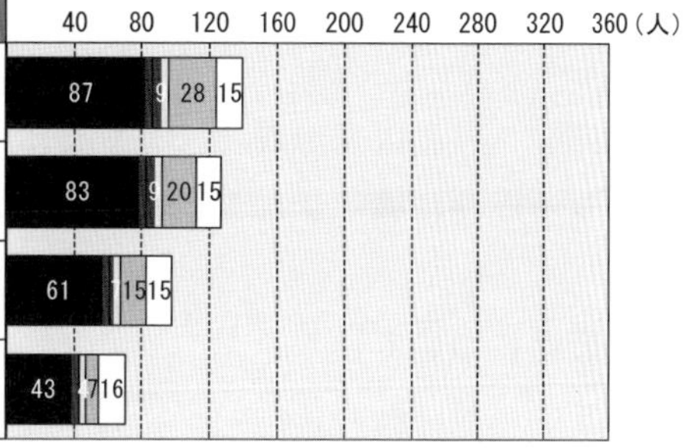

●再現答案

区	再現答案	点	文字数
合	**和菓子店の店主とコラボ**[6]し、**京文化を想起させる**[3]**ブランド**[2]名を付す。**ＩＭ**[5]で**双方向コミュニケーション**[2]を図り、**要望や改善点を収集**[4]、製品開発や改良に生かし、**新規顧客獲得**[4]、接点増加、**愛顧向上**[4]、**固定客化**[4]を図る。	25	97
A	製品は**人気和菓子店の協力**[6]を得て、**京文化のイメージ**[3]で**付加価値の高い**[2]菓子を作る。販売では御菓子を使ったスイーツの**デモンストレーションと試食**[2]で**主婦層の購買に繋げ、獲得した顧客**[4]には**ＩＭ**[5]で**愛顧を促す**[4]ことである。	23	100
B	製品戦略はこだわりの豆腐やおからを使い、**地元の和菓子や割烹とのコラボ**[6]企画で製品を開発し、コミュニケーション戦略は、置き配の際にチラシや**試食品**[2]を用意し商品のこだわりを訴求し**口コミを高め**[2]**顧客を開拓**[4]する。	14	99
C	製品戦略は、地元食材を原料に健康にもいいこだわり商品である点を訴求して、コミュニケーション戦略はＳＮＳを用い、情報の発信と顧客からの**ニーズの収集**[4]を行い、**双方向コミュニケーション**[2]と**口コミ**[2]で、**顧客獲得**[4]する。	12	100

●解答のポイント

与件文に沿った製品戦略とコミュニケーション戦略を立案し、効果まで示すことがポイントだった。

先生：さあ、事例Ⅱ最後の問題だ！

有勝：先生！　この問題では「ダナドコ」フレームを使うのでしょうか？　設問文に「主婦層」に「豆腐やおからを材料とする菓子類」を「移動販売」で、と書かれていた

～試験１週間前からの過ごし方～

普段と行動を変えず、勉強のリズムも変えず、リラックスして過ごしていました。

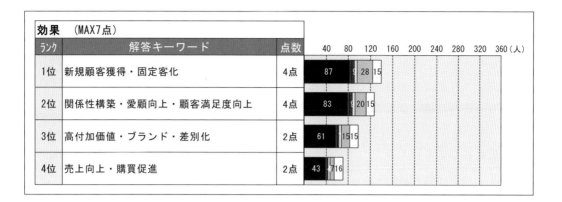

ので戸惑いました。

先生：いいところに気がついたね。設問文で書かれているそれらのワードは、加点要素にならなかった可能性が高い。「ダナドコ」を聞いているのではなく、菓子類の新規開発、移動販売を成功に導く具体的な戦略が求められているということだね。筋トレを成功に導くジムトレーナーのような効果的な助言をしよう！　ヤー！！（笑顔）

【製品戦略について】

先生：まずは製品戦略について、君たちはどう考えたんだい？

多川：豆腐はヘルシー食材ですよね。新規開発する菓子類も豆腐と同じように地元産大豆と水を使って、健康的かつ安心・安全なことをアピールしました。健康志向は最近のトレンドですから。流行乗っかり作戦じゃ！

有勝：そうでしょうか。確かに豆腐はヘルシーですが、与件文に健康に関する記述はありません。私は、京都で修行した職人がいる和菓子店と連携して、京文化をアピールできるようなお菓子にしました。

先生：現実には、多川さんの考えた戦略もよい戦略だね。健康的な食事は筋肉のためにも本当に大事なんだ！　しかし、試験で高得点を取るためには、与件文に沿った解答のほうがよりよいだろう。健康や安心・安全を訴求するという解答は、得点に結びつかなかったかもしれない。なお、合格＋Ａ答案の８割近くが「京都で修行した職人のいる（またはＸ市で人気の）和菓子店との連携」を解答していた。ところで、事例Ⅱは与件文が長く、和菓子店の存在を見落としてしまう可能性もあったんじゃないかな。有勝さんはよく見つけられたね。

有勝：私は、与件文を読む前に設問文をよく読むようにしています。そのため、与件文に和菓子店が出てきたときに、第４問の解答で使えるかも！　とピンときました。「新しい素材を使った菓子で人気を博す」ということで、Ｂ社の目指す「豆腐やおからを材料とする菓子類の新規開発」にぴったりです。

先生：そうだね！　Ｂ社にとって初めてとなる菓子類の開発で、他社のノウハウを活用できるというのは重要だ。京都での修行という共通点もあり、シナジー効果も発揮できる。和菓子店との連携は、第４問では大事なポイントだったといえるだろう！

【コミュニケーション戦略について】

先生：では次にコミュニケーション戦略について考えてみよう！

有勝：Ｂ社は毎年秋に収穫祭というイベントを実施しています。このような顧客との関係性を強化するイベントは中小企業にとって強みですから、収穫祭で試作品を配布して訴求するのはどうでしょうか。

多川：コロナ禍で収穫祭は縮小しているからのぉ。コミュニケーション戦略は、IMによる情報発信で口コミ誘発に決まりじゃ！　IMは若年層に使われているというのも

～試験１週間前からの過ごし方～

１週間有休取得して、毎日全事例１回転。

意識しました。

先生：多川さんのように、コロナ禍という脅威やIMという強みを考慮した解答はとてもいいね！　受験生の答案では、IMの利用や移動販売での試食、収穫祭でのチラシ配布、雑誌掲載など、いろいろな解答が見られた。戦略は決まった正解があるものではないから、受験生の数だけ答えがあってもおかしくない。しかし、これは試験だから、より出題者が求めるものに絞り込みたい。そこで大切になるのが、「強みを機会に投入できているか」「弱みや脅威を克服できているか」という視点だ。

有勝：ここでもSWOT分析が生かされるのですか。SWOT分析は最強ですね！

先生：そのとおり！　解答を書く前に、考えた戦略をSWOT分析の視点で見直してみよう！　なお、合格＋Ａ答案の５割以上はIMを記載していたため、IMを書けたかどうかは高得点を取るための分かれ目になったかもしれない。さて、この問題にはもう１つ大事なポイントがある。それはこの問題で「販促戦略」ではなく「コミュニケーション戦略」が問われていることにも関係しているんだ。わかるかな？

多川：コミュニケーションといえば双方向だから……顧客ニーズの収集かのぉ？

先生：正解だ！　一方的に宣伝をするのではなく、顧客のニーズを聞いて商品開発に生かす、双方向のコミュニケーションについても解答できるとよりよかっただろう。筋トレだって同じだ。ただ筋トレをするだけではなく、時には筋肉の声に耳を傾け、理想の体を手に入れよう！

【効果について】

先生：オイ、君たち！　効果は書くのかい？　書かないのかい？　どっちなんだい！？

有勝：書きます！　顧客との交流で愛顧を高めたいですね！　醸しましょう、特別感！

多川：ワシはシンプルに「製品の差別化による高付加価値化」じゃ！

先生：２人とも素晴らしいね！　第４問では、合格＋Ａ答案の８割以上が何らかの効果を記載していた。なお、100字の解答の半分くらいを効果に割いている答案もあったが、施策部分とのバランスがよいとはいえないな。上半身ばかり鍛えても美しいボディは手に入らないだろう？　解答でも、バランスを意識しよう！

多川：わかりました！　それにしても、昼飯前の事例Ⅱでこんなおいしそうな豆腐の話をしてくるなんて、出題者もなかなかの鬼じゃ！　豆腐丼が食べたいのぉ！

先生：長丁場の中小企業診断士試験では、体力も求められるんだ！　豆腐のような高タンパク食品を食べて体を作りつつ、引き続き勉強も頑張ろう！　パワー！！（笑顔）

有勝：体力、自信ありません。毎週火曜日は豆腐の日にして、体づくりの大切さは忘れないようにしたいと思います！　それでは皆さん、おつかれ生です。

～試験１週間前からの過ごし方～

手洗い、うがい。いつも以上に健康管理に注意しました。

事例Ⅱ特別企画

「危機を乗り越える力」
～中小企業白書と事例の関係性～

【新型コロナウイルスの影響を受けた事例】

有勝：今回の事例Ⅱは驚きました。新型コロナウイルスの影響が表現されていました。

先生：そうだね、令和２年度の２次試験では冒頭に全事例で

> 【注意事項】
> 新型コロナウイルス感染症（COVID-19）とその影響は考慮する必要はない。

と記されていたが、令和３年度はその文言が外れてウィズコロナの時代に即した試験だったな。特に影響を受けたのは事例Ⅱだったと思うぞ。事例Ⅰは組織問題だが、組織のあり方が外部環境ですぐに変わるものではないし、事例Ⅲも同じく短期的に生産の本質が変わることはない。事例Ⅳの会計は、ウィズコロナだからといって会計基準が変わることもない。事例Ⅱの与件文を読んでみるとよくわかるが、ウィズコロナの時代に合わせたマーケティング手法が問われていて、予想していなかった人にとっては戸惑いを感じられたかもしれないぞ。

【事例と白書の関係】

先生：さて、ここで問題だ！「危機を乗り越える力」というフレーズはどこで使われているか、わかるかい？

有勝：どこかで見た気がします……。もしかして「2021年版中小企業白書」の表紙に書かれている言葉ですか？

先生：お、鋭いね！　素晴らしいぞ。その言葉のとおり、2021年版白書は新型コロナウイルスの影響を受けた中小企業が、いかにしてその壁を乗り越えていくのかを示した内容となっていた。

有勝：先生、事例Ⅰの特別企画に引き続き、また白書ですか……。

先生：今回の『ふぞろいな合格答案』は白書の話が多いけど気にする必要はない。なぜなら白書は中小企業庁が発行する貴重な資料だからね。１次試験だけではなく２次試験にも活用できるのだよ。過去の白書からいくつかピックアップしてみようか。図表４は中小企業の収益力向上に向けた方策を示した図だ。「(3) 優秀な人材の確保・育成」は事例Ⅰ、「(2) 需要開拓」は事例Ⅱ、そして「(4) 生産性の向上」は事例Ⅲのことを示しているように見えないかい？

多川：なんだか言われてみれば、見えないこともないような……。

～試験１週間前からの過ごし方～

ビハインドを背負っていると思っていたので、ラストスパート。

先生：では、事業展開の方向性を示した図表５はどこかで見たことのあるマトリクスではないかな？　2017年版白書にも出てきている表現だよ。

多川：本当じゃ。アンゾフの「製品・市場マトリックス」は令和２年度の事例Ⅱに出ていました。これからは白書を見ていれば試験の予想ができるってことですね。

先生：ははは。残念ながらそこまでは言い切れないね。でも、われわれが学ぶべき中小企業を取り巻く外部環境、それから世の中の中小企業がどのような取り組みをしているのか把握するのに白書はもってこいなんだ。一緒に詳しく見てみようか。１週間時間をあげるので、日々の筋トレに加えて、白書を熟読だ！

図表４　中小企業の収益力向上に向けた方策

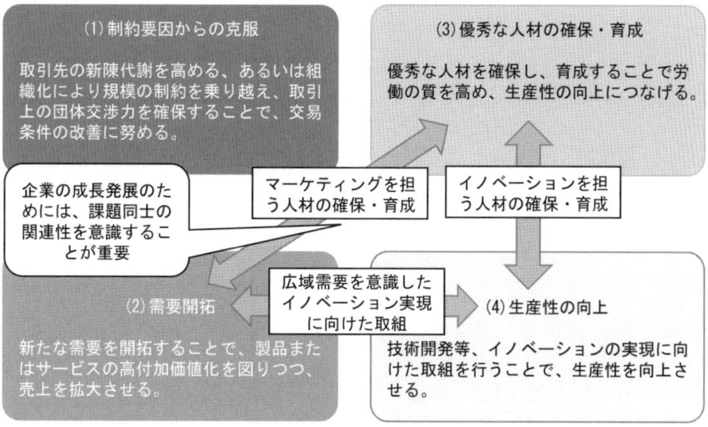

出典：『2015年版 中小企業白書』第1-3-16図、p.74

図表５　地域資源を活用した事業展開の方向性

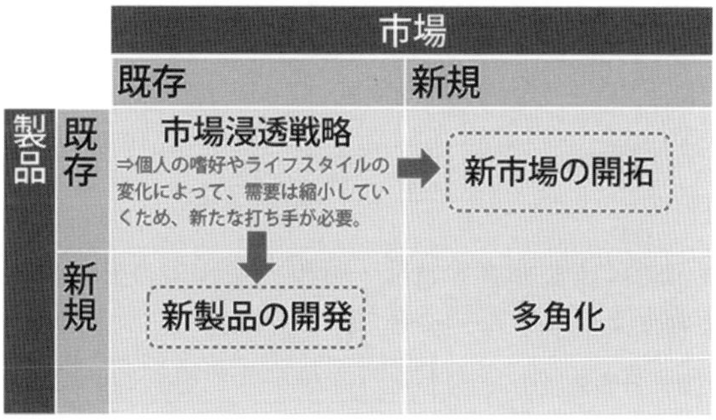

出典：『2019年版 中小企業白書』第3-1-85図、p.384

【白書から読み解く、今後のテーマ】

先生：コロナ禍という特殊な環境下の2021年版白書では、１章分（132ページ）を「デジタル」に割り当てていることが大きな特徴だね。近年では2018年版白書にIT利活用という切り口で63ページ分掲載していたけど、その年の倍以上だ。企業のスタンスにも表れていて、企業の６割近くがデジタル化を事業方針上の「優先順位が高

〜試験１週間前からの過ごし方〜

ニュースを見ないようにした。事件や事故の報道でメンタルに影響を受けやすいため。

い」、もしくは「やや高い」と位置づけている。デジタル化のテーマのなかで興味を持てるテーマはあったかい？

有勝：私はECについて興味を持ちました。巣ごもり需要も相まって、今後も継続利用したいサービスのトップとしてネットショッピングが挙げられています。また、海外に販路を持つ企業の半分弱がすでに越境ECを利用しているということには驚きました。EC拡大を目指す企業には越境ECが必須となりそうですね。

多川：ワシは販売促進活動の変化かな。ITを活用した販促活動では、自社HPの活用、SNSの活用、ECサイトによる販売というトップ３に加えて、新型コロナウイルス流行後はオンラインでの商談・営業が増加している。コロナ禍が収まっても人々の生活様式や企業のスタンスは変わらないともいわれているから、この視点は外せないのぉ。

先生：そうだね。さらに販促活動に加えて、顧客との関係づくりのためにオンラインでのイベント実施も重要と考えている企業もあるようだ。デジタル関連以外の側面では、「クラウドファンディング」は知っているかい？

多川：はい、１次試験にも出たのぉ（令和元年度１次試験「企業経営理論」）。資金調達の目的はもとより、顧客獲得や試作品のテストマーケティングの手段としても活用されている。2017年度から毎年白書に出てくる言葉で、資金繰りなども勘案すると中小企業にはマッチしたマーケティング手法じゃ！

有勝：「SDGs」や「ESG」もホットトピックです。SDGsの広がりをきっかけに自社の強みを再定義したり、社会課題への対応により顧客からの信頼獲得にもつながりますね。

先生：そのほかに気がついたことはあるかい？

多川：図表６の感染症流行が自社の事業にプラスの影響を与えた要因を見たときに、今回の事例Ⅱを思い出しました。地域内消費の拡大、イエナカ消費の拡大、ネット通販の利用増加はまさに問われていた切り口じゃ。地域とのつながりが感染症流行時にも売上維持に貢献していたとのデータもあり、改めて地域活性化への取り組みに積極的であることが大事だと実感したのぉ。

図表６　感染症流行による顧客の意識・行動の変化のうち、自社の事業にプラスの影響をもたらしている変化

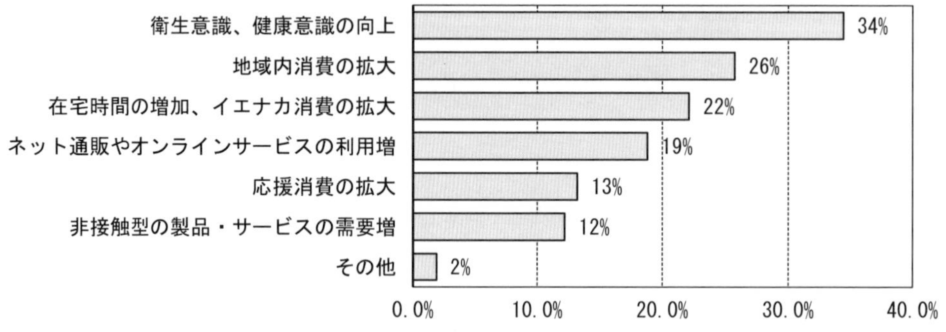

出典：『2021年版 小規模事業白書』第2-1-39図、p.39を参考に作成

〜試験１週間前からの過ごし方〜

過去問演習。

【おまけ】

多川：うちの社長に白書を読ませてみようかな。デジタル化に取り組む企業のほうが労働生産性も高いことが示されているし、デジタル化は経営トップが自ら主導していくことが必須であることもわかってくれるだろう。これでわが社も安泰じゃ。

有勝：白書の情報は２次試験対策にだけでなく、これから中小企業診断士としてお客さまに寄り添う際にも使えそうですね。

先生：そのとおりだ！　試験対策だけではなく、将来のことを見据えて読んでみることだな。最後にもう２つ図を紹介しよう！

図表７　既存市場開拓の売上目標未達成企業が抱える課題

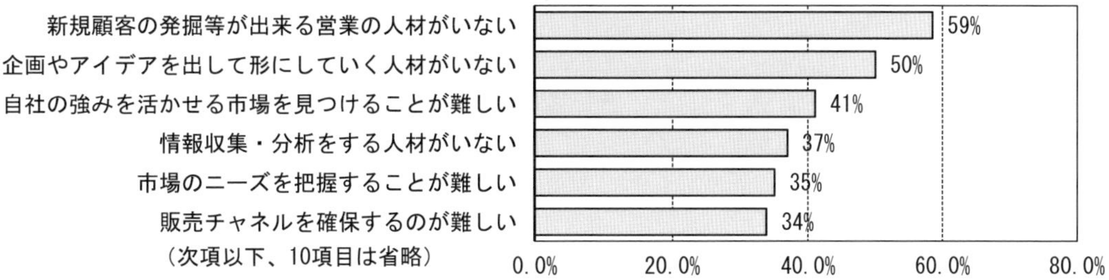

出典：『2015年版 中小企業白書』第2-1-30図、p.164を参考に作成

図表８　兼業・副業として働きたい人を受け入れるメリット

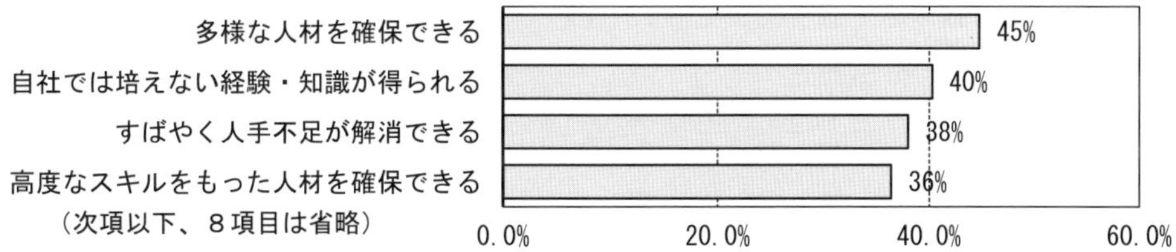

出典：『2021年版 中小企業白書』コラム1-1-4⑤図、p.74を参考に作成

先生：この２つの図は、売上が芳しくない企業が抱える課題と、兼業・副業として働きたい人を受け入れるメリットについて表している。この図を読み解くと、中小企業は受験生のことを待っているようにしか思えない。試験に合格したら、ぜひ地域の企業の皆さまとよい関係を築き、積極的に盛り上げていってほしいものだな。そのような未来に向かって筋トレと同じぐらい受験勉強に励もう！　ハッ！！（笑顔）

注）１次試験においては当年版ではなく、前年版の白書から出題されます。また白書は要点だけを取りまとめた概要版も発表されています。

〜試験１週間前からの過ごし方〜

とにかく体調を崩す恐れのあるものは絶対に食べない。刺身などの生魚、激辛ものなど。

ふぞろい流ベスト答案　事例Ⅱ

第1問（配点20点）

①S　28字　【得点】5点

地元産の大豆[3]と水にこだわった豆腐[2]作り、品評会での表彰実績[1]

②W　29字　【得点】5点

主婦層の顧客が少ない[2]、販売用自社サイト制作のノウハウが無い[3]

③O　29字　【得点】5点

食事に拘りを持つ家庭の増加[3]、人的接触を控えた置き配のニーズ[2]

④T　30字　【得点】5点

コロナウイルス感染症の蔓延[3]による戸別訪問の断り[2]や食事会の中止[2]

第2問（配点25点）　96字　【得点】25点

全国の食通[4]や自宅での食にこだわる家庭[2]向けに、Y社と協業[1]し、手作り豆腐セット[4]、Y社の米や水をセット[2]にした豆腐丼[3]キットをY社[1]ECサイトで販売[3]することで、地元産大豆の魅力を全国に伝え[3]、売上拡大[2]を図る。

第3問(a)（配点15点）50字　【得点】15点

DM[2]で置き配を周知[6]しつつ、高齢者のニーズにあった[1]商品開発を行い[5]、サービスの認知度向上[1]・品質向上[1]を図る。

第3問(b)（配点15点）50字　【得点】15点

配達前後に電話[3]でニーズを収集[5]し、好みの商品や季節の変わり豆腐[1]の紹介を行い[5]、愛顧向上[2]・客単価向上[1]を図る。

～試験1週間前からの過ごし方～

ひたすら勉強。食事はフードデリバリーで贅沢する。

第４問（配点25点）　97字　　　　【得点】25点

製	品	戦	略	は	、	人	気	の	**和**	**菓**	**子**	**店**	**と**	**連**	**携**[6]	し	て	**京**	**文**
化	**を**	**感**	**じ**	**さ**	**せ**	**る**[3]	**高**	**付**	**加**	**価**	**値**[2]	な	商	品	を	開	発	す	る。
コ	ミ	ュ	ニ	ケ	ー	シ	ョ	ン	戦	略	は	、	**IM**[5]	に	よ	る	情	報	発
信	と	**顧**	**客**	**ニ**	**ー**	**ズ**	**の**	**収**	**集**[4]	を	行	う	。	以	上	に	よ	り	顧
客	と	の	**関**	**係**	**性**	**強**	**化**[4]	と	**顧**	**客**	**獲**	**得**[4]	を	図	る	。			

ふぞろい流採点基準による採点

100点

第１問：強み・弱み・機会・脅威について、第２問以降との関連や時制を考慮しながら優先順位付けを行い、重要度が高いと考えられる要素を記述しました。

第２問：ほかの設問とのつながりを考慮しながら、合格＋Ａ答案に多かった、ターゲット・商品・販売方法を多面的に取り入れ、強み・機会を生かすことで、弱み・脅威を克服できる内容になるよう意識して記述しました。

第３問：フランチャイズ方式の特徴や役割分担を理解していることがわかるよう（a）と（b）の解答で書き分けつつ、高齢者顧客のニーズに対する施策をそれぞれ記述しました。

第４問：製品戦略、コミュニケーション戦略、効果の３つの文章に分けることで、キーワードを簡潔に盛り込みました。与件文に沿ってIMの活用や和菓子店との連携を意識しました。

Column

原点に返ることの大切さ

２次試験は伸びない人は、本当に伸びません。私がそうでした。とてもつらいときですが、そのときは原点に返ることが大切です。私がやりたいことは診断士しかないと考えていたので、つらいときは診断士を志したときを振り返って、私がつらくても投げ出さない理由を探していました。原点に返って、別の資格を得ることがよいと判断することは逃げではないですし、英断だと思います。（マコト）

～試験前日の過ごし方～

22時に再度湯船につかって温まりながら暗記。

事例Ⅲ（生産・技術）

令和3年度　中小企業の診断及び助言に関する実務の事例Ⅲ（生産・技術）

【C社の概要】

C社は、革製のメンズおよびレディースバッグを製造、販売する中小企業である。資本金は2,500万円、従業員は総務・経理部門5名、製品デザイン部門5名、製造部門40名の合計50名である。

バッグを製造する他の中小企業同様、C社はバッグメーカーX社の縫製加工の一部を請け負う下請企業として創業した。そして徐々に加工工程の拡大と加工技術の向上を進め、X社が企画・デザインした製品の完成品までの一貫受託生産ができるようになり、X社の商品アイテム数の拡大も加わって生産量も増大した。しかしその後、X社がコストの削減策として東南アジアの企業に生産を委託したことから生産量が減少し、その対策として他のバッグメーカーとの取引を拡大することで生産量を確保してきた。現在バッグメーカー4社から計10アイテムの生産委託を受けており、受注量は多いものの低価格品が主となっている。

C社では、バッグメーカーとの取引を拡大するとともに、製品デザイン部門を新設し、自社ブランド製品の企画・開発、販売を進めてきた。その自社ブランド製品が旅行雑誌で特集されて、手作り感のある高級仕様が注目された。高価格品であったが生産能力を上回る注文を受けた経験があり、自社ブランド化を推進する契機となった。さらに、その旅行雑誌を見たバッグ小売店数社からC社ブランド製品の引き合いがあり、販売数量は少ないものの小売店との取引も始められた。一方でC社独自のウェブサイトを立ち上げ、インターネットによるオンライン販売も開始し、今では自社ブランド製品販売の中心となっている。現在自社ブランド製品は25アイテム、C社売上高の20％程度ではあるが、収益に貢献している。

【自社ブランド製品と今後の事業戦略】

C社の自社ブランド製品は、天然素材のなめし革を材料にして、熟練職人が縫製、仕上げ加工する高級品である。その企画・開発コンセプトは、「永く愛着を持って使えるバッグ」であり、そのため自社ブランド製品の修理も行っている。新製品は、インターネットのオンライン販売情報などを活用して企画している。

C社社長は今後、大都市の百貨店や商業ビルに直営店を開設して、自社ブランド製品の販売を拡大しようと検討している。ただ、製品デザイン部門には新製品の企画・開発経験が少ないことに不安がある。また、製造部門の対応にも懸念を抱いている。

～試験前日の過ごし方～

さすがにちょっと早く寝たかな？

【生産の現状】

生産管理担当者は、バッグメーカーの他、小売店およびインターネットからの注文受付や自社ブランド製品の修理受付の窓口でもあり、それらの製造および修理の生産計画の立案、包装・出荷担当への出荷指示なども行っている。生産計画は月１回作成し、月末の生産会議で各工程のリーダーに伝達されるが、計画立案後の受注内容の変動や特急品の割込みによって月内でもその都度変更される。

生産は、バッグメーカーから受託する受注生産が主であり、１回の受注量は年々小ロット化している。生産管理担当者は、繰り返し受注を見越して、受注量よりも多いロットサイズで生産を計画し、納品量以外は在庫保有している。

バッグ小売店やインターネットで販売する自社ブランド製品は、生産管理担当者が受注予測を立てて生産計画を作成し、見込生産している。注文ごとに在庫から引き当てるものの、欠品や過剰在庫が生じることがある。

受注後の製造工程は、裁断、縫製、仕上げ、検品、包装・出荷の５工程である。

裁断工程では、材料の革をパーツごとに型で抜き取る作業を行っており、C社内の製造工程では一番機械化されている。その他に、材料や付属部品などの資材発注と在庫管理も裁断工程のリーダーが担当する。生産計画に基づき発注業務を行うが、発注から納品までの期間が１カ月を超える資材もあり、資材欠品が生じた場合、生産計画の変更が必要となる。

C社製造工程では一番多くの熟練職人６名が配置されている縫製工程は、裁断された革を組み立てて成形する作業を行う。通常はバッグメーカーからの受託生産品の縫製作業が中心で、裁断済みパーツの部分縫製とそれを組み合わせて製品形状にする全体縫製との作業に大きく分かれ、全体縫製では部分縫製よりも熟練を要する。自社ブランド製品の生産が計画されると、熟練職人は受託生産品の作業から自社ブランド製品の作業へ移る。自社ブランド製品は、部分縫製から立体的形状を要求される全体縫製のすべてを一人で製品ごとに熟練職人が担当し、そのほとんどの作業は丁寧な手縫い作業（手作業）で行われる。自社ブランド製品の縫製工程を担当した熟練職人は、引き続き仕上げ工程についても作業を行い、製品完成まで担当している。各作業者の作業割り当ては、縫製工程のリーダーが各作業者の熟練度を考慮して決めている。縫製工程は、自社ブランド製品の修理作業も担当しており、C社製造工程中最も負荷が大きく時間を要する工程となっている。

仕上げ工程は、縫製されたバッグメーカーからの受託生産品の裁断断面の処理、付属金物の取り付けなどを行う製造の最終工程を担当し、縫製工程同様手作業が多く、熟練を要する。

縫製、仕上げ両工程では、熟練職人の高齢化が進み、今後退職が予定されているため、若手職人の養成を行っている。その方法として、細分化した作業分担制で担当作業の習熟を図ろうとしているが、バッグを一人で製品化するために必要な製造全体の技術習熟が進んでいない。

～試験前日の過ごし方～

お酒を控える。

検品工程では製品の最終検査を行っているが、製品の出来栄えのばらつきが発生した場合、手直し作業も担当する。

包装・出荷工程は、完成した製品の包装、在庫管理、出荷業務を担当する。

第１問（配点20点）

革製バッグ業界におけるＣ社の（a）強みと（b）弱みを、それぞれ40字以内で述べよ。

第２問（配点30点）

バッグメーカーからの受託生産品の製造工程について、効率化を進める上で必要な（a）課題２つを20字以内で挙げ、それぞれの（b）対応策を80字以内で助言せよ。

第３問（配点20点）

Ｃ社社長は、自社ブランド製品の開発強化を検討している。この計画を実現するための製品企画面と生産面の課題を120字以内で述べよ。

第４問（配点30点）

Ｃ社社長は、直営店事業を展開する上で、自社ブランド製品を熟練職人の手作りで高級感を出すか、それとも若手職人も含めた分業化と標準化を進めて自社ブランド製品のアイテム数を増やすか、悩んでいる。

Ｃ社の経営資源を有効に活用し、最大の効果を得るためには、どちらを選び、どのように対応するべきか、中小企業診断士として140字以内で助言せよ。

～試験前日の過ごし方～

いつもより早めにベッドに入る（普段の生活リズムが悪すぎて結局寝つけず）。

第１問（配点20点）【難易度　★★☆　勝負の分かれ目】

革製バッグ業界におけるＣ社の（a）強みと（b）弱みを、それぞれ40字以内で述べよ。

●出題の趣旨

Ｃ社の事業内容を把握し、革製バッグ業界におけるＣ社の強みと弱みを分析する能力を問う問題である。

●解答ランキングとふぞろい流採点基準

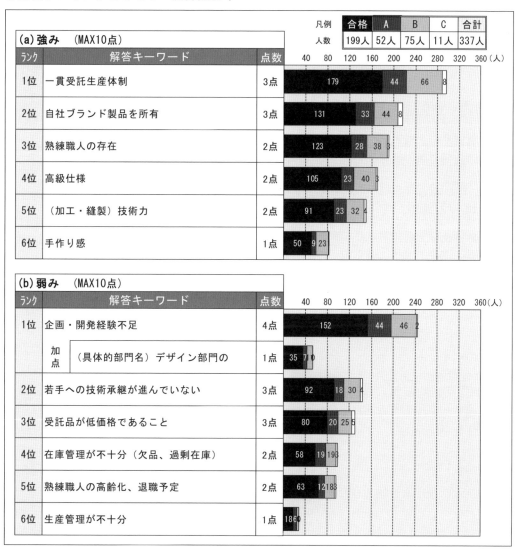

凡例	合格	A	B	C	合計
人数	199人	52人	75人	11人	337人

(a) 強み　（MAX10点）

ランク	解答キーワード	点数
1位	一貫受託生産体制	3点
2位	自社ブランド製品を所有	3点
3位	熟練職人の存在	2点
4位	高級仕様	2点
5位	（加工・縫製）技術力	2点
6位	手作り感	1点

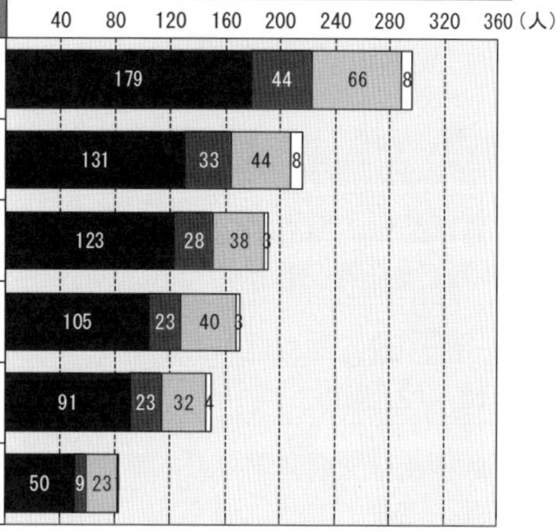

(b) 弱み　（MAX10点）

ランク	解答キーワード	点数
1位	企画・開発経験不足	4点
加点	（具体的部門名）デザイン部門の	1点
2位	若手への技術承継が進んでいない	3点
3位	受託品が低価格であること	3点
4位	在庫管理が不十分（欠品、過剰在庫）	2点
5位	熟練職人の高齢化、退職予定	2点
6位	生産管理が不十分	1点

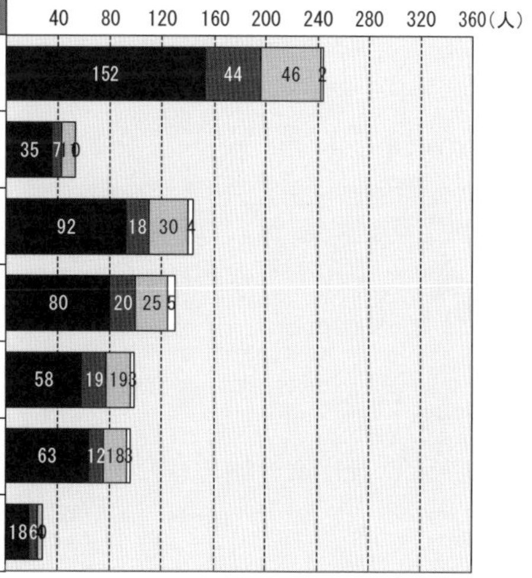

～試験前日の過ごし方～

夕方までに勉強を終わらせて、好きなスイーツを食べて頑張ってきた自分を労う。

●再現答案

(a)

区	再現答案	点	文字数
合	①**企画から製造・販売までの一貫体制**[3]②**熟練職人**[2]の高い**加工技術力**[2]③**自社ブランド**[3]が好評。	10	40
A	強みは、**高度な加工技術力**[2]と**製品の完成品迄の一貫受託生産体制**[3]、**自社ブランド**[3]の商品力。	8	40
B	①**一貫受注体制を有する**[3]こと、②**自社ブランド**[3]が旅行雑誌に特集された実績があること	6	39
C	①高品質で利益率の高い**自社ブランド製品**[3]②オンライン販売での顧客ニーズを収集できる。	3	40

(b)

区	再現答案	点	文字数
合	**新製品の企画・開発経験の低さ**[4]。**委託生産品の低い価格**[3]。製造全体の**技術習熟の低さ**[3]。	10	39
A	①**製品の企画・開発力が弱い**[4]②**欠品や過剰在庫**[2]が生じている③**熟練職人の高齢化**[2]。	8	37
B	**低価格な受託生産**[3]依存で収益性が低く、**熟練職人の高齢化**[2]による退職予定。	5	34
C	東南アジア企業と比較し生産コストが高く、**バッグメーカーとの取引は低価格品が主**[3]。	3	39

●解答のポイント

「革製バッグ業界における」という設問要求に従い、業界内での競争力に関わる強み・弱みを抽出し、端的にまとめることがポイントだった。

【設問解釈】

先生：さぁ、後半戦の始まりだ！　この設問を読んで気になることはあるかな？

多川：前年と同じ質問ですね。強みや弱みとなるキーワードを端的に並べれば間違いないと思います。

有勝：ちょっと待って、「革製バッグ業界における」って書いてありますよ？　これは、解答するうえでの重要なポイントじゃないでしょうか？

先生：よい着眼点だ！　実は前年の問題にはこのような指示はなかったんだ。今回は「革製バッグ業界での競争」を意識したうえでの強みと弱みを選択する必要があるんだ。

有勝：設問指示はたかが一言、されど一言。よく読む必要がありますね！

先生：プロテインの分量を間違えたら大変なのと同じだね！

【強み】

先生：まずはＣ社の強みについて、どのように考えたかな？

多川：「企画・デザインから完成品までの一貫受託生産」じゃ！　これは外せないのぉ！　一貫体制はここ数年毎年出題される重要キーワードなんじゃ！

先生：一貫（受託）生産については、９割近い受験生が解答していた絶対に外せないポイントだろう。有勝さんはどう考えたのかな？

有勝：Ｃ社の業界内での競争優位性の源泉となっているのは、「加工技術力」と「それを持つ熟練職人の存在」じゃないでしょうか。まさにプロフェッショナル！

先生：素晴らしい！　技術力（Skill）や人材（Staff）は筋肉と同じで一朝一夕では確保できない、競争優位性を構築する重要な強みなんだ。革製バッグ業界でも、差別化要因の実現に寄与している可能性が高い！　（加工）技術力は約４割、熟練職人は約６割の受験生が解答していた。ほかにはないかな？

多川：ワシは「自社ブランド品」について書いたのぉ！　高価格品にもかかわらず引き合いもあるし、Ｃ社の強みじゃ！

先生：よく読み解けている！　人気の「自社ブランド品」はＣ社の収益にも貢献する重要な強みだろう。

有勝：先生！　文字数が足りなかったので書けなかったのですが、「Ｃ社独自のウェブサイト」で「インターネットによるオンライン販売」が可能というのも強みではないでしょうか。

先生：「独自ウェブサイトの保有」などの表現で言及している受験生は確かにいた。しかし、解答率は10％台と低く、合格＋Ａ答案よりもＢ答案以下での解答が多かったんだ。「高価格な革製バッグ」は消費財としては買回品や専門品に該当するが、オンライン販売では商品の品質や質感を伝えるのは難しい。実際にＣ社社長の思惑としてはオンライン販売だけでなく、直営店の開設を検討しているため、強みの優先順位としては低かったといえるだろう。

【弱み】

先生：次はＣ社の弱みについてだ。どんな解答を書いたかな？

多川：「熟練職人の高齢化」と「技術承継が進んでいないこと」、そして「欠品や過剰在庫など在庫管理が不十分」！　これで決まりじゃ！

先生：よい観点だ！　いずれも多くの受験生が解答しており、加点されたポイントだと思

～試験前日の過ごし方～

ゆっくりとお風呂につかって寝た。

われる。ほかに重要なキーワードはないかな？

有勝：私は「革製バッグ業界」での競争という観点から、「新製品の企画・開発力不足」、「受託品が低価格」であることをキーワードとして使用しました。

先生：エクセレント！　「革製バッグ業界」という設問指示を考えると、両方とも重要なポイントだ。「受託品が低価格」であるということは、受託品については競争力が低く、他社と差別化できていないと考えられる。Ｃ社の大きな弱みといえるだろう。

多川：でも、「新製品の企画・開発力不足」は現時点では弱みではないと思います。むしろ、企画・開発ができることはＣ社の強みじゃないですか？

先生：Ｃ社社長は直営店の開設を通じて自社ブランド製品の販売拡大を検討しているだろう？　「新製品の企画・開発力不足」は、その販売拡大の実現に不安をもたらす弱みとなっているんだ。実際に、合格＋Ａ答案では約８割が弱みとして解答したポイントだったんだ。一方、Ｂ答案以下でこの観点を解答した割合は５割程度と解答率にかなりの差があった。このポイントに気づけたかどうかが、勝負の分かれ目だったといっても過言ではないだろう。

Column

実務補習との比較で見えてくる２次試験の与件文の読み取り方

私が２次試験で意識していたことは「与件文の要素を各設問にいかにバランスよく対応させて解答できるか」のみでした。なぜこれが重要なのかを２次試験と実務補習の比較を通じて説明します。

２次試験に合格すると多くの人が参加することとなる実務補習では、実際に企業に訪問して課題を洗い出したのち解決策を提言します。この実務補習の最初の作業は、企業の情報をできるだけ多く収集する作業であり、ここでどれだけの情報を収集できるかでその後の提言の幅が大きく変わってきます。この作業はよく「２次試験の与件文を作成するようなもの」と表現されますが、この作業によって収集された情報と、２次試験の与件文は少し違いがあると思っています。実務補習では、収集した情報から自分なりに課題を見つけて自分なりに提言を行い、この「自分なり」の部分が各診断士の腕の見せ所となります。

一方、２次試験では出題者は採点するための基準をあらかじめ準備する必要があり、受験者の解答の一定数をその基準に沿った形に導く必要があります。つまり、受験生の解答の方向性がある程度の範囲に収束するように与件文と設問が作成されているということになります。そう考えると、設問ごとに対応する与件文の要素が決まっており、これを意識した解答をする必要があることが納得いただけると思います。設問ごと単体で解答を考えるのではなく、設問を横並びで俯瞰してみてはいかがでしょうか。　（けんと）

〜試験前日の過ごし方〜

会場への行き方や入室開始時間、持ち物を最終確認。あとは問題集で軽く計算練習をしました。

第２問（配点30点）【難易度　★☆☆　みんなができた】

バッグメーカーからの受託生産品の製造工程について、効率化を進める上で必要な（a）課題２つを20字以内で挙げ、それぞれの（b）対応策を80字以内で助言せよ。

●出題の趣旨

C社の受託製品の受注生産工程について、効率化を進める上で必要な課題を整理し、その対応策を助言する能力を問う問題である。

●解答ランキングとふぞろい流採点基準（a）

※順不同で2点の解答を指示されているため、延べ674名分の解答として分析。

課題(a)

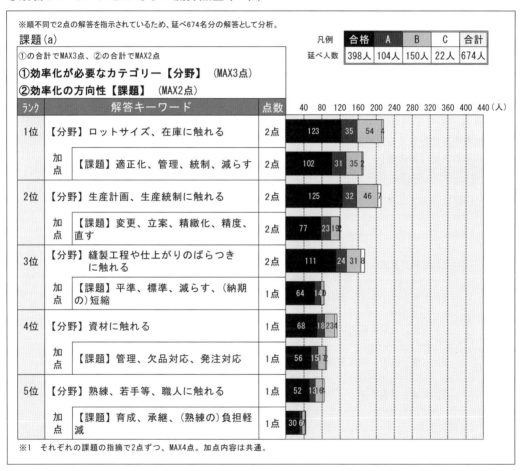

凡例	合格	A	B	C	合計
延べ人数	398人	104人	150人	22人	674人

①の合計でMAX3点、②の合計でMAX2点

①効率化が必要なカテゴリー【分野】（MAX3点）

②効率化の方向性【課題】（MAX2点）

ランク		解答キーワード	点数
1位		【分野】ロットサイズ、在庫に触れる	2点
	加点	【課題】適正化、管理、統制、減らす	2点
2位		【分野】生産計画、生産統制に触れる	2点
	加点	【課題】変更、立案、精緻化、精度、直す	2点
3位		【分野】縫製工程や仕上がりのばらつきに触れる	2点
	加点	【課題】平準、標準、減らす、(納期の)短縮	1点
4位		【分野】資材に触れる	1点
	加点	【課題】管理、欠品対応、発注対応	1点
5位		【分野】熟練、若手等、職人に触れる	1点
	加点	【課題】育成、承継、(熟練の)負担軽減	1点

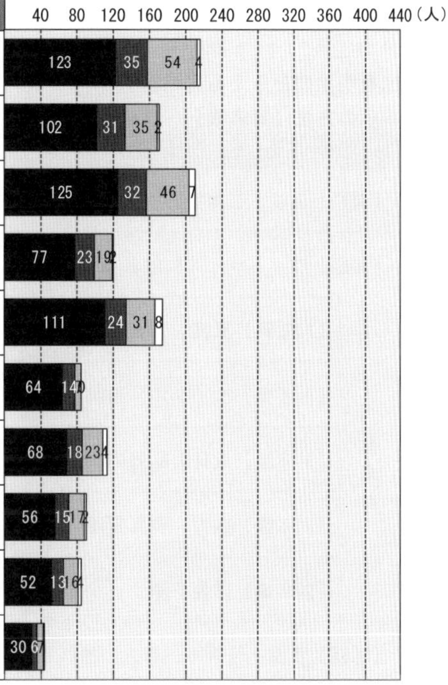

※1　それぞれの課題の指摘で2点ずつ、MAX4点。加点内容は共通。

●再現答案（a）

区	再現答案	点	文字数
合	<u>生産計画</u>[2]を改善し、<u>在庫</u>[2]を<u>最適化</u>[2]すること	5	19

〜試験前日の過ごし方〜

令和２年度の過去問を、本番と同じ時間設定で解いていた。

合	縫製工程[2]負荷の平準化[1]と熟練職人[1]の技術継承[1]	5	20
B	生産計画[2]を短サイクル化し、精度を向上[2]する	4	20
B	縫製工程[2]の多大な負荷を軽減[1]すること	3	17
C	資材[1]の欠品等で生産計画[2]が度々変更される。	3	20
C	縫製工程[2]に技術が必要で最も負荷が大きい。	2	20

●解答ランキングとふぞろい流採点基準（b）

※順不同で2点の解答を指示されているため、延べ674名分の解答として分析。

対応策(b)

①の合計でMAX4点、②の合計でMAX4点

①課題を明確にとらえる【課題】　(MAX4点)

②効率化の方法【対応策】　(MAX4点)

凡例	合格	A	B	C	合計
延べ人数	398人	104人	150人	22人	674人

ランク		解答キーワード	点数	合格	A	B	C
1位		【課題】生産、在庫計画に触れる　※1	2点	244	68	96	13
		【課題】ロットサイズに触れる　※1	2点	131	35	52	7
	加点	【対応策】見直し、管理、最適化	2点	226	67	86	11
	加点	【対応策】サイクル、週次、日次	2点	155	41	50	6
	加点	【対応策】資材欠品対応、発注	1点	105	25	26	5
	加点	【対応策】余力、現品管理	1点	94	29	29	2
	加点	【対応策】需要予測	1点	47	15	14	[illegible]
2位		【課題】熟練、若手等、職人に触れる	1点	122	28	40	4
	加点	【対応策】ＯＪＴ、標準、マニュアル化、育成	2点	98	21	31	2
	加点	【対応策】負荷軽減、平準化	2点	65	19	20	4
3位		縫製、修理工程に触れる	1点	76	25	31	6

(人) 40 80 120 160 200 240 280 320 360 400 440

※1　それぞれの課題の指摘で2点ずつ、MAX4点。加点内容は共通。

～試験の朝の過ごし方～

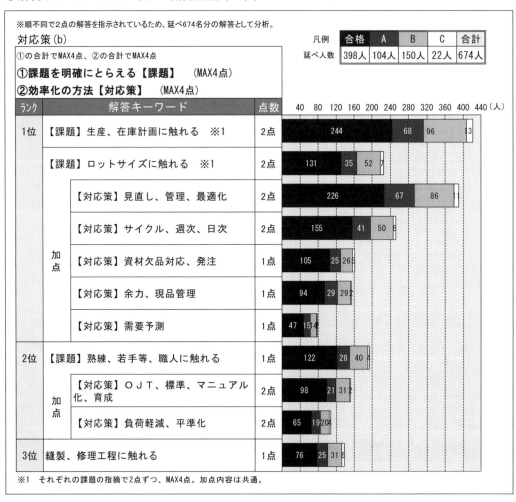

当日食べるパンやお菓子の割り当てをする。

効果　（MAX2点）		
ランク	解答キーワード	点数
1位	効率化、生産性向上	2点
2位	納期、リードタイムの短縮	1点
3位	コスト削減	1点

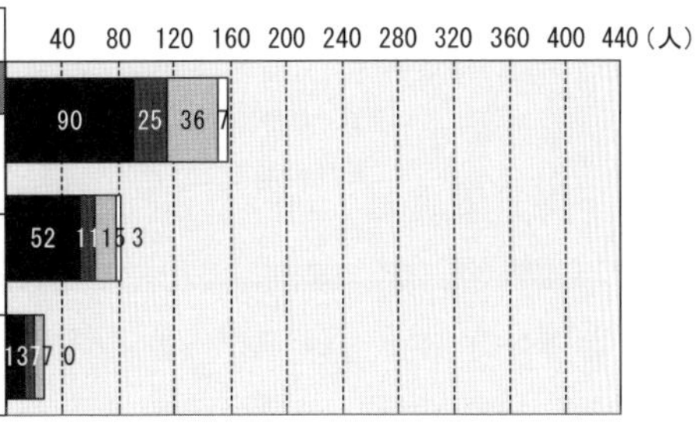

●再現答案（b）

区	再現答案	点	文字数
合	①バッグメーカーの**生産計画**[2]を大中小日程で入手し**短サイクル**[2]で計画を**見直し**[2]**生産統制**[1]に注力し、②**受注量に合わせてロットサイズ**[2]を変更して生産し在庫を削減して**効率化**[2]する。	10	80
合	工程ごとの人員配置の見直しや**修理作業**[1]の別工程化による**作業負荷の平準化**[2]を行う。また、**ＯＪＴや教育実施**[2]による**若手職人**[1]の養成強化や作業内容の**標準化**により**効率化**[2]を図る。	8	80
B	対応策は、①特急品等を含めた**計画立案サイクルの週次化**[2]、②受注量を優先した**生産ロットサイズ**[2]の**適正化**[2]や**受注予測**[1]の精緻化、③発注期間を考慮した仕入れ・**在庫管理**[2]を行う。	8	80
B	**熟練作業者**[1]の**縫製作業**[1]を**標準化・マニュアル化・ＯＪＴ**[2]を行う。又、若手職人に修理を任せ全体工程を学ばせ検品工程の手直し作業も任せ、**リードタイムの短縮**[1]を図る。	5	76
C	対応策は、精度の高い**生産計画**[2]に基づき資材を調達する。一方、調達納期が１カ月など納期を要するものは中期計画で見込み調達する。安全在庫も設定し**欠品を防ぐ**[1]ことである。	3	80
C	工程の平準化を図るため、技術を**マニュアル化**[2]し、**若手職人**[1]がその技術を習得しやすい体制をとる。また、その技術をデータベース化し、技術者が共有できるようにしておく。	3	79

●解答のポイント

Ｃ社が効率化を進めるうえで必要な課題を整理し、その対応策を多面的に指摘できるかがポイントだった。

～試験の朝の過ごし方～

お気に入りの音楽を聴きながら、復習。

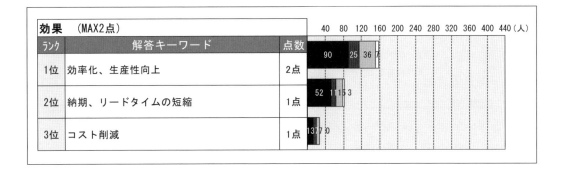

【解答の方向性とは？】

先生：さて、第2問は（a）課題2つ、（b）対応策2つを答える問題だ。2人はなんて書いたかい？

多川：事例Ⅲで課題といったら、「DRINK（D：データベース／R：リアルタイム／I：一元管理／N：ネットワーク／K：共有化）」じゃ！　【生産の現状】段落を見てください、バッグメーカーからの受注生産では欠品や過剰在庫の発生頻度が高く、さらに自社ブランド製品の製造工程も作業員の負荷が大きい。課題はこの2つで決まり！　対応策はDBを活用した一元管理でリアルタイムな情報共有じゃ！

有勝：なるほど！　与件文に丁寧に書かれていますし、フレームワークにきれいに当てはまりますね。ただ、私の場合、別のフレームワークを使っていました！　私の場合は、「かざって豆腐」というフレームワークでした！　えっと、確か、加工のムダと……。

先生：ハッ（中途半端な知識を使うことへの声なき怒り）！　加工のムダ、在庫のムダ、つくり過ぎのムダ、手待ちのムダ、動作のムダ、運搬のムダ、不良のムダを一言でまとめたフレームワークだね！　有勝さん、中途半端な知識を使うことは、知らないトレーニング器具の使い方を、トレーナーに教えてもらわないで、使うのと同じくらい危険な行為だよ！　最悪ケガするからね！

有勝：すみません、ちゃんと知識を身につけてから使うようにします！

先生：注意はダンベルの隣に置いといて。2人とも解答ありがとう。だがその解答だと、残念ながら僕の腹直筋は喜ばないな。C社社長はそんなことはすでに知っている！まずは（a）課題から。第1問で弱みの分析をしただろう。それを活用しない手はないな。昔の人も言っていただろう？　故きを温めて筋肉を知るって。

多川：謎の故事成語を開発すなぁ！

有勝：弱みは、開発力、営業力がないこと、受託品が低価格であること、技術承継が進んでいないこと、欠品の発生、職人の高齢化、ですね。

先生：ふむ、よくわかっているね。ではそのなかで設問にある「受託生産品の製造工程の効率化」に結びつくものは？

有勝：受託品が低価格であること、技術承継が進んでいないこと、欠品の発生でしょうか。

多川：なにぃ！　作業員の製造工程の負荷が大きい点はなぜ入らないんじゃ！

有勝：そうですね。製造工程の負荷は技術承継に包括できるのではないでしょうか。ほら、作業には「熟練を要する」とありますし。

先生：いい指摘だね。あとは、設問要求に合わせて解答するんだ。設問要求は「課題を挙げろ」となっているね。さあもう一息。パワー！！（笑顔）

多川：課題！？　「受託品が低価格であること」は課題ではないんですか？

先生：課題とは、単に問題点を指摘するだけではなく、それを改善する方向性を示すことなんだ。

〜試験の朝の過ごし方〜

いつもと同じ。試験中リラックスできるようにゆったりとした服を選びました。

有勝：設問の解釈って、奥が深いんですね。逃げるわけにはいかないですね、トレーニングと同じで！

先生：ハッ！！（笑顔）

【対応策とは何か】

先生：次は（b）対応策についてだ！　さあ、多川さん、与件文に出ていないDB活用という解答から離れよう！　ヒントは与件文にある！　筋肉をフル回転させて考えるんだ！

多川：いきなりワシの解答が全否定されたんじゃ！

有勝：多川さんの解答も悪くないと思うのですが。なぜですか？　DBの活用は生産工程の効率化につながるのではないでしょうか。

先生：間違いではない。でもＣ社に寄り添っていない。

多川：寄り添っていない？　どんな解答が寄り添った解答になるんですか？

有勝：先生、ロットサイズの抑制や、生産計画の立案という観点はどうでしょう。ああ、また小賢しいこと言ってしまったでしょうか。

先生：素晴らしい！　わかってきたね！　それは僕の大腿四頭筋みたいに素晴らしいよ！

多川：それはちょっと視点が高過ぎないですか？　ワシは具体的に、欠品に対しては資材の使用量と発注後の納期から安全在庫量を計算することが対応策になると思っていました。１次試験対策でも勉強したんじゃ！

有勝：確かにとても具体的ですね。私も１次試験対策で勉強しましたよ。先生、どちらがよいのでしょうか？

先生：多川さんは、「助言」という設問に対して、素直に取り組めている。基礎ができているね。だが２次試験も筋肉と同じで基礎だけでなく、応用も効かせる必要がある。君の解答だけで「受託生産の効率化」になっているかな？　プロテインを飲むだけで筋肉は育つのかな？

多川：トレーニングと休息も含めた総合的な筋肉育成が……。いかん、ワシまで筋肉に頭を……！！

有勝：わかりやすいたとえですね。受験生の傾向としても同じことがいえるのでしょうか？

先生：Ｂ答案以下では、現状の把握で半分近くの字数を使っていたり、具体性を追求するあまり、近視眼的な指摘になっているものも多かったんだ。Ｃ社には生産管理者もいるし、実行レベルの具体的な対応策については生産管理者の範疇となるだろう。社長への助言としては、有勝さんのレベル感で対応すべき内容を多面的に挙げることが題意に沿っていた、といえるだろう！

～試験の朝の過ごし方～

ファイナルペーパー読み込み。

【技術承継の観点】

有勝：先生、技術承継についてはどうでしょう。C社は、若手職人の育成に積極的だと思うのですが。

多川：職人不足じゃ！　この課題には、標準化によるマニュアル作成にOJT、加えて負荷の平準化と決まっている。

有勝：さっきも同じノリで先生に「C社に寄り添っていない」と指摘されてましたよね……。でも過去事例の観点からも、間違っていない気がします。多川さんの意見は、悔しいことに毎回納得できます。

先生：技術承継について指摘していた人は割と少なかった。その少ないなかでも、合格+A答案には比較的多く含まれていたよ。解答の方向性としても、標準化やOJTでOKさ。ただし、単に手法だけじゃなく、その結果、工程の負荷分散につながるところまでがセットになる。トレーニングで腕の筋肉を鍛える運動と足を鍛える運動をセットにするのに似ているね。

有勝：こっちは定番のフレームワークの使用でOKなのですね。なんだか難しいです……。

先生：どちらも考え方は同じだ。実施すべき施策と、その結果に何が起こるかを書くんだ。さらに効果として、効率化やコスト削減まで触れていれば、OKだ！

Column

優れた人材がいないなら、自分がそれになればよい。

会社から一歩でたら普通の人。このまま年を重ねてよいのだろうか。そのような思いが根底にありました。当時の私は、とあるプロジェクトに少数のメンバーとともに従事していました。なかでも刺激を受けたのは30代のAさんで、大手会計事務所系コンサル会社出身で知識が豊富、ちょっと性格にクセがあるものの尊敬に値する人物でした。そのようななか、プロジェクトに暗雲が立ち込め、見切りをつけたAさんは自ら社内公募で他部署に異動、私の下を去ることになりました。残された私はAさんが抜けた穴を埋めようと欠員補充に奔走しますがよい人材が見つかりません。困った私はふと、以前Aさんと話したことを思い出しました。「Aさんて物知りで頼もしいけど、どうしたらあなたみたくなれるのかな？」「そうですね。中小企業診断士とか受けてみたらどうですか。ひととおりビジネスに必要な知識を学習するから役に立つと思いますよ」。思い返してみるとあの一言が転機になりました。「そうか、Aさんの代わりがいないなら、あの豊富な知識を私自身が身につければよいんだ！」。そこから猛勉強を始めてはや3年。試験勉強を通じてだんだんと診断士の知識を身につけていった私はプロジェクトを成功させ、希望部署に異動。経営層を説得するのも苦にならなくなり、さらなる展望も描ける立場になりました。合格を果たした今、他社で活躍するAさんに、久しぶりに近況と、お礼の言葉を伝えようと思っています。

（ただ）

〜会場で緊張をほぐす方法〜

合格を確信できている奴なんていない。

第３問（配点20点）【難易度　★★☆　勝負の分かれ目】

Ｃ社社長は、自社ブランド製品の開発強化を検討している。この計画を実現するための製品企画面と生産面の課題を120字以内で述べよ。

●出題の趣旨

Ｃ社自社ブランド製品の開発強化の計画を実現するために必要となる製品企画面と生産面の課題について、助言する能力を問う問題である。

●解答ランキングとふぞろい流採点基準

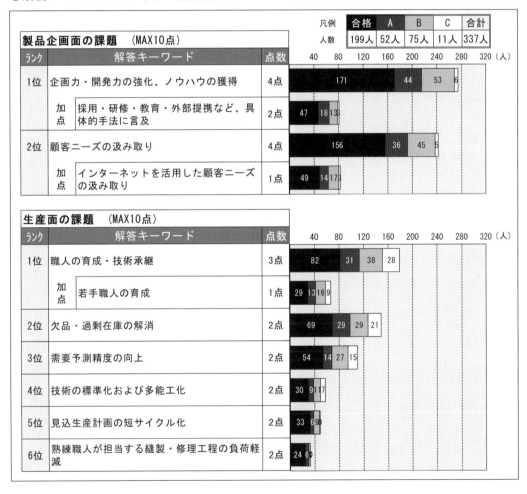

凡例	合格	A	B	C	合計
人数	199人	52人	75人	11人	337人

製品企画面の課題　（MAX10点）

ランク	解答キーワード	点数	合格	A	B	C
1位	企画力・開発力の強化、ノウハウの獲得	4点	171	44	53	6
加点	採用・研修・教育・外部提携など、具体的手法に言及	2点	47	18	13	3
2位	顧客ニーズの汲み取り	4点	156	36	45	5
加点	インターネットを活用した顧客ニーズの汲み取り	1点	49	14	17	3

生産面の課題　（MAX10点）

ランク	解答キーワード	点数	合格	A	B	C
1位	職人の育成・技術承継	3点	82	31	38	28
加点	若手職人の育成	1点	29	13	16	9
2位	欠品・過剰在庫の解消	2点	69	29	29	21
3位	需要予測精度の向上	2点	54	14	27	15
4位	技術の標準化および多能工化	2点	30	9	11	7
5位	見込生産計画の短サイクル化	2点	33	6	9	0
6位	熟練職人が担当する縫製・修理工程の負荷軽減	2点	24	6	3	[illegible]

（人）

●再現答案

区	再現答案	点	文字数
合	製品企画面の課題は、オンライン販売情報以外の小売店や雑誌からの**ニーズ収集**[4]や**社員教育**[2]による**新商品の企画開発力の強化**[4]である。生産面の課題は①**需要予測精度向上**[2]による**欠品や過剰在庫の改善**[2]②**若手育成**[1]による**熟練職人の技能承継**[3]と**負荷軽減**[2]である。	20	115
合	製品企画面は①バッグ小売店の販売店情報・**自社サイト調査**[1]で**最終消費者ニーズ収集力強化**[4]②**Ｘ社やバッグメーカーと共同開発**[2]し**ノウハウ獲得**[4]が課題。生産面は①自社ブランド**受注予測の精度向上**[2]で**欠品や過剰在庫防止**[2]②**技術力向上**[3]で対応力向上し生産性向上が課題。	17	120
A	課題は、製品企画面で①製品デザイン部門を強化し**新製品企画を強化**[4]②営業部門を新設し営業力強化し**ニーズ収集**[4]し製品改良実施、生産面で①**縫製仕上げ工程を標準化**[2]しＯＪＴを行い**若手職人**[1]の**スキル向上**[3]し**工程の負荷低減**[2]②生産能力向上を図り生産量増大すること。	16	120
A	製品企画面での課題はオンラインや直営店での高級仕様を顧客に訴求し、差別化、**ニーズ収集**[4]により製品開発を行う営業力、**開発力の強化**[4]。生産面での課題は**受注予測精度向上**[2]、**生産計画短サイクル化**[2]による生産統制強化、資材管理、**在庫欠品・在庫過剰を防止**[2]。	14	118
B	製品企画面の課題は、製品デザイン部門にて、**新製品の企画・開発の経験を積み、能力を向上させる**[4]事。生産面の課題は、**受注予測の精度を向上**[2]させ**欠品や過剰在庫発生を防止**[2]する事と、**若手職人**[1]への**技術移転を促進**[3]する事である。	12	104
C	製品企画面では、製品デザイン部門に**製品開発経験のある人材**[4]を**採用**[2]し即戦力となってもらう。また商品の営業力を強化し販売拡大を強化する。生産面では、受注生産を小ロット化し、自社ブランド製品の生産に注力するような生産体制をとる。	6	110

●解答のポイント

自社ブランドを強化するうえでの課題を企画面と生産面に切り分け、両方について具体的に指摘することがポイントだった。

【目指す姿をイメージしよう】

有勝：「課題を答えよ」っていう設問は、答え方に注意が必要ですね。問題点の指摘だけでなく、「どうすればよいのか」を答えないといけないんですよね！

先生：そのとおり！　「どうすればよいのか」を答えるには、設問文を丁寧に読み解いて、Ｃ社が目指す姿をイメージする必要がある。目指す姿を実現するために、現状の問

～会場で緊張をほぐす方法～

ケータイで音楽を聴く。

題点をどのように改善するかを考えよう。
多川：基本的な、設問解釈とSWOT分析を徹底するんじゃのぉ。
先生：そうだね！　では、C社の目指す姿とはなんだろう？
有勝：設問文には、「自社ブランド製品の開発強化を検討している」と書かれています。ブランドを自社で企画したりデザインしたりできるようになりたい、ということでしょうか。たとえば、鱗の質感までリアルなヒョウモントカゲモドキ形のミニバッグを企画してくれたら買いたいです！
多川：デザインのクセがすごい！　作れる職人がおらんのじゃ！
先生：うん、職人が実際に作れるかという視点も大事だ。どんなに理想のボディを思い描いても、実際にトレーニングできなければ絵に描いた筋肉だからね！
有勝：自社でブランドを企画して生産できる体制を持つのが、目指す姿ですね！
先生：僕のトレーニング後の筋肉のようにキレてるよ！　目指す姿が見えてきたら、あとはその実現を阻害しそうな問題点を与件文から探し、課題を指摘しよう。

【製品企画面】
先生：自社ブランドを企画するために克服すべき、C社の弱みはなんだろう。
多川：与件文にそのまんま、「新製品の企画・開発経験が少ない」って書いてあるじゃないですか。
先生：そうだね！　多面的に答えるために、もう少し掘り下げてみよう。企画・開発経験が少ないのは、C社がどんな製品を主に生産しているからかな？
有勝：C社の生産は、「バッグメーカーから受託する受託生産が主」だと書かれています。自社ブランド製品は「売上高の20%程度」です。
多川：受託生産が主ということは、すでに製品コンセプトやデザイン、寸法なんかが指定された状態で生産することが多いわけか。それで、C社はバッグの企画やデザインを一から作った経験が乏しいんじゃのぉ。
有勝：すると、課題は「製品のデザインや設計なども含めた、企画力の強化」ですね。
多川：具体的な方法も書くといいかな。「研修や教育を実施」とかどうじゃ？
先生：いいね！　企画力を高める具体的な方法として、研修や教育、経験者採用などに触れた答案は合格+A答案に多かった。さあ、この調子でほかの視点も考えよう。
有勝：ニーズの収集、という視点はどうでしょうか。受託生産の場合、自社で顧客に販売するわけではないので、顧客の反響や販売情報が入りにくいと思います。
先生：鋭い視点だね！　受託生産が多いというC社の現状から、ニーズ収集が不足しているという弱みを類推した答案が多かったよ。
多川：つまり、「顧客のニーズを収集して企画に生かす」ということか。
先生：オンライン販売の実績に着目して、インターネットで顧客ニーズを調査する、と答えた答案もあった。このような具体的な方法の提示も加点されたと考えられるよ。

～会場で緊張をほぐす方法～
人間観察。走る。

【生産面】

先生：さあ次は生産面だ。C 社が現状で抱えている問題を挙げてごらん。

有勝：まず思いつくのは、若手職人の育成が進んでいないことですね。熟練職人が高齢化しているので、若手の習熟を進めないと、そもそもバッグを生産できなくなってしまうかもしれません。

多川：現に、縫製工程の負荷が大きくなっとるのぉ。熟練職人がいくつも工程を掛け持ちしていると、自社ブランドの生産が滞ってしまうんじゃ。

先生：２人ともよい視点だ。職人の手作業による高品質な縫製は、C 社の持続的競争優位。これを継承していかないといけないね。さらに、縫製を任せられる職人が増えれば、一部の熟練職人に負荷が集中するのを緩和できるだろう。

有勝：では、課題は「若手職人の育成」ですね。

多川：職人の育成は作業標準化、マニュアル整備、OJT で決まりじゃ！　付け足すなら「熟練者が担当している縫製工程の負荷軽減」。若手が育てば分担できるのぉ。

先生：素晴らしい！　でも与件文を読むと、まだまだ切り口はあるよ。さあ僕の腹直筋をもっと喜ばせてくれ！　パワー！！（笑顔）

有勝：ぱわー！！（笑顔）

多川：有勝さんまで先生みたいにならなくていいんじゃ！　……あ、自社ブランド品で「在庫の過剰や欠品」が発生してるって書いてある。

有勝：受注量より多めに生産しているから、在庫が増えてしまうんですね。

先生：よく気づいたね。今後自社ブランドの開発を強化していくのなら、自社ブランド品の受注量を予測して、ロットサイズや在庫を最適化しないといけないね。

有勝：つまり、「受注予測の精度を上げ、在庫の過剰・欠品を防ぐ」のが課題ですね！

多川：受注予測の精度を上げるには、生産計画のサイクルを短くしたり、販売データを生かしたりするのが有効じゃのぉ。

先生：いいね！　僕の腹直筋も喜んでいるよ！　生産面の課題は、若手職人の育成に関する切り口と、受注予測精度向上による在庫最適化の切り口で書かれた答案が多かった。両方に触れていたものは、合格＋ A 答案によく見られたよ。

有勝：多面的に答えることが得点につながるってことですね。

先生：そうだね。単一の視点だけでなく、多面的に C 社の現状を見ることが大切だ。筋肉をさまざまな角度から鑑賞するのとまったく同じだね！ハッ！！（笑顔）

多川：サイドチェストしとらんと次進んでください。

～会場で緊張をほぐす方法～

人間は緊張時のほうが高いパフォーマンスを発揮できると思い込むこと。

第４問（配点30点）【難易度　★★☆　勝負の分かれ目】

Ｃ社社長は、直営店事業を展開する上で、自社ブランド製品を熟練職人の手作りで高級感を出すか、それとも若手職人も含めた分業化と標準化を進めて自社ブランド製品のアイテム数を増やすか、悩んでいる。

Ｃ社の経営資源を有効に活用し、最大の効果を得るためには、どちらを選び、どのように対応するべきか、中小企業診断士として140字以内で助言せよ。

●出題の趣旨

直営店事業を計画しているＣ社が、経営資源を有効に活用し、最大の効果を得るための自社ブランド製品戦略とそのための社内対応について、助言する能力を問う問題である。

●解答ランキングとふぞろい流採点基準

凡例	合格	A	B	C	合計
人数	199人	52人	75人	11人	337人

選択肢　（MAX6点）

ランク		解答キーワード	点数
1位		高級感	2点
	加点	熟練職人の手作り	2点
2位		自社ブランド	2点
3位		アイテム数の増加	1点
	加点	若手職人の分業化・標準化	1点

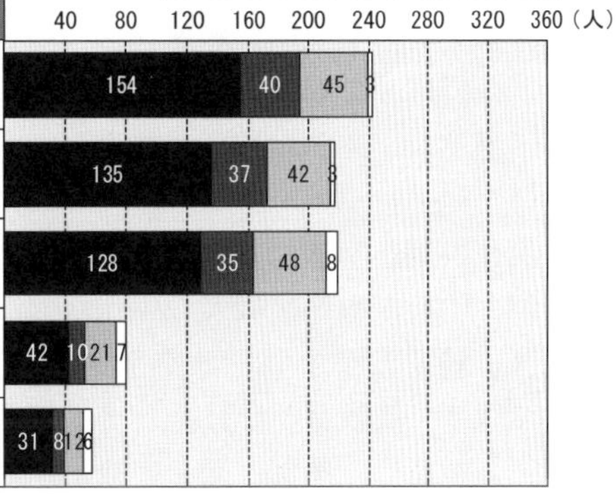

効果　（MAX10点）

ランク		解答キーワード	点数
1位		効果として事業の強化や向上、改善の言及	5点
	加点	技術や生産能力について改善の言及	3点
2位		収益、利益、売上などについての言及	3点

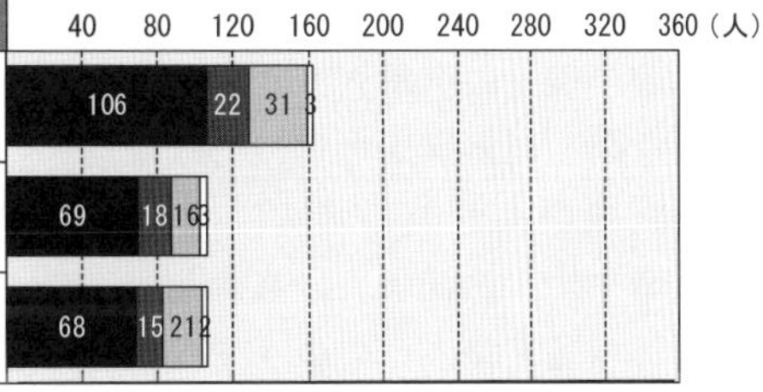

～試験の休憩時間の過ごし方～

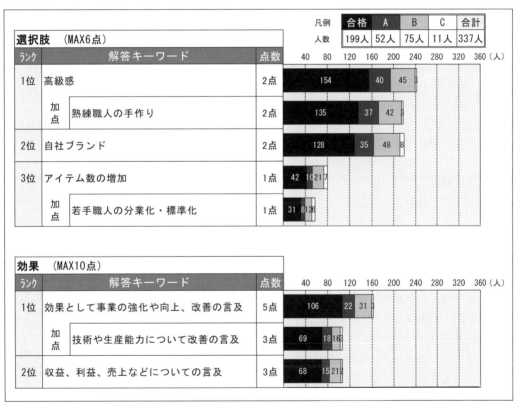

お菓子を食べながら、過去問題で間違えた観点を復習。

対応策と経営資源　（MAX14点）		
ランク	解答キーワード	点数
1位	経営資源として、技術、ノウハウ	3点
2位	縫製、加工、製造についての対応策	3点
3位	（技術について）承継や伝達の言及	3点
4位	OJTや訓練などの教育	3点
5位	【２位３位どちらも記載した場合加点】 加工、生産の技術承継、伝達	1点
6位	【１位４位どちらも記載した場合加点】 OJT等の教育の内容が技術であるもの	1点

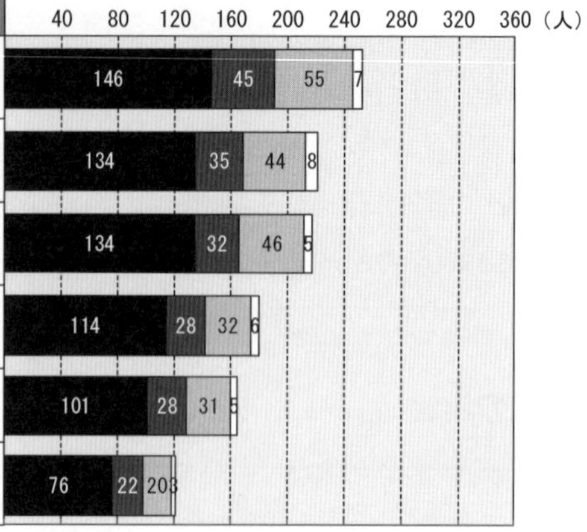

●再現答案

区	再現答案	点	文字数
合	手作り感のあるブランド力や熟練職人の**縫製**[3]技術力を活かすため、**自社ブランド製品**[2]を**熟練職人の手作り**[2]で**高級感**[2]を出すべき。対応策としては、①熟練職人の**縫製**[1]**技術力**[3]**を教育**[1]**やＯＪＴ**[3]により若手職人に**継承**[3]し、②多能工化を進めることで、**生産性**[3]**向上**[5]**による利益**[3]**拡大**に繋げていく。	30	127
A	現在の**手作り感**[2]のある**高級**[2]仕様のバッグというブランド性を維持・拡大するため熟練職人の手作りで高級感を出すべきである。熟練職人に**縫製工程**[3]、仕上工程のマニュアルを作成させ、若手職人に**ＯＪＴ**[3]を行って**技術**[3]**移転**[4]**を行う**[1]とともに熟練職人の継続雇用も考慮して生産力を高め、**品質**[3]と**売上**[3]の**向上**[5]に繋げる。	27	140
B	若手職人も含めた**分業化と標準化**[1]を進めて**自社ブランド製品**[2]の**アイテム数を増やす**[1]。理由は、熟練職人の高齢化が進み退職が予定されるためである。熟練職人の**技術やノウハウ**[3]を標準化・形式知化し、若手職人に**引継ぎ**[3]、育成を図る。それにより、若手職人の**意欲向上**[5]を図り、組織活性化につなげる。	15	135
C	熟練職人と若手職人を含めて**自社ブランド製品**[2]の**アイテム数を増やす**[1]。熟練職人の高齢化が進み、今後退職が予定され、熟練職人から若手職人への**ＯＪＴ**[3]を実施し、**知識・ノウハウ**[3]を吸収し、**バッグ製造**[3]全体の技術習熟度を有効活用し、最大の効果を得る。	12	115

～試験の休憩時間の過ごし方～

水分補給、糖分補給、トイレ。

●解答のポイント

Ｃ社の経営資源を把握し、直営店展開で発揮される最大の効果の定義を行ったうえで、意思決定が行えるのかがポイントだった。

【どっちの選択肢がよいのか？】

先生：さて、最後の設問だ。30点と配点の比重が大きいので油断せずにいこう。設問としては選択肢・経営資源・対応策を踏まえて助言を求められているね。僕の大胸筋に聞いて選択肢を選ぶのもよいと思うが、やはりここは２人に聞いてみたいな。

有勝：私は高級品を選択しました。受注製品が低収益って与件文に書いてあったので、その課題解決として妥当だと思いました。

多川：ワシはアイテム数を増やす、です。自社ブランドと冠が付いているから、与件文にある収益率が高いのは自明じゃ。だから、アイテム数を増やして需要を広く捉えるようにしたほうがええと思うな。

先生：２人とも、うまく解答を作り出せているね！　選択肢を適切に解答できているという時点で一定量の加点がされていると思うから、君たちはその点では素晴らしいね。実際、合格＋Ａ答案だけでなくほぼすべての答案で選択肢を解答できていたよ。僕の大胸筋も、選択肢はどちらもＣ社が直面している直営店経営の課題について、収益向上に資する行為であると判断しているから、どちらもよい選択肢であるといっているよ。事例Ⅱで言うならば、顧客単価を上げるか購入数を上げるのか。どちらを重視するのかの違いだね。

有勝：なるほど、では選択肢で大きく点数は変わらないのでしょうか？

先生：明確に違いが出ていた。合格者は圧倒的に高級感を選択していた。僕としては筋肉に貴賤がないように選択肢で点数の違いを出したくはない。だが、「ふぞろい流の分析」としてはアイテム数の増加については手作りの高級感よりも点数を下げるしかなかった。この選択のために、僕は三日三晩筋トレができなかったよ。

多川：先生がトレーニングしないとか夏に雪が降るレベルじゃ……。

先生：ところで経営資源は第３問で話しているので割愛するが、対応策はどうだい？

有勝：対応策としては熟練職人の知識のマニュアルブックを作ると書きました！　たかが、マニュアル！　されどマニュアル！

多川：ワシは熟練職人と若手が、２人一組で作業をすると書きました。ここら辺は選択肢がないから、クセのある解答とかもありそうじゃ。

先生：鋭い指摘だね！　確かに対応策で何をやるかは多様だが、何のためにするかは共通していたよ。

多川：言われてみれば有勝さんとワシの解答も、暗黙知と形式知の違いはあるけど、若手

～試験の休憩時間の過ごし方～

音楽を聴く。とにかく集中のテンポを乱さない。

職人の技術強化ってとこは同じじゃ。

先生：そのとおり！　アイテム数を増やすにしても、高級品志向にするにしても同様に熟練職人の稼働上限があるからね。熟練職人の余力を増やすために、技術を若手に承継するという経営資源＋対応策の結論は、実は選択肢が違っていても同じだ！　ここも合格＋Ａ答案以外で多くが解答できていた！　だが、教育内容を書いていない解答や、承継内容を書かない対応策があった！　そのため解答ランキングでは教育を行うこと、教育内容を記載することが分離され、どちらも記載していたら、１点加点されるという形になった！

【合否を分けたのは何？】

多川：選択肢、経営資源、対応策の目的をみんなが解答してるなら、何が合否を分けたんじゃ？

先生：その指摘は、筋トレの何分後にプロテインを飲むのか？　と同じくらい本質を突いているよ！　結論から言うと、これらを踏まえたうえで、Ｃ社にどんな効果があるのかを記述しているかが、合否の分かれ目だったといえるだろう！

有勝：効果ですか！？　そんな設問文にない要素に加点だなんて、ずるいです！

先生：確かに設問文に効果なんて書いてないね。でもこれは、助言の問題なんだ。僕もトレーナーだから、そのトレーニングは何の効果があるのですかってよく聞かれるんだ。筋肉を鍛えること＝対策について説明ができても、目的にどんな影響＝効果を与えるのかについて言及するのは大切だ！　効果はWHYの裏返しだから、助言を問われる問題ならば書くのは大前提だと思うな。

多川：なるほど！　設問文の裏まで読むのが大切な問題だったわけじゃな！

先生：合格＋Ａ答案には、この効果に関する記載が詳しくあった。収益の改善や、事業展開の強化とかだね。詳しい分析については、解答ランキングとふぞろい流採点基準を見てほしいな。

【まとめ】

先生：結論としては設問の解答は、選択肢＋経営資源＋対応策＋効果の４つによって構成されていた。このなかで合格＋Ａ答案はそれぞれの要素の記載があり、Ｂ答案以下は選択肢、経営資源、対応策の記載があるが、効果を書けていても十分ではなかった。

多川：140字という分量の割にかなり盛り込む要素があったんじゃな……。クセがすごい問題じゃな。

先生：こればかりは筋肉と同じで、継続的なトレーニングをこなすしかない。筋肉と学問に王道なしという格言もあるくらいだ。勉強方法によっては、過去のふぞろい本を買ってでもトレーニングをする必要があるかもしれないね。

～試験の休憩時間の過ごし方～

記憶が新鮮なうちに、再現答案を問題冊子の空きスペースに書いた。

有勝：まさに、２次試験のブートキャンプですね！　筋肉を超えていきましょう！
先生：有勝さんも筋肉がわかってきたようだね。あとで一緒にブルガリアンスクワットをしよう！
多川：筋肉より先に、２次試験の勉強じゃ！

Column

自分のモチベーションの源泉を知る

２次試験の勉強期間が長かったため、モチベーションが落ちてしまうことが多々ありました。診断士試験の勉強がなければ、遊びや旅行など好きなことができ、休日も気兼ねなくゆっくりしてられるのにな、と思うこともありました。そのようなときは、診断士受験生のSNSでの発信を見たり、受験支援団体のブログを読むこと、不合格になった年の得点開示を見ることなどで、危機感を強制的に自分に感じさせるようにし、学習を継続してきました。おそらく私のモチベーションは「負けたくない」という向上心、競争心にあったように思います。診断士受験を決意した当初の理由（中小企業者の役に立ちたい）とは、乖離してしまう自分勝手な理由になるかもしれませんが、最終的に何かを目指すにあたっての理由に「他者」だけでなく、「自分自身」に帰結する思いもあれば、最後まで諦めずにやり続けることができると思います。（さと）

Column

モチベーションは下がるもの。

受験勉強を続けていると、モチベーションの下がる時期が誰しも訪れます。そのようなとき、「自分は意思が弱いのだ」と気落ちしたり、無理に力んだりしないでください。むしろ「モチベーションは下がるもの」と想定して、モチベーションが低くても続けられる学習メニューをあらかじめ用意してはいかがでしょう。おすすめの目安は、「普段の30%くらいのエネルギーでできて、多少は試験と関係があること」です。

私も８～９月頃、あまり机に向かって勉強する気が起きなかったので、代わりに以下のようなことを実践していました。

①工場で何か製品を作っている動画を眺めるだけ。
②寝転がりながら、最近覚えたワードを思い出す。そしてそのまま寝る。
③趣味で株をやっているので、証券会社のサイトで四季報を眺めて「この会社の強みと弱みはなんだろう」と考える。

気持ちの浮き沈みは、天気の移り変わりみたいなもの。雨が降ったら雨の日でもできる楽しみを見つけるように、モチベーションが下がったら、モチベーションが低いなりにできることを実践する。いずれ吹くであろう追い風に乗れるように、ゆっくり歩み続ければよいと思います。（みっちー）

～試験の休憩時間の過ごし方～
コンディション調整（水分・食料補給、ストレッチ、お手洗い、目薬、昼寝、散歩）。

事例Ⅲ特別企画

「書くのかい？　書かないのかい？　どっちなんだい！？」

【事例Ⅲはわかりにくい！】

多川：ふー、毎年ながら事例Ⅲはいろいろ複雑で大変じゃのぉ。

有勝：そうでしょうか。問題点がはっきりと書かれていて私としては考えやすい印象です。

多川：確かに書かれてはいる。だが自社ブランド製品だったり、バッグメーカーからの受託生産だったりとややこしいんじゃ。じっくり読めばなんてことなくとも、試験時間内に整理するのが難儀やのぉ。

先生：そんなとき君たち、書くのかい？　書かないのかい？　どっちなんだい。

有勝：何をでしょうか、先生。

先生：よし、有勝さん。下の図を見てほしい。

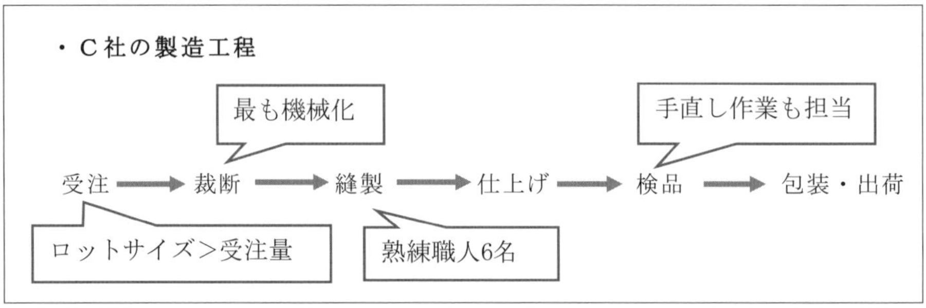

先生：単純だが、このように工程を図示してしまうと、流れが捉えやすい。複数製品を扱っている場合の整理にも役立つだろう。僕のジムの診断士トレーナーたちも半数ほどは、工程を図示してから問題点などを書き込んでいると聞いたよ。

多川：ほう、工程のどの段階で問題やロスが発生しているかわかりやすいです。

先生：そうだね、工程のどの段階で問題を抱えているかの理解は非常に重要だ。全身を鍛えていく過程において、トレーニングが不足しているのは上半身なのか、下半身なのか、そしてどこの部位なのか、これが重要だ。おっと、話がそれたかな。事例Ⅲでは強みと弱み、課題などがシンプルに問われるケースが多い。少ない文字数で、まとめることが求められたりもする。そんなときに、よりボトルネック解消に近いのは何なのか、試験時間内に判断しきることがパフォーマンスの向上につながるね。

有勝：判断が早まれば解答作成や見直しなどほかのことに時間が使えます。解法プロセス、システムの再構築です！

【この要素書く？】

先生：これで全体の流れをイメージしやすくなったね。いいだろう。さあ、ほかにも困っていることはあるかな？　どんな悩みに対しても、僕がしっかりと支えになるよ。

有勝：はい！　私あります。この課題は第２問に書くべきか、それとも第３問に書くべきなのか、どっちなんだろうっていつも迷ってしまうんです。どうしたらこのどっちに書こうスパイラルから解放されるのでしょう。

多川：ワシは迷ったらもうどちらにも書いてしまうことにしとる。両方に書いてしまえば、裏目を引いてどっちも点数なし、は避けられるからな。

有勝：そんなのおかしくないでしょうか？　試験である以上、同じ解答が２か所もあるなんて変ですよ。

先生：「どっちに書こうか問題」だね。トレーニング頻度や、どちらのプロテインが有効か、のごとく永遠のテーマだ。

有勝：たとえば令和３年度の問題だと「熟練職人の高齢化」などはどの設問でも書けてしまう気がしてどうしたらよいのかとても悩みました。

先生：確かに。「熟練職人の高齢化」はＣ社にとってとても重要な意味を持っている。まるで筋繊維が……。

多川：また筋肉じゃ。ワシはどうしたらよいか早く知りたいんじゃ。

先生：結論から言うと令和３年度の事例Ⅲで、「熟練職人の高齢化」は複数の設問における解答で、書かれていたキーワードだ。合格＋Ａ答案においてもその傾向はあったことから、複数の設問において得点があったのではないかと思われる。ただ、弱みとしてや、課題としてなど設問文の要求に合わせて、解答の仕方には注意が必要なので、もう一度第２問での話など振り返っておいてほしい。

有勝：そうか。設問ごとにきれいに解答キーワードを書き分けたいというのは贅沢なんでしょうか……。

先生：お、非常にいい所をついているね。僕の広背筋が反応しているよ。書き分けたい、と考えた場合ほかのキーワードを探して解答することになるね。そうなったときに、ほかのキーワードがどれくらいピックアップできるかは、本番に向けたトレーニングのなかで磨き上げていくとよいかもしれない。いわゆる多面的な解答というものにつながるからね。

多川：複数の設問でキーワードが重複している場合、ほかのキーワードを見落としている場合があるということやな。見落としがないかのチェックに「DRINK（D：データベース／R：リアルタイム／I：一元管理／N：ネットワーク／K：共有化）」などのフレームワークが役立ちそうです。

先生：そうだね。問題を解いていくと、よく見落としてしまう切り口に気づくことも多くなる。思考のクセ、とでも言うべきかな。本番で同じミスをしないために、クセを矯正していく。そして、クセを矯正するためにフレームワークを活用していく。筋肉の連動性だ！

多川：たとえのクセも強い！

～当日、試験終了後の過ごし方～

一緒に試験を受けた仲間と居酒屋でお疲れ会。

有勝：フレームワークの活用法がわかった気がします。ほかにポイントはありますか？

先生：基本的なことだが、設問文をしっかり読むことだね。これで合否が分かれることだってある。第２問だと「受託生産品の製造工程について、効率化を進める上で必要な～」という条件になっているね。指摘した課題が、自社ブランド製品に関するものになっていないか注意が必要だ。自社ブランド製品は見込生産をしているので課題となる部分は変わってくるだろう。さらに助言した対応策によって効率化が図られているのか、ということも決して忘れてはいけないポイントだ。

有勝：解答に迷ったら別のキーワードを探して戻って、いつだってまた設問解釈から始めよう、そういうことですね、先生！

先生：よし、うまくまとめられたね。次にいこうか、ハッ！！（笑顔）

【自社ブランドは必要？】

先生：さて、ほかにもＣ社には受験生を悩ませるポイントがあったね。

有勝：Ｃ社はどうしてバッグメーカーからの受託だけでなく、自社ブランド製品の製造を行っているのでしょう。２つも手を出すから在庫管理に苦労したり、生産計画の変更に追われたりするのではないでしょうか。

多川：有勝さんはまだまだじゃ。第４問を思い出してみるとよい。自社ブランドは高級品、収益性が高いんじゃ。差別化を図る高級路線で収益性を確保する、これは２次試験ではお決まりのパターンじゃ。

有勝：では、自社ブランドの収益性が高いのはなぜなのでしょうか？

多川：うっ……。（定番だから当たり前に考えとった）

先生：よし、重要なポイントに気づいてくれた。では、最後に自社ブランドについて考えていこう。Ｃ社が自社ブランド製品で力を入れてきたことは何だったかな？

有勝：はい、第３段落目に「企画・開発、販売を進めてきた」とあります。

多川：その結果「手作り感のある高級仕様が注目された」んだのう。

先生：よく読めている。つまり生産を司るQCDのうち（Q：品質）の部分だ。そして品質はさらに２つに分けられたね。

多川：「ねらいの品質」と「できばえの品質」とがあったのぉ。知識はしっかり頭に入っとる。

先生：そうだ。「ねらいの品質」は設計品質とも呼ばれ、それをどれだけ満たしているかが「できばえの品質」だ。こちらは製造品質などと呼ばれるね。自社で企画・開発を進めることで「ねらいの品質」を上げていくことが可能になる。一方で受託生産だと「ねらいの品質」は依頼を受ける時点で、他社の企画・デザインに依存することになる。収益性が高く、高価格でも売れるために必要なのはどちらの品質が求められると思う？

有勝：お客さまの手元に届く際は「できばえの品質」になりますよね。

～当日、試験終了後の過ごし方～

一緒に受験していた後輩と食事。

先生：そうだ。そして「ねらいの品質」＝「できばえの品質」とできるかが技術力の見せ所だね。下の図を見てほしい。Ｃ社の例で企画～製造までの流れを図示してみた。スタートである「ねらいの品質」が低いと、完成品である「できばえの品質」へ高い技術力を活かすことが難しい。だから企画・開発を進めて「ねらいの品質」を高めていくことも必要になってくるわけだ。

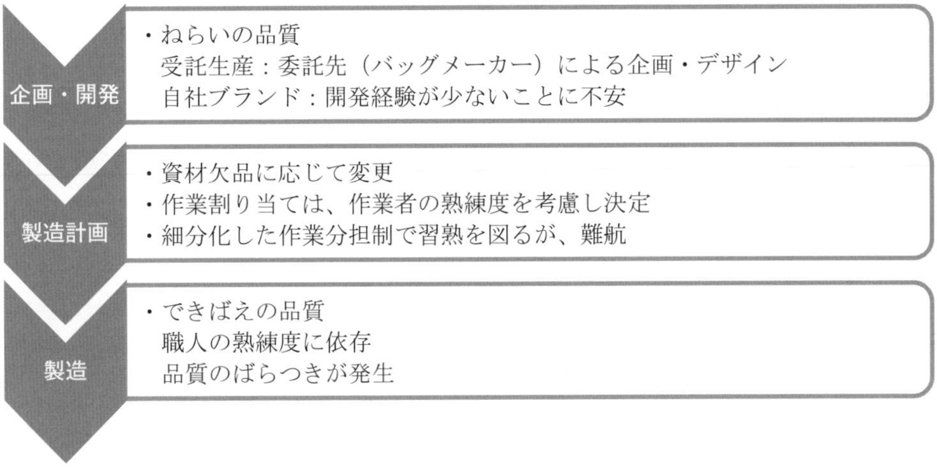
企画・開発
・ねらいの品質
受託生産：委託先（バッグメーカー）による企画・デザイン
自社ブランド：開発経験が少ないことに不安
製造計画
・資材欠品に応じて変更
・作業割り当ては、作業者の熟練度を考慮し決定
・細分化した作業分担制で習熟を図るが、難航
製造
・できばえの品質
職人の熟練度に依存
品質のばらつきが発生

多川：企画・開発力と技術力、双方バランスよく高めていくことが必要なんですね。

【まとめ】

先生：さて、事例Ⅲという切り口でＣ社について話してきたが理解は深まったかな。

有勝：はい、迷っていた部分が少し晴れた気がします。

多川：事前の準備のおかげで本番は困らず済みそうじゃ。

先生：いいところに気がついてくれた。２次試験も生産管理と一緒。80分間という定められた納期で、事前の勉強時間というコストを払い、いかに得点という質を高めていくことが求められる。試験で問われているのもまさに中小企業診断士としての能力というわけだ。今、解けない、うまく書けない問題に対しても準備を重ねていくことで必ずベスト答案が書けるようになるさ！

有勝：試験勉強のときから中小企業診断士としての資質が測られているんですね。自分を超えていきましょう！

先生：よく言った有勝さん。よし、みんなで気を失うまで全力のバーピージャンプだ！いくぞ！

多川：『ふぞろい』を書店のスポーツコーナーに並べたいんか！　受験生が見つけられないんじゃ！

～当日、試験終了後の過ごし方～

会場最寄り駅の老舗ケーキ屋でケーキを買って帰り、妻に感謝の意を伝えました。

ふぞろい流ベスト答案　事例Ⅲ

第1問（配点20点）

(a) 強み　40字　【得点】10点

企画からの一貫受託生産体制[3]、熟練職人[2]の加工技術力[2]、高級な[2]自社ブランド製品[3]の商品力。

(b) 弱み　40字　【得点】10点

新製品の企画・開発経験不足[4]、若手の技術習熟不足[3]、受託品が低価格[3]で競争力に乏しい。

第2問（配点30点）

(a)　20字　【得点】5点

生産計画[2]の精度向上[2]とロットサイズ[2]の適正化[2]

(b)　80字　【得点】10点

①生産計画[2]の短サイクル化[2]、②生産管理の強化[1]で精度向上[2]し、③受注量に合わせたロットサイズ[2]への見直し[2]、④資材発注精度の向上で欠品を防止[1]。以上で生産工程の効率化[2]を実現。

(a)　20字　【得点】5点

縫製工程[2]の負荷平準化[1]と熟練職人[1]の技術承継[1]

(b)　79字　【得点】10点

生産管理[2]を強化[1]し、①縫製工程[1]の作業を標準化、OJT[2]等で若手[1]を育成[2]。②検品工程における出来栄えのばらつきを防止し、作業負荷軽減[2]を実現する。以上で納期短縮[1]し効率化[2]。

第3問（配点20点）　120字　【得点】20点

企画面では①研修や経験者採用[2]によって企画力を強化する[4]。②直営店や自社サイト[1]で顧客ニーズを収集[4]し、デザインに生かす。生産面では①縫製・修理工程を担当できる若手職人[1]を育成[3]して、熟練職人の負荷を減らす[2]。②需要予測精度を高めて[2]欠品・過剰在庫を防ぐ[2]。

～当日、試験終了後の過ごし方～

豆腐丼を食べにレストランへGo！

第４問（配点30点）　138字　　　　【得点】30点

熟練職人による**手作り**[2]の**高級感**[2]の**自社ブランド**[2]を選択する。C社の経営資源である**加工技術**[3]をマニュアル化し、これを**教育**[3]**に使用**[1]する事で、若手職人へ熟練職人の持つ**生産技術**[3]の**継承**[3]を**図る**[1]。その結果、C社の若手職人の**生産技術**[3]**を向上**[5]させ、生産数を増加させ、直営店の販売に貢献、**収益性を改善**[3]させる。

ふぞろい流採点基準による採点

100点

第１問：C社の強みと弱みについて、「革製バッグ業界における」という設問指示を意識しながら、重要度の高いと考えられる要素を絞り込んで記述しました。

第２問：生産統制と生産技術、２つの観点を課題とし、具体的な対応策を記述しました。

第３問：自社ブランドの製品企画面は「企画力強化」と「ニーズ収集」の観点で、生産面は「若手の育成」と「欠品・過剰在庫の予防」の観点で記述しました。

第４問：選択肢、経営資源、対応策、効果の流れで記述しました。選択肢は設問内容をほぼそのまま書くことで、字数を減らす代わりに、対応策、効果の部分を詳細に記載することで、選択した結果どのような利益をもたらすのかという点を詳しく記述しました。

～当日、試験終了後の過ごし方～

家の近くのイタリアンでかんぱーい！！

事例Ⅳ（財務・会計）

令和３年度　中小企業の診断及び助言に関する実務の事例Ⅳ（財務・会計）

Ｄ社は地方都市に本社を置き、食品スーパーマーケット事業を中核として展開する企業である。Ｄ社の資本金は4,500万円、従業員数1,200名（パート、アルバイト含む）で、本社のある地方都市を中心に15店舗のチェーン展開を行っている。Ｄ社は創業90年以上の歴史の中で、常に地元産の商品にこだわり、地元密着をセールスポイントとして経営を行ってきた。またこうした経営スタイルによって、Ｄ社は本社を置く地方都市の住民を中心に一定数の固定客を取り込み、経営状況も安定していた。ところが2000年代に入ってからは地元住民の高齢化や人口減少に加え、コンビニエンスストアの増加、郊外型ショッピングセンターの進出のほか、大手資本と提携した同業他社による低価格・大量販売の影響によって顧客獲得競争に苦戦を強いられ、徐々に収益性も圧迫されてきている。

こうした中でＤ社は、レジ待ち時間の解消による顧客サービスの向上と業務効率化による人件費削減のため、さらには昨今の新型コロナウイルス感染症の影響による非接触型レジに対する要望の高まりから、代金支払いのみを顧客が行うセミセルフレジについて、2022年度期首にフルセルフレジへ更新することを検討している。しかし、セミセルフレジの耐用年数が残っていることもあり、更新のタイミングについて慎重に判断したいと考えている。なお、Ｄ社は現在、全店舗合計で150台のレジを保有しており、その内訳は有人レジが30台、セミセルフレジが100台、フルセルフレジが20台である。

さらにＤ社は、地元への地域貢献と自社ブランドによる商品開発を兼ねた新事業に着手している。この事業はＤ社が本社を置く自治体との共同事業として、廃校となった旧小学校の校舎をリノベーションして魚種Ｘの陸上養殖を行うものである。Ｄ社では、この新規事業の収益性について検討を重ねている。

また、Ｄ社は現在、主な事業であるスーパーマーケット事業のほか、外食事業、ネット通販事業、移動販売事業という３つの事業を行っている。これらの事業は、主な事業との親和性やシナジー効果などを勘案して展開されてきたものであるが、移動販売事業は期待された成果が出せず現状として不採算事業となっている。当該事業は、Ｄ社が事業活動を行っている地方都市において高齢化が進行していることから、自身で買い物に出かけることができない高齢者に対する小型トラックによる移動販売を行うものである。販売される商品は日常生活に必要な食品および日用品で、トラックのキャパシティから品目を絞っており、また販売用のトラックはすべてＤ社が保有する車両である。さらに、移動販売事業は高齢化が進んでいるエリアを担当する店舗の従業員が運転および販売業務を担っている。こうした状況から、Ｄ社では当該事業への対処も重要な経営課題となっている。

Ｄ社と同業他社の2020年度の財務諸表は以下のとおりである。

～私の周りのツワモノぶりエピソード～

朝会場がひんやり気味なのに半袖で受験（北国です）。

貸借対照表
（2021年２月28日現在）

（単位：万円）

	Ｄ社	同業他社		Ｄ社	同業他社
〈資産の部〉			〈負債の部〉		
流動資産	221,600	424,720	流動負債	172,500	258,210
現金預金	46,900	43,250	仕入債務	86,300	108,450
売掛金	61,600	34,080	短期借入金	10,000	0
有価証券	4,400	0	その他の流動負債	76,200	149,760
商品	64,200	112,120	固定負債	376,700	109,990
その他の流動資産	44,500	235,270	長期借入金	353,500	0
固定資産	463,600	1,002,950	その他の固定負債	23,200	109,990
有形固定資産	363,200	646,770	負債合計	549,200	368,200
無形固定資産	17,700	8,780	〈純資産の部〉		
投資その他の資産	82,700	347,400	資本金	4,500	74,150
			利益剰余金	131,000	625,100
			その他の純資産	500	360,220
			純資産合計	136,000	1,059,470
資産合計	685,200	1,427,670	負債・純資産合計	685,200	1,427,670

損益計算書
自2020年３月１日
至2021年２月28日

（単位：万円）

	Ｄ社	同業他社
売上高	1,655,500	2,358,740
売上原価	1,195,600	1,751,140
売上総利益	459,900	607,600
販売費及び一般管理費	454,600	560,100
営業利益	5,300	47,500
営業外収益	4,900	1,610
営業外費用	2,000	1,420
経常利益	8,200	47,690
特別損失	1,700	7,820
税引前当期純利益	6,500	39,870
法人税等	1,900	11,960
当期純利益	4,600	27,910

（以下、設問省略）

〜私の周りのツワモノぶりエピソード〜

隣の受験生はどの事例も試験開始60分後には解き終わっていた。事例Ⅳもだよ。すごい。

第１問（配点30点）

（設問１）【難易度　★☆☆　みんなができた】

Ｄ社と同業他社の財務諸表を用いて経営分析を行い、同業他社と比較してＤ社が優れていると考えられる財務指標とＤ社の課題を示すと考えられる財務指標を２つずつ取り上げ、それぞれについて、名称を（a）欄に、その値を（b）欄に記入せよ。なお、優れていると考えられる指標を①、②の欄に、課題を示すと考えられる指標を③、④の欄に記入し、(b) 欄の値については、小数点第３位を四捨五入し、単位をカッコ内に明記すること。

●出題の趣旨

財務諸表を利用して、診断及び助言の基礎となる財務比率を算出する能力を問う問題である。

●解答ランキングとふぞろい流採点基準

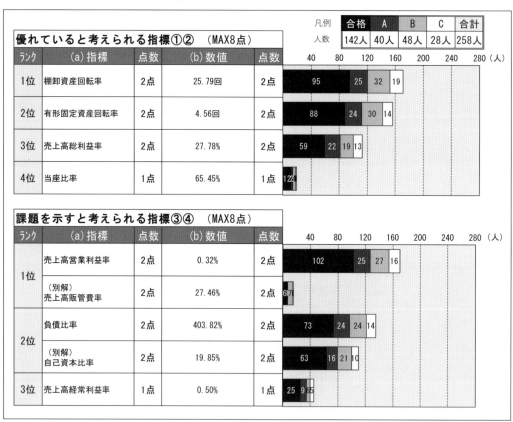

凡例	合格	A	B	C	合計
人数	142人	40人	48人	28人	258人

優れていると考えられる指標①②　（MAX8点）

ランク	(a) 指標	点数	(b) 数値	点数
1位	棚卸資産回転率	2点	25.79回	2点
2位	有形固定資産回転率	2点	4.56回	2点
3位	売上高総利益率	2点	27.78%	2点
4位	当座比率	1点	65.45%	1点

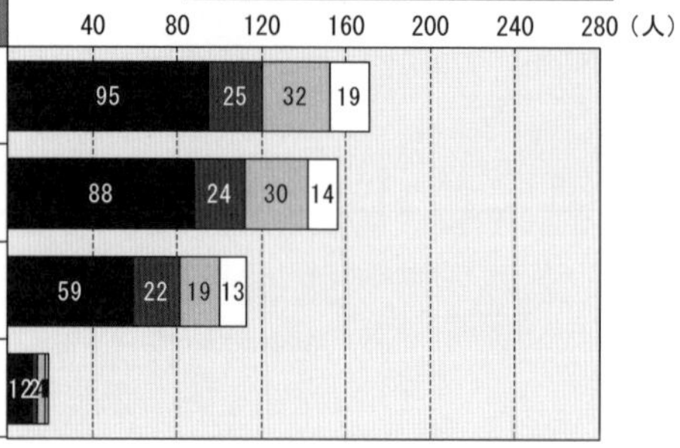

課題を示すと考えられる指標③④　（MAX8点）

ランク	(a) 指標	点数	(b) 数値	点数
1位	売上高営業利益率	2点	0.32%	2点
	（別解）売上高販管費率	2点	27.46%	2点
2位	負債比率	2点	403.82%	2点
	（別解）自己資本比率	2点	19.85%	2点
3位	売上高経常利益率	1点	0.50%	1点

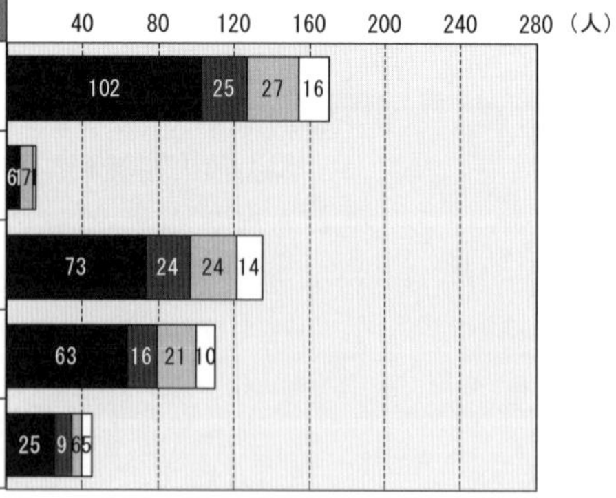

～試験当日のアクシデント～

席が大学の長机の右端。いつもメモ用の用紙を右手の横に置いていたので、当日配置を変えてやり辛かった。

【思いもよらぬ「指標を２つずつ取り上げよ」】

先生：さぁお待ちかね！　事例Ⅳのスタートだ！　みんな、よいスタートは切れたかい？

多川：切れるわけないんじゃ！　ずっと過去問では指標３つだったんですから。

先生：そう、どんなに「定番」といわれる問題でも変化球が来る可能性もあるんだ。いつもと違う球が来ても、確実に打ち返せる筋力と胆力をつけておくといいね！　ところで２人はどう対応したかな？

多川：ワシはこんなにクセが強い問題にはまともに取り合わんと、とにかく同業他社より優れている指標に関してはパッと見て数値の高い棚卸資産回転率と有形固定資産回転率を選びました。

有勝：私は優れている指標に売上高総利益率を選び、課題を示すと考えられる指標に売上高営業利益率を選びました。もしかしたらこの問題の意図は、粗利益の段階では同業他社よりも優れているのに、営業利益の段階では劣っている……そこに課題があることを気づかせたかったんじゃないでしょうか。

先生：有勝さん、さすがだね！　実際には多川さんのように単に数値の高い指標を挙げた人も多かった。今回は解答数の多さから見て、多川さんの解答も加点対象になったと考えられるが、数値だけの比較で正解だと飛びつくのもベストとはいえないな。今回は（設問２）で「Ｄ社の財務的特徴と課題について」述べる必要がある。Ｄ社はどこから利益を生み、何が不足しているのか、社長が一番知りたいことを的確に伝えられる指標は何だろうかと、一歩踏み込んで考えてみよう。

多川：単に数値だけを見て解答するのは、まだまだ考えが浅いってことやな……。

有勝：私は課題を示すと考えられる指標に自己資本比率を選んだんですが、これも間違いではないですよね？

先生：負債比率と自己資本比率は安全性を表す指標としては同じだが、「課題」を問われたら「自己資本を増やす」よりも「借入金を減らす」というほうがしっくりこないかい？　その場合は負債比率を選んだほうが、より適切な解答だと思うな。

有勝：なるほど！　同じようなことをいっている指標でも、何を問われているか、財務諸表のどの項目に着目するかによって、指摘する指標を変えたほうがいいんですね！

先生：そのとおり！　スリム体形を目指してトレーニングをしている人に、筋肉量ばかり指摘しても、素早い解決にはならないからね！　どんな身体にしたいかが問題だ。

多川：それは問題じゃないんよ！

～試験当日のアクシデント～

シナジーと組織活性化を忘れがちなので強く意識したら、シナジーを３回書いてしまった。

（設問２）【難易度　★☆☆　みんなができた】

Ｄ社の財務的特徴と課題について、同業他社と比較しながら財務指標から読み取れる点を80字以内で述べよ。

●出題の趣旨

財務比率を基に、事例企業の財務的特徴とリスク要素を分析する能力を問う問題である。

●解答ランキングとふぞろい流採点基準

凡例	合格	A	B	C	合計
人数	142人	40人	48人	28人	258人

結論　（MAX3点）

ランク	解答キーワード	点数	合格	A	B	C
1位	安全性が低い	1点	135	37	41	25
2位	収益性が低い	1点	135	34	43	22
3位	効率性が高い	1点	127	38	44	24
4位	粗利率が高い、売上高総利益率が高い、収益性が高い	1点	44	19	15	15

結論の理由　（MAX11点）

ランク	解答キーワード	点数	合格	A	B	C
1位	【安全性が低い理由】借入金に言及	4点	121	32	38	24
2位	【収益性が低い理由】人件費・固定費・販管費に言及	3点	67	17	19	10
3位	【効率性・収益性が高い理由】固定客に言及	3点	61	14	13	13
4位	【効率性・収益性が高い理由】地域密着に言及	3点	49	19	14	8
5位	【効率性・収益性が高い理由】「こだわり」「高品質」などの商品特性に言及	3点	53	11	16	8
6位	【収益性が低い理由】不採算事業に言及	2点	39	13	11	3
7位	【収益性が低い理由】顧客獲得競争に言及	2点	33	8	7	3
8位	【効率性が高い理由】固定資産回転率に言及	1点	42	12	17	9
9位	【効率性が高い理由】在庫回転率に言及	1点	36	10	9	9
10位	【安全性が低い理由】自己資本に言及	1点	22	5	14	5
11位	【収益性が低い理由】支払利息に言及	1点	21	6	5	4

～試験当日のアクシデント～

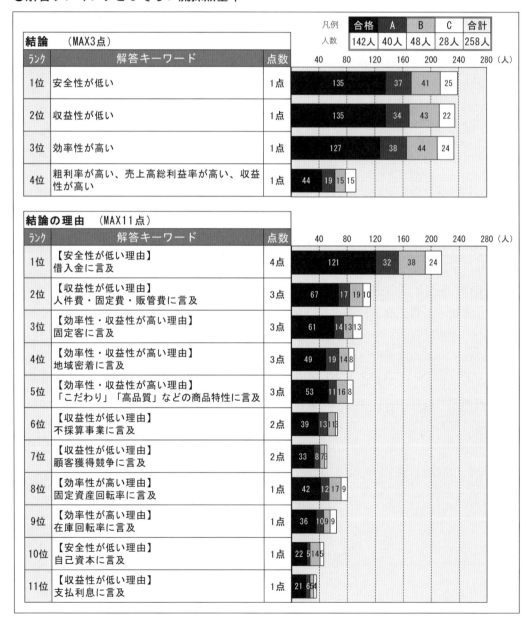

事例Ⅰでパニックになり、涙が出てきそうになった。一番後ろの席だったし、そのまま帰ろうと本気で思った。

●再現答案

区	再現答案	点	文字数
合	地元密着型[3]の営業で固定客がおり[3]効率性[1]と粗利益率は高い[1]が、競争激化[2]と借入金の増加[4]による利息負担増[1]で全体の収益性[1]と安全性が低い[1]ため、販管費や固定費の削減[3]が課題である。	14	80
合	地元産のこだわりの商品[3]や店舗等の固定資産[1]が収益貢献し効率性が高い[1]ことが特徴。長期借入金の早期返済[4]で利息負担を軽減[1]し、不採算事業の廃止[2]で安全性[1]と収益性の改善[1]が課題。	14	80
A	地元密着[3]のこだわりの品揃え[3]で効率性が高く[1]、短期的な安全性も高いが、資金調達を負債に依存[4]した資本構造の安全性向上[1]と不採算事業の改善[2]による収益性の改善[1]が課題である。	14	80
B	Ｄ社は①地域密着戦略[3]により総利益の収益性は高い[1]が、②人件費等の増加[3]で営業利益の収益性が低く[1]、③レジ等の有形固定資産[1]の効率性は高く[1]、④資本構成が悪く[1]安全性が低い[1]。	11	80
C	Ｄ社は、①総利益段階での収益性が高く[1]、②レジやトラックなどの資産[1]投資効率が高い[1]一方で、③売掛金の回収効率が悪く、④借入依存[4]で資本バランスが悪く、安全性が低い[1]。	8	79

●解答のポイント

与件文から読み取ったＤ社の特徴と財務諸表を照らし合わせて適した指標を選択し、財務的特徴と課題について制限文字数のなかで簡潔に説明することがポイントだった。

【「財務」推しだった今回の設問への分析】

先生：さぁどんどんいこう。（設問２）は「財務的特徴」「財務指標」と２度も「財務」という単語が出てきていることがやや珍しかったけれど、どうだったかな？

有勝：あ！　ほんとだ！　私気づかなかったです。

多川：ワシは何年も受けてきたから「これはいつもと違う」と感じたのですが、だからこそ悩んだんじゃ。

先生：ほぉ、どんなことで悩んだのかな？　教えてくれ！

多川：今回は「財務指標から読み取れる点」と問われているから、与件文よりも財務指標だけに注目すべきなんじゃろうか……と。

先生：すごいな、多川さん！　細部にまで気を配って鍛錬を積むことはよいことだ。ただ、今回、再現答案を分析したところ、与件文から財務分析の根拠を拾ってきた人も多かった。合格＋Ａ答案でも同じだ。

有勝：なんで今回はわざわざ「財務」を強調させたんでしょうか。

～試験当日のアクシデント～

前泊したホテルの隣室が子供連れで、夜通しうるさくて眠れなかったこと。

先生：出題者の意図は正確にはわからないが、予想としてはこうだ。与件文はＤ社に起こった、またはＤ社が起こした「事実」であり、その「結果」が財務指標に表れている。さらにそこから主に「安全性・収益性・効率性」の観点で「分析」をしてＤ社の特徴や課題を読み取っていく。今回はよりその「結果」や「分析」のほうに力を置いて解答してほしいという意図があったのかもしれない。しかし、「結果」や「分析」の財務的考察は必須であるけれど、その根拠となる「事実」を加えることで、より説得力のある解答になっていることも見逃せない。数値としての体脂肪率が減ったのは、トレーニングという行為があってこそのものだ。実際、解答を見ていても、唐突に「財務指標が○○だから△△性が～」というものよりも、「与件文の状況＋財務指標から言えること（在庫の回転率がよい、など）＋△△性が～」という並びのほうが論理的な印象だった。もちろん、財務指標からしか拾えない論点もあり、それはこの限りではない！

多川：財務指標の数値は与件文に書いてある「事実」を反映しているという解釈なんか。

【「特徴」と「課題」の切り分け】

有勝：先生、今回の問題で迷ったところがもう１つあって、それが「財務的特徴」と「課題」の切り分けなんです。どう対応したらよかったのでしょう……。

先生：ありがとう、有勝さん！　僕も解説したいと思っていたところだ。これも悩ましい問題ではあるが、たくさんの再現答案を見ても、正確な答えになりそうなものは導き出せなかった。というのも、多くの合格＋Ａ答案でも、特徴と課題を書き分けていない解答が多数あったんだ。

多川：それなら、そこで悩んでいる時間が無駄やったんじゃな……。

先生：今回は切り分けがないからといって点数が入らなかったというわけでもなさそうだったが、やはりできるだけ設問に沿った解答をするというのは大原則だ。きちんと切り分けていた人の解答としては、①財務分析の結果をすべて「特徴」として羅列し、それに対する具体的対応策を「課題」とする、②財務分析の結果のすべてまたは一部を「特徴」として羅列し、課題を示す指標について「△△性を改善する」など具体性を持たせずに「課題」として挙げる、③優れていた指標のみを「特徴」として挙げ、課題を示すと考えられる指標を「課題」として具体的対応策とともに挙げる、といった対応が見られた。少ない文字数のなかでも対応できるように、いろいろな答案を見て、解答構成のストックも増やしておくとよいだろう。

有勝：なるほど、日頃の積み重ねによって当日、いつもの自分を超えていけるんですね！

先生：そのとおり！　どういったトレーニングをすればどんな風に身体が変わっていくかを観察するように、Ｄ社のアクションがどう数字に影響するか意識しながら過去問を回していったら最終的には僕のような肉体に……。

～試験当日の失敗・反省～

ギリギリまで自宅で復習していて予定の電車に乗れず、次の電車に乗って会場まで全力疾走した。

第２問（配点30点）

Ｄ社はこれまで、各店舗のレジを法定耐用年数に従って５年ごとに更新してきたが、現在保有しているセミセルフレジ100台を2022年度期首にフルセルフレジへと取り替えることを検討している。またＤ社は、この検討において取替投資を行わないという結論に至った場合には、現在使用しているセミセルフレジと取得原価および耐用期間が等しいセミセルフレジへ2023年度期首に更新する予定である。

現在使用中のセミセルフレジは、2018年度期首に１台につき100万円で購入し有人レジから更新したもので、定額法で減価償却（耐用年数５年、残存価額０円）されており、2022年度期首に取り替える場合には耐用年数を１年残すことになる。一方、更新を検討しているフルセルフレジは付随費用込みで１台当たり210万円の価格であるが、耐用期間が６年と既存レジの耐用年数より１年長く使用できる。Ｄ社はフルセルフレジに更新した場合、減価償却においては法定耐用年数にかかわらず耐用期間に合わせて耐用年数６年、残存価額０円の定額法で処理する予定である。また、レジ更新に際して現在保有しているセミセルフレジは１台当たり８万円で下取りされ、フルセルフレジの代価から差し引かれることになっている。

Ｄ社ではフルセルフレジへと更新することにより、Ｄ社全体で人件費が毎年2,500万円削減されると見込んでいる。なお、Ｄ社の全社的利益（課税所得）は今後も黒字であることが予測されており、利益に対する税率は30％である。

（設問１）【難易度　★★★　難しすぎる】

Ｄ社が2023年度期首でのセミセルフレジの更新ではなく、2022年度期首にフルセルフレジへと取替投資を行った場合の、初期投資額を除いた2022年度中のキャッシュフローを計算し、(a) 欄に答えよ（単位：円)。なお、(b) 欄には計算過程を示すこと。ただし、レジの取替は2022年度期首に全店舗一斉更新を予定している。また、初期投資額は期首に支出し、それ以外のキャッシュフローは年度末に一括して生じるものとする。

●出題の趣旨

設備更新投資において、耐用年数を残した旧設備を売却し新設備へと更新を行う場合における財務面での変化を整理し、初年度の差額キャッシュフローを算出する能力を問う問題である。

～試験当日の失敗・反省～

明らかに試験慣れしていなかった。タイムマネジメントも、最後の見直しも、雑だった。

●解答ランキングとふぞろい流採点基準

凡例	合格	A	B	C	合計
人数	142人	40人	48人	28人	258人

初年度のキャッシュフロー（a）　（MAX4点）

ランク	解答キーワード	点数
－	2,560万円	4点
－	3,160万円	0点
－	2,200万円	0点

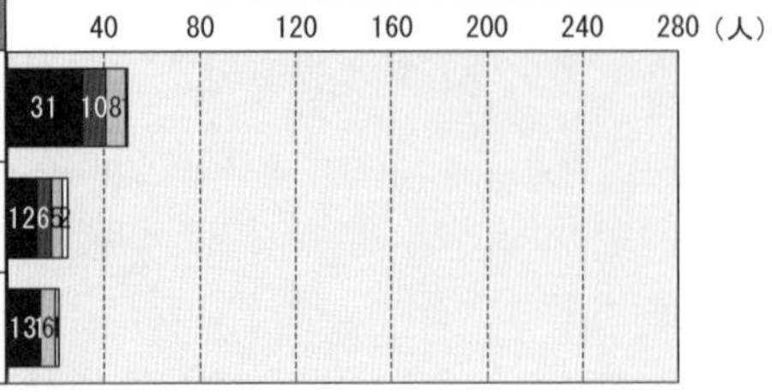

計算過程（b）　（MAX6点）

ランク	解答キーワード	点数
－	【税引前利益導出過程】 人件費削減額＝2,500万円	3点
－	【利益導出過程】 差額減価償却費＝1,500万円	2点
－	【税引前利益導出過程】 有形固定資産売却損＝1,200万円	2点
－	(a)の正解者に対する得点補正 （正しい計算過程を経たものとみなして加点）	6点

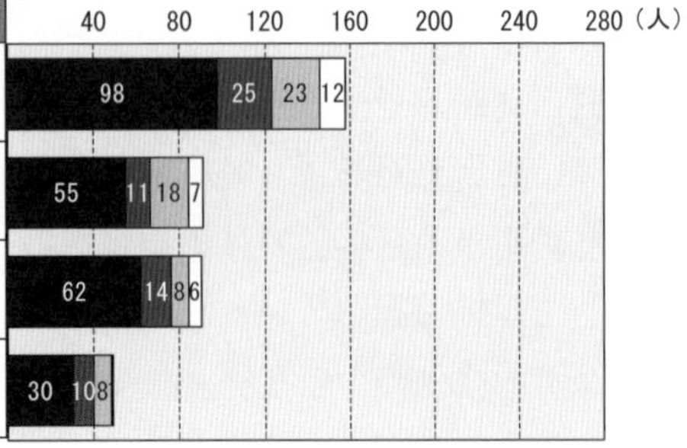

●再現答案

区	再現答案	点	文字数
合	人件費の削減額 <u>25,000,000円</u>[3]　減価償却費の増加分 <u>15,000,000円</u>[2] セルフレジの売却損　<u>12,000,000円</u>[2]　　営業損失△2,000,000 円 税金の節税分 200 万円×30％＝△60 万円 キャッシュフロー25,000,000 円＋600,000 円＝25,600,000 円	6	－
A	投資増加額 21,000－10,000－800＝10,200 万円 セミセルフレジの減価償却費 2,000 万円 フルセルフレジの減価償却費 3,500 万円 セミセルフレジの売却損 <u>1,200万円</u>[2] 減価償却費の増加額 3,500－2,000＝<u>1,500万円</u>[2] 営業利益の増加額＝人件費の削減額－減価償却費増加額＝<u>2,500</u>[3]－1,500＝1,000 万円　故に、取替投資によるキャッシュフロー増加額は営業利益増加額×（1－税率）＋減価償却費増加額＋売却損×税率＝1,000×0.7＋1,500＋360＝2,560 万円	6	－

～試験当日の失敗・反省～

事例Ⅰから Ⅲまで、青い蛍光ペンで線を引いていたが、青のペンだと文字が見にくかった。

●解答のポイント

非現金支出費用として減価償却費と有形固定資産売却損の2つに気づき、減価償却費は新旧設備の差額を計算できたか、有形固定資産売却損は帳簿価格と売却価格との差額を計算できたか、税引前利益がマイナスになり税金負担の軽減によりプラスのキャッシュフロー（以下、CF）が生じることを加味したかがポイントだった。

【差額非現金費用の認識がカギ】

先生：第2問はNPVだ。2人は何に注意したかな？

有勝：文章がたくさん書いてあって嫌だったので後回しにしました。

多川：ワシはNPVでいつもミスするので最後に解くことにしましたわ。

先生：NPVは難問が多いから2人の判断はいいね。今回も難易度が高かったし、（設問1）ですら正答率は2割ほどだったよ。特にポイントになったのは非現金支出費用を正しく計算できたかどうかだった。2人はわかったかな？

多川：セミセルフレジを下取りで売却しとるから、まず帳簿価格をだして、下取り価格との差額を売却損として計算しました。

有勝：今回は取替投資なので、セミセルフレジとフルセルフレジで減価償却費がどう変わるか計算して、差額減価償却費をだしました！

先生：2人ともよく気づいたね。売却損を加味してなかったり、差額減価償却費で計算するところをフルセルフレジの減価償却費で計算したりすると間違う設問になっていた。実は実際の答案で多かった誤答の1位と2位は、そのいずれかで間違ったものだったんだ。スポーツも試験も、勝負の分かれ目は細かい所までいかに神経を尖らせ、得点にできることが大切だ！

多川：CFを出すときと差額CFを出すときで計算が変わるから、気をつけんとなあ。

有勝：同じ要素で間違った人が多いということは、裏を返すと出題者が、きっとそこで間違うよね、と狙っていた、ということかもしれませんね。

先生：過去にもCFと差額CFの違いがわかっているかを問う問題が出ているし、受験生にそこを鍛えておいてというメッセージなのかもしれないね。この問題ではこの2つの非現金費用を加味して計算すると利益がマイナスになるので、税金が少なくなる分をプラスのCFとして計算することもポイントだったといえるね！

～試験中に起きた面白エピソード～

近くの席の人が1事例終わるごとにバナナを1本食べていた。

（設問２）【難易度　★★★　難しすぎる】

当該取替投資案の採否を現在価値法に従って判定せよ。計算過程も示して、計算結果とともに判定結果を答えよ。なお、割引率は６％であり、以下の現価係数を使用して計算すること。

	１年	２年	３年	４年	５年	６年
現価係数	0.943	0.890	0.840	0.792	0.747	0.705

●出題の趣旨

設備更新投資における毎期の差額キャッシュフローを計算し、正味現在価値を算出する能力を問う問題である。

●解答ランキングとふぞろい流採点基準

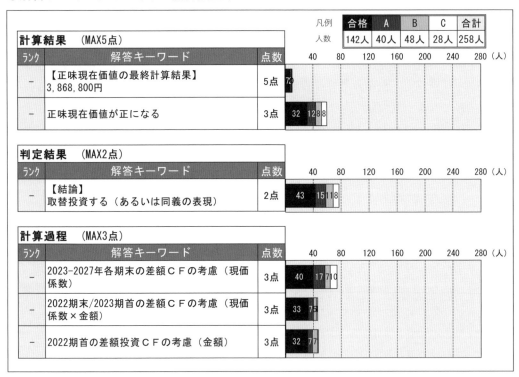

凡例	合格	A	B	C	合計
人数	142人	40人	48人	28人	258人

計算結果　（MAX5点）

ランク	解答キーワード	点数
－	【正味現在価値の最終計算結果】 3,868,800円	5点
－	正味現在価値が正になる	3点

判定結果　（MAX2点）

ランク	解答キーワード	点数
－	【結論】 取替投資する（あるいは同義の表現）	2点

計算過程　（MAX3点）

ランク	解答キーワード	点数
－	2023-2027年各期末の差額ＣＦの考慮（現価係数）	3点
－	2022期末/2023期首の差額ＣＦの考慮（現価係数×金額）	3点
－	2022期首の差額投資ＣＦの考慮（金額）	3点

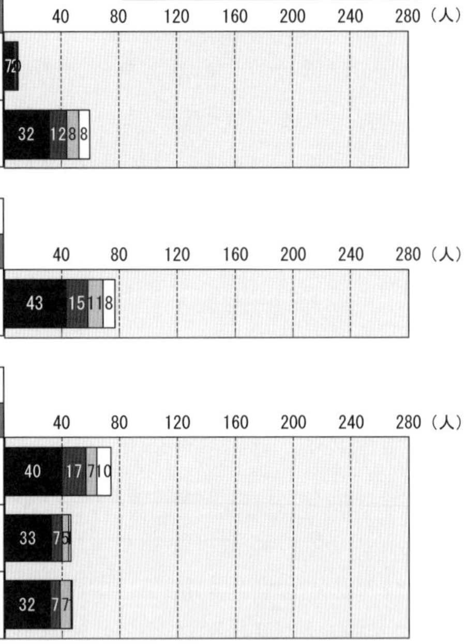

●再現答案

区	再現答案	点	文字数
合	初期投資額（210－8）×100＝20,200万円 2年目以降のCF（2,500－1,500）×（0.7）＋1,500＝2,200万円 セミセルフレジを更新していた場合の10,000万円は取替により発生しないため、プラスのCFとなる正味現在価値は **（2,560＋10,000）×0.943**[3]＋**2,200×3.974**[3]－**20,200**[3]＝**386.88万円**[5]＝3,868,800円 よって**正味現在価値が正**[3]のため、**当該取替投資案を採用**[2]する。	10	－
A	2023年度以降のCFは人件費の削減額と減価償却費の差額のみを考慮すればよいため、税引前利益＝2,500－（35－20）×100＝1,000万円 差額CF＝1,000（1－0.3）＋1,500＝2,200万円 よって正味現在価値（NPV）は、NPV＝**2,560×0.943**[3]＋**2,200**（**0.890＋0.840＋0.792＋0.747＋0.705**[3]）－100×100万円＝1,156.88万円 **NPVが正となる**[3]ため**投資案を採用する**[2]。	8	－

●解答のポイント

計算結果は正解確率が低いと想定し、設問要求の「判断結果」を明確に記述する、「計算過程」に数字以外にも計算方法や費目を記述する、など部分点を得やすい対応ができたかがポイントだった。

【設問要求と部分点】

先生：さて第２問は（設問２）からがマグマなんです！

多川：よくわかりませんが、とにかくヤバイということやな。

先生：毎年のCF計算、現価係数を使って正確な割引計算を行い、取替投資案の採用によって不要となる既存設備の更新投資をキャッシュインフローとして計算する必要もあり、さらに（設問１）も正解している必要があるという構造なんだ。

有勝：私は正解できないと思って計算過程だけ書いておきました。

先生：それが大事だ！　合格者でも計算結果の正解率は１割弱だったんだ。ところで設問要求はどうなっていたか覚えているかな？

有勝：取替投資の採否の判定結果、計算過程、計算結果を答えよ、となっていました。

先生：ということは計算結果以外に計算過程と判定結果が加点要素になりそうだね。「取替投資する」とか「正味現在価値がプラスになる」とか、事前に想定できる言葉でも、合格答案ほど多く書かれている傾向があるんだ。これは偶然ではないよね。

多川：ワシも計算結果は間違ったけど計算過程は細かく書きました。

先生：単に数字だけでなく、計算式を書くとか、計算要素を言葉で書くとか、答えの出し方はわかっていますよ、と採点者にアピールできる要素を書けていれば部分点が得

〜試験中に起きた面白エピソード〜

試験官が、そんなに見る！？　ってほど、顔を覗きこんできた。

られた可能性があるね！

有勝：難問でも諦めずに点をもぎ取りにいく姿勢が大事ですね！

先生：まったくそのとおり、それこそが合格をつかむパワーだ！　日頃の勉強の成果を採点者にできる限りアピールする。そう、磨き上げた筋肉を、思い切り見せつけるんだ！

（設問３）【難易度　★★★　難しすぎる】

当該取替投資案を検討する中で、D社の主要顧客が高齢化していることやレジが有人であることのメリットなどが話題となり、フルセルフレジの普及を待って更新を行うべきとの意見があがった。今回購入予定のフルセルフレジを１年延期した場合の影響について調べたところ、使用期間が１年短くなってしまうものの基本的な性能に大きな陳腐化はなく、人件費の削減も同等の2,500万円が見込まれることが分かった。また、フルセルフレジの導入を遅らせることについて業者と交渉を行った結果、更新を１年遅らせた場合には現在保有するセミセルフレジの下取り価格が０円となるものの、フルセルフレジを値引きしてくれることになった。

取替投資を１年延期し2023年度期首に更新する場合、フルセルフレジが１台当たりいくら（付随費用込み）で購入できれば１年延期しない場合より有利になるか計算し、(a) 欄に答えよ（単位：円）。なお、(b) 欄には計算過程を示すこと。ただし、更新されるフルセルフレジは耐用年数５年、残存価額０円、定額法で減価償却する予定である。また、最終的な解答では小数点以下を切り捨てすること。

●出題の趣旨

設備更新投資において、更新時期を遅らせるという代替案が正味現在価値上有利となるための条件を求める能力を問う問題である。

～試験中に起きた面白エピソード～

『ふぞろい14』の読みすぎで、キャラクターが話しかけてくる「よし！　多面的に書けているな！」。

●解答ランキングとふぞろい流採点基準

※計算結果と計算過程で合計10点がMAX

凡例	合格	A	B	C	合計
人数	142人	40人	48人	28人	258人

計算結果（a）　（MAX10点）

ランク	解答キーワード	点数
－	1,932,159円	10点

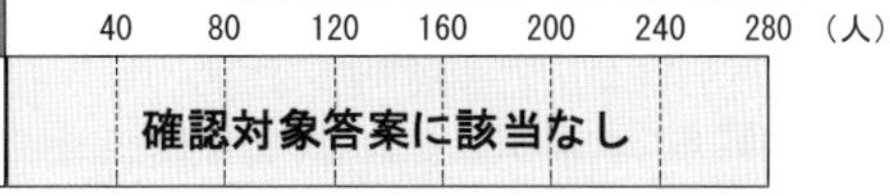

計算過程（b）　（MAX9点）

ランク	解答キーワード	点数
－	2023-2027各期の差額減価償却費の考慮（新設備の減価償却費）	5点
－	2023-2027各期の差額営業ＣＦの考慮（現価係数）	5点
－	2023期首の差額投資ＣＦの考慮（金額）	5点

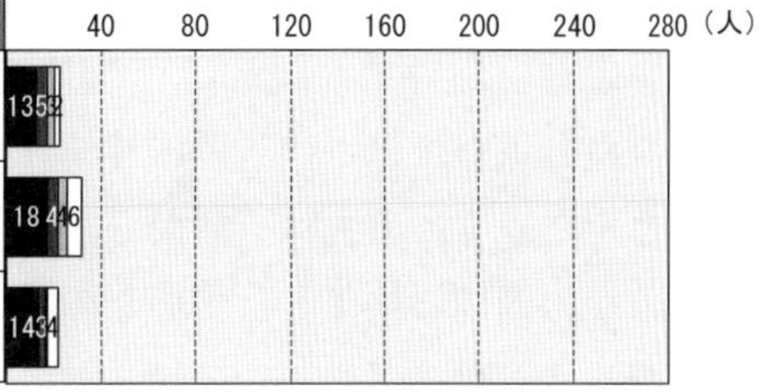

●再現答案

区	再現答案	点	文字数
合	差額 CF（単位：万円） **2023年度期首に購入した場合の１台当たり価格をＸと置くと、減価償却費は、（100Ｘ－100×100）÷5＝20Ｘ－2,000**[5] 2022年期末増減なし 2023年期首の CF（Ｘ－100）×100＝100Ｘ－10,000 **2023年～2027年期末｛2,500－（20Ｘ－2,000）｝×（1－0.3）＋20Ｘ－2,000＝1,150＋6Ｘ**[5] よって **0.943×（10,000－100Ｘ）**[5]＋**（0.890＋0.840＋0.792＋0.747＋0.705）×（1,150＋6Ｘ）**[5]＝**9,430－94.3Ｘ**[5]＋4,570.1＋23.844Ｘ ＝14,000.1－70.456Ｘ≧386.88	9	－

●解答のポイント

計算上、（設問２）を正答することが正しい計算結果を導く前提になる。CF計算や、割引率など計算ミスが起きる要素が多く、時間内の正答が難しいと見極め、ほかの問題を優先するタイムマネジメントができたか、この設問に着手するなら計算過程で部分点を狙える工夫ができたか（数字や数式の記述にとどめるのではなく、費目や計算プロセス自体への説明を言葉で記述するなど）がポイントだった。

～試験中に起きた面白エピソード～

１次試験中に火災ベルが鳴ったこと。びっくりして周りを見回したけれど、みんな黙々と解いていて、それも怖かった。

事例Ⅳ

【白紙答案は不正解。しかしときには最適解】

先生：この（設問３）では大事件が起きているんだ。なんと（a）の計算結果については再現答案のなかでの正答者がゼロという結果だった！

多川：いやあ、ありえんじゃろ、そんな問題むりや～。

有勝：「逃げるが勝ち」と思って白紙で出しました。後回しにしてよかった！

多川：白紙で出したんか。それは極端じゃのぉ。

先生：実際の合格者の答案のうち３割ほどがこの設問は白紙で提出したものだったんだ。つまり、合格するうえで、この設問へ解答することは必須ではなかったということだね。彼らはほかの設問に時間をかけ、取れる問題で点を取ろうとした、ということだと思う。２人は（設問３）を解き始めたのは何時だったかな？

有勝：ほかの問題の検算をしていたので、この問題にあたる時間がなかったです。

多川：たしか試験終了まで10分切っていました。急いでとにかく計算過程だけ書きまくったのぉ。

先生：試験終了20分前を過ぎたら新しい設問に手を付けるのはちょっと危険だ！　２次試験の最後の時間、疲労がピークになっているなかで難問に手を出すと、普段なら考えられないようなミスもするんだ。それで結局正解できずに時間を失い、きちんとチェックすればできるはずの簡単な問題でのケアレスミスで失点して、残念な結果になる受験生が後を絶たない。

多川：それと似たようなこと、確かにやりましたわ……。

先生：設問自体の正解や模範解答と、合格するためにその設問にどう向き合うべきかは別のことなんだ。（設問３）はあえて時間をかけずに白紙答案で出し、残った時間を取れる設問の検算にまわすといった対応が、実は合格を引き寄せるパワーになったのかもしれないね！　そしてこういった難問に当日うまく対応するには……？

有勝：日頃のトレーニング、ですね！

先生：いいね！　そのとおりだ！　では次の設問だ。

～休憩中に食べたおすすめのおやつ・ドリンク剤～

チョコパン。

第３問（配点20点）

Ｄ社は現在、新規事業として検討している魚種Ｘの養殖事業について短期の利益計画を策定している。

当該事業では、自治体からの補助金が活用されるため、事業を実施することによるＤ社の費用は、水槽等の設備や水道光熱費、人件費のほか、稚魚の購入および餌代、薬剤などに限定される。Ｄ社は当面スタートアップ期間として最大年間養殖量が50,000kgである水槽を設置することを計画しており、当該水槽で魚種Ｘを50,000kg生産した場合の総経費は3,000万円である。また、この総経費に占める変動費の割合は60%、固定費の割合は40%と見積もられている。Ｄ社がわが国における魚種Ｘの販売実績を調査したところ、１kg当たり平均1,200円で販売されていることが分かった。

（設問１）【難易度　★★☆　勝負の分かれ目】

Ｄ社は、当該事業をスタートするに当たり、年間1,500万円の利益を達成したいと考えている。この目標利益を達成するための年間販売数量を求めよ（単位：kg）。なお、魚種Ｘの１kg当たり販売単価は1,200円とし、小数点以下を切り上げて解答すること。

●出題の趣旨

短期利益計画の策定に利用する損益分岐点分析において、与えられた情報を用いて目標利益を達成する販売量を算出する能力を問う問題である。

●解答ランキングとふぞろい流採点基準

凡例	合格	A	B	C	合計
人数	142人	40人	48人	28人	258人

年間販売数量　（MAX10点）

ランク	解答キーワード	点数
1位	32,143kg	10点
2位	56,250kg	0点
3位	32,142kg	0点

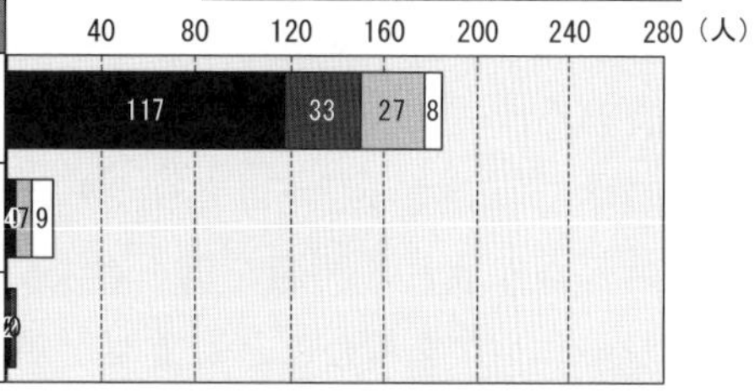

～休憩中に食べたおすすめのおやつ・ドリンク剤～
ドライフルーツ（キウイ）。

●解答のポイント

設問文から１kgあたりの変動費や固定費を整理し、CVP分析の計算を正しく行えたかどうかがポイントだった。

【計算に必要な要素をしっかり整理】

先生：第３問（設問１）はCVPの問題だ。基本的な考え方は「売上高－変動費－固定費＝利益」だが、２人はできたかな？

有勝：はい、少し時間がかかってしまいましたが解答できました。最初１kgあたりの変動費を「販売単価1,200円の60％で720円」と勘違いして計算し、56,250kgと解答してしまいました。でも設問文に「最大年間養殖量が50,000kg」とあったので、これはおかしいと思い計算し直しました。

多川：そもそも最大年間養殖量を超えとるし、50,000kgを生産した場合の利益が3,000万円で、56,250kg生産した場合の利益が1,500万円になるのは本当ですかって話じゃな。

有勝：そうなんです。問題文を改めて読むと50,000kg生産したときの総経費が3,000万円で、その60％が変動費と書いてあったので変動費は1,800万円、１kgあたりの変動費に直すと「1,800万円÷50,000kgで0.036万円」になるはずです。

先生：そのとおりだ、有勝さん！　よく気がついた！　本番では緊張や疲労から普段やらないような勘違いや計算ミスをしがちだ。簡単だと思った問題でも設問文をしっかり読み、計算プロセスに間違いがないか確認しながら進めることが重要だ。続きはどのように計算したのかな？

有勝：はい、同じように固定費も1,200万円と算出し、慎重に計算したら正しい解答にたどり着きました。

先生：多川さんはどうかな？

多川：ワシも同じ結果になったぞ。

先生：２人とも、よくやった！　この設問は計算結果のみを解答する問題だから、解答が合わなければ０点だ！

多川：数字１つ間違っただけで０点とは無情じゃのぉ。

先生：みんなが取れる問題を落とさないのが鉄則だ。間違いを犯さないよう普段からトレーニングを積むことも重要だが、解答後にしっかり検算することも意識しよう。

２人：はい！

～休憩中に食べたおすすめのおやつ・ドリンク剤～

クルミ（ブレインフードと呼ばれるほど、脳によいらしい）。

（設問２）【難易度　★★★　難しすぎる】

Ｄ社は最適な養殖量を検討するため、Ｄ社の顧客層に対して魚種Ｘの購買行動に関するマーケティングリサーチを行った。その結果、魚種Ｘの味については好評を得たものの魚種Ｘがわが国においてあまりなじみのないことから、それが必ずしも購買行動につながらないことが分かった。そこでＤ社は魚種Ｘの販売に当たり、Ｄ社の商圏においては販売数量に応じた適切な価格設定が重要であると判断し、下表のように目標販売数量に応じた魚種Ｘの1kg当たり販売単価を設定することにした。

この販売計画のもとで、年間1,500万円の利益を達成するための年間販売数量を計算し、(a) 欄に答えよ（単位：kg）。また、(b) 欄には計算過程を示すこと。なお、最終的な解答では小数点以下を切り上げすること。

表　魚種Ｘの販売計画

目標販売数量	販売単価
0 kg ～20,000kg 以下	販売数量すべてを１kg 当たり1,400円で販売
20,000kg 超～30,000kg 以下	販売数量すべてを１kg 当たり1,240円で販売
30,000kg 超～40,000kg 以下	販売数量すべてを１kg 当たり1,060円で販売
40,000kg 超～50,000kg 以下	販売数量すべてを１kg 当たり860円で販売

注）たとえば目標販売数量が25,000kg である場合、25,000kg すべてが１kg 当たり1,240円で販売される。

●出題の趣旨

目標販売量に応じて販売単価の設定が異なる場合において、与えられた条件に基づいて目標利益を達成するための販売量を算出する能力を問う問題である。

Column

試験前日の過ごし方

自分は寝不足になると極端にパフォーマンスが落ちるタイプなので、２次試験の最初の関門は「前日にちゃんと寝られるか」だった。試験当日は５時起きと決めていたので、前日21時には寝て８時間睡眠を確保したい。普通に過ごしていたら緊張で寝られないのが明白だったので、以下３つの対策を実施。①前日の朝は４時起きにして、前日に寝不足な状況を作る、②80kmロードバイクに乗ってその後筋トレ、HIITトレーニングもやって体力を使い切る、③好きなものを好きなだけ食べ、腹をいっぱいにする。これだけやれば21時どころか19時ぐらいに寝てしまうのではないかと考えていたが、結果、やはり緊張で22時まで寝られず。逆に起床は４時で若干寝不足だった。やはり１年に１回の試験、緊張感は半端ではなかった……。

（けーし）

～休憩中に食べたおすすめのおやつ・ドリンク剤～

前日泊したホテルの向かいにあった、ベトナム食材店のチアシードドリンク。食感に依存性があります。

●解答ランキングとふぞろい流採点基準

凡例	合格	A	B	C	合計
人数	142人	40人	48人	28人	258人

年間販売数量（a）　（MAX6点）

ランク	解答キーワード	点数
1位	38,572kg	6点
2位	36,389kg	0点
3位	38,571kg	0点

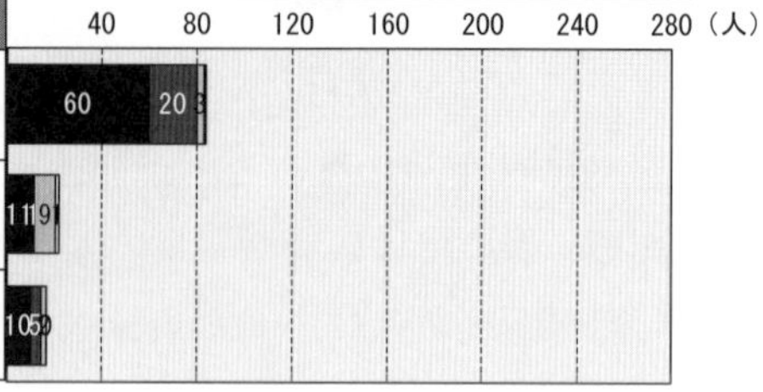

計算過程（b）　（MAX4点）

ランク	解答キーワード	点数
－	(a)の正解者に対する得点補正 （正しい計算過程を経たものとみなして加点）	4点
－	固定費・目標利益の代わりに限界利益に言及	2点
－	適切な販売単価1,060円に言及	1点
－	目標利益に言及	1点
－	1kgあたりの変動費を正しく算出	1点
－	固定費を正しく算出	1点
－	販売単価1,060円の代わりに 1kgあたりの限界利益に言及	1点

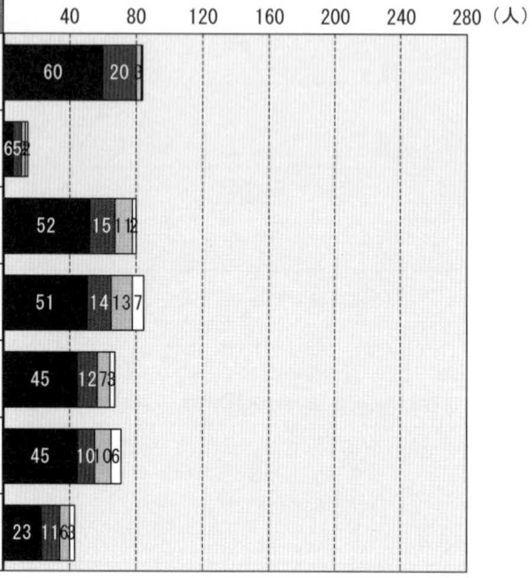

Column

困っている社長に愛の手を！

中小企業診断士は、一般的に難関資格の部類といわれます。目安の勉強時間は1,000時間。これを会社の勤務時間に換算すると、１日８時間、１か月の稼働が20日と仮定し、６か月ちょっとです。もちろん受験生には社会人が多いので、実際の勉強期間としては２倍、３倍必要になるのが普通だと思います。私たちは、正味６か月超の期間を、または６か月分の労働力を投入し、この試験に向き合っています。

受験を始める動機は、仕事に役立てたい、誰かに負けたくない、などいろいろあるかもしれません。でも、そこまで自分の時間を割いて頑張り続けられるのは、そのなかに「誰かを助けたい」「誰かの役に立ちたい」という、誰かに対する優しい気持ちがあるのでは、と私は思っています。２次試験は、中小企業診断士として事例企業に助言する試験です。困っている社長の話に耳を傾け、１次試験で得た知識を活用すれば、あなたの力で「あるべき姿」へ導くことができるはずです。誰かを思う気持ちを大切に、ぜひやり切ってください！（事例Ⅲとか困りすぎていておもしろい）　　　　（うめりー）

～使ったペンの種類・本数～

シャーペンと赤ペンだけ。

●再現答案

区	再現答案	点	文字数
合	**固定費：1,200 万円**[1]　**変動費：1,800 万円／50,000kg＝360 円／kg**[1] 販売数量 20,000kg の場合の利益：1,400×20,000－12,000,000－360×20,000＝880 万円 販売数量 30,000kg の場合の利益：1,240×30,000－12,000,000－360×30,000＝1,440 万円 販売数量 40,000kg の場合の利益： 1,060×40,000－12,000,000－360×40,000＝1,600 万円 したがって、求める年間販売数量は 30,000kg と 40,000kg の間。 **年間 1,500 万円の利益**[1]を達成する年間販売数量：(1,200＋1,500)／1－**(360／1,060)／1,060**[1]＝38,571.4…	4	－
A	目標販売数量をＸとすると、 販売単価×Ｘ＝変動費＋**固定費 12 百万円**[1]＋**利益 15 百万円**[1]であるから、 **変動費単価 360円**[1]より 販売単価×Ｘ＝360×Ｘ＋12＋15 30,000kg＜Ｘ≦40,000kg の場合、**1,060円**[1]×Ｘ＝360×Ｘ＋12＋15 700Ｘ＝27 百万円　Ｘ≒38,571.428 Ｘ＝38,572kg	4	－
A	売上高－変動費－固定費＝利益 **販売単価：1,060円**[1]　販売数量をＸとする 売上高 1,060Ｘ－変動費 1,060Ｘ×0.3－**固定費 12,000,000**[1]＝**15,000,000**[1] Ｘ＝36,388.14 損益分岐点売上高 3,857.14 万円	3	－
B	**固定費 1,200 万円**[1]＋**目標利益 1,500 万円**[1]＝27,000,000 円……① ①÷0.7（限界利益率）＝38,571,429 円……② ②÷860 円＝44,851kg	2	－
C	**1,500 万円目標利益**[1] 1kg 経費 600 円 利益＝売上－経費 1kg 売上 1,400 円より　利益＝1,400－600＝800 円 1：800＝Ｘ：1,500 万円 Ｘ＝18,750kg	1	－

～使ったペンの種類・本数～

シャーペン１本、マーカー４本、赤ボールペン、青ボールペン。

●解答のポイント

目標販売数量に応じて販売単価が異なる場合において、販売数量ごとに目標利益達成可否を確認し、適切な単価・数量を求められるかがポイントだった。

【変化球に惑わされるな】

先生：（設問２）はひねり問題だ！　正答した人は全体の３割ほどしかいなかった。日頃からしなやかな筋肉を鍛えられていた人はこの問題で大きなアドバンテージを得られたであろう。２人はきちんと対応できたかな。

有勝：私は（設問１）で時間を使ってしまい、この設問は複雑そうだったので捨てようかと思いました。でも少し考えたら販売パターンごとに場合分けをすればいいのかなと思い、部分点狙いの気持ちで取り組みました。

多川：ひょえー、おぬしどんな筋肉しとるんじゃ。長年やってきたワシでさえこの設問は少し悩んだぞ。

先生：有勝さん、よい心意気だ。複雑そうな問題でも落ち着いて考えれば解決の糸口をつかめる場合もある。万が一わからない場合でも計算方針や計算プロセスを書くことで部分点を狙うのが定石だ。多川さんも長年の経験が生かされているようだな。その後、どのように解答したのかな。

多川：まず１kgの変動費や固定費、目標利益と情報を整理し、販売数量ごとに利益を達成できるか確認しました。20,000kg販売した場合は「20,000×1,400－20,000×360－12,000,000＝8,800,000」で目標利益1,500万円に届かず、30,000kg販売した場合は……と計算していくと30,000kg超～40,000kg以下、販売単価1,060円のときに目標利益1,500万円を達成できるんじゃ。

先生：いいぞ、その調子だ！　販売単価ごとに販売数量を達成できるか確認している解答もあったが、どちらでも同じ答えになるはずだ。こちらの方法はふぞろい流ベスト答案に掲載した。最終解答はどうだ？

多川：年間販売数量は38,571.42kgじゃから、最終解答は38,571kgです！

有勝：多川さん、小数点以下切り上げじゃないですか。

多川：あちゃ～、四捨五入と早とちりしてもうた。

先生：多川さん、もったいないぞ！　再現答案のなかにも同じようなミスをした人がいたが、１点を争う本試験では絶対に犯してはならない過ちだ。

有勝：設問文をきちんと読まないとですね。

先生：失敗したときは次に同じことを繰り返さないよう、解答前に小数点処理を再度確認するなど対策を考えることが大事だ。PDCAサイクルを回してミスを犯さない独自のノウハウを身につけよう。どのようなノウハウがあるかは特別企画を用意したのでぜひ読んでくれ、ハッ！！（笑顔）

～使ったペンの種類・本数～

シャーペン１本。解答によっては重複する根拠もあるから、色は使わなかった。

第４問（配点20点）

Ｄ社は現在不採算事業となっている移動販売事業への対処として、当該事業を廃止しネット通販事業に一本化することを検討している。

（設問１）【難易度　★☆☆　みんなができた】

移動販売事業をネット通販事業に一本化することによる短期的なメリットについて、財務指標をあげながら40字以内で述べよ。

●出題の趣旨

不採算事業の状況を把握するとともに不採算となる要因を分析し、それを踏まえて対処法である業務統合が与える財務指標への短期的効果について適切に助言する能力を問う問題である。

●解答ランキングとふぞろい流採点基準

凡例	合格	A	B	C	合計
人数	142人	40人	48人	28人	258人

【結論】短期メリットの内容　（MAX6点）
※収益性でMAX4点、効率性でMAX2点

ランク	解答キーワード	点数
1位	【収益性に関する具体的財務指標に言及】売上高営業利益率・売上高販管費率の改善	4点
	（単に）収益性の向上、営業利益の改善	3点
2位	【効率性に関する具体的財務指標に言及】有形固定資産回転率の改善	2点
	（単に）効率性の向上	1点
3位	安全性の向上	0点

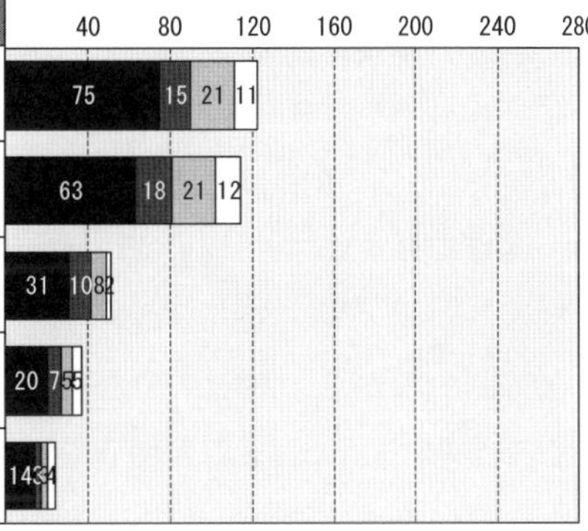

短期メリットの根拠　（MAX4点）

ランク	解答キーワード	点数
1位	【収益性向上の根拠として挙げた場合に加点】販売コストの削減、人件費の削減	4点
2位	【効率性向上の根拠として挙げた場合に加点】トラックの売却、固定資産の減少	3点
3位	【安全性向上の根拠】借入金の返済、負債の減少	0点

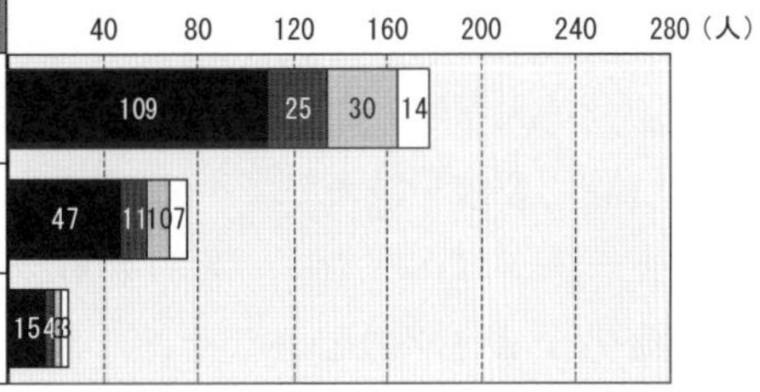

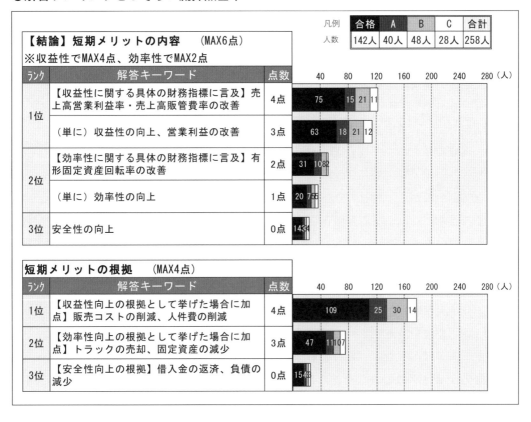

～こだわりの試験テクニック～
接続詞は省略か極力コンパクトにして、キーワードを１つでも多く書く。

●再現答案

区	再現答案	点	文字数
合	**車両削減**[3]により**有形固定資産回転率**[2]、**人件費削減**[4]により**売上高営業利益率が向上**[4]する。	10	39
A	移動販売事業の**人件費削減**[4]で**売上高営業利益率が改善**[4]。**車両売却**[3]で**効率性が改善**[1]。	9	37
B	移動販売用の**トラックを売却**[3]することにより**有形固定資産回転率が向上**[2]することである。	5	40
C	**売上高販管費率**[4]と固定比率が改善し、**収益性**[3]と安全性が向上する。	4	30

●解答のポイント

　D社の財務状態を踏まえ、不採算事業の廃止による短期的な効果について多面的に分析し、適切な財務指標を挙げながら、その要因・根拠を的確に示すことがポイントだった。

【与件文や設問要求に忠実に】

有勝：不採算事業ですか……。経営資源の限られる中小企業にとっては、とても悩ましい問題ですね。多川さんはどう答えたんですか？

多川：これは楽勝じゃ！　なぜD社の移動販売事業が不採算の状態になってるのかってところがポイントなんよ。「自社の保有トラックを使って店舗の従業員が販売を行う」とあるから、おそらく、移動販売の手間に見合うような売上が上がってないってことじゃないかな。人件費などの販売コストで、事業単体の営業利益は相当圧迫されているはずだから、この廃止によって収益性が改善するってことで決まりじゃ。

有勝：ちょっと待ってください。設問文をよく見ると、「財務指標をあげながら答えよ」とありますよ。収益性の向上に言及するだけで十分なのでしょうか。

先生：そう。大事なところに気がついたね！　多川さんの答えた「収益性の向上」だけでは設問要求を満たしているとはいえず、ここで得点に差がついた可能性がある。

多川：え、あ、ほんとや！　あちゃ～、ここへきてやってしもうた。

先生：疲労がピークのときこそ、こうした設問要求の見落としに気をつけたいところだね！　では、有勝さん。ここではどんな財務指標を挙げればよいか、わかるかな？

有勝：私は売上高営業利益率を選びました。収益性を圧迫している要因として、多川さんが指摘した販売コストの増大は正しい視点だと思います。とすると、それによって改善するのは営業利益になるので、答えはこれしかないと思います。

～こだわりの試験テクニック～

消しゴムで消す際に他の行まで消えないように、問題用紙で他の行を覆って消していました。

多川：ワ、ワシの解答を踏み台にすなぁ！

有勝：してませんよ～。それと、今回は助言系の設問ですから、結論と要因を結びつけて解答する必要があると思います。施策の内容と効果について、D社の社長さんにしっかり納得してもらうことが大事ですからね。

先生：そのとおり！　だいぶ中小企業診断士らしくなってきたじゃないか。ところで多川さん、収益性以外で、ほかには何か考えられないかな？　効果を問う設問には、多面的に解答するのが有効だったはずだ。

多川：移動販売の廃止でトラックを使わなくなれば帳簿からは除却……そうか！　固定資産が減少することで、効率性が向上する可能性があるんじゃ。

先生：よく気がついたね！　効率性の財務指標については、有形固定資産回転率を挙げる解答者が多かったぞ。また、トラックを売却して得た現金で借入れを返済して、安全性を向上させると答えた人も何人かいたぞ。

有勝：え！？　でも、先生。借入れの返済には少し違和感があります。事業で使用しないからといって、固定資産をすぐに現金化できるとは限らないのではないでしょうか。

多川：そうそう、ワシも最初はそう思った。だけど過去の例を見ると、第1問で挙げた財務面の課題を後段の問いで改善するような、一貫性のある解答が加点につながったケースもあったから、ここはどう解答するべきが、かなり迷ったんじゃ。

先生：うん、よい気づきだ！　第1問で解答したように、D社は確かに、同業他社と比べて借入れが多く、安全性に懸念がある。だから、資本バランスの改善施策に触れたい気持ちは、僕もよくわかる。しかし、それをトラックの売却だけで改善できると言い切れるだろうか。事例Ⅳであっても、与件文からはっきり読み取れないことに踏み込みすぎると、得点を逃す可能性があるから注意したいな。実際、安全性の向上や借入れの返済を挙げた解答者は合格＋A答案で少なく、配点も0点という分析結果となったぞ。

有勝：なるほど。与件文と設問要求に忠実に解答していくことが大事なのですね。

先生：それともう1つ。そもそも、移動販売事業の廃止はD社にとって本当によい戦略と言い切れるのかな？　その答えは次の（設問2）で考えてみよう。ヤー！！（笑顔）

（設問2）【難易度　★★☆　勝負の分かれ目】

D社の経営者は移動販売事業を継続することが必ずしも企業価値を低下させるとは考えていない。その理由を推測して40字以内で述べよ。

●出題の趣旨

不採算事業の特徴を理解し、その継続による企業価値への影響を長期的観点から適切に助言する能力を問う問題である。

●解答ランキングとふぞろい流採点基準

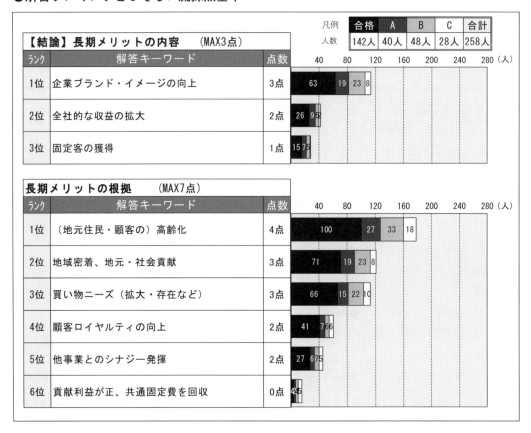

凡例	合格	A	B	C	合計
人数	142人	40人	48人	28人	258人

【結論】長期メリットの内容　（MAX3点）

ランク	解答キーワード	点数	合格	A	B	C
1位	企業ブランド・イメージの向上	3点	63	19	23	8
2位	全社的な収益の拡大	2点	26	9	5	2
3位	固定客の獲得	1点	15	7	5	

長期メリットの根拠　（MAX7点）

ランク	解答キーワード	点数	合格	A	B	C
1位	（地元住民・顧客の）高齢化	4点	100	27	33	18
2位	地域密着、地元・社会貢献	3点	71	19	23	8
3位	買い物ニーズ（拡大・存在など）	3点	66	15	22	10
4位	顧客ロイヤルティの向上	2点	41	7	6	6
5位	他事業とのシナジー発揮	2点	27	6	7	5
6位	貢献利益が正、共通固定費を回収	0点	4	2	4	5

（目盛：40　80　120　160　200　240　280（人））

●再現答案

区	再現答案	点	文字数
合	**地元住民の高齢化**[4]が進んでいるため、**地域貢献**[3]で**企業イメージが向上**[3]し**収益化**[2]につながる	10	40
合	**地元の高齢者**[4]の**ニーズ**[3]に応えることで、**地域密着**[3]企業としての**認知度が向上**[3]するため。	10	39
A	移動販売事業を継続することで、**顧客関係性が強化**[2]され**固定客化**[1]し、**ブランドが向上**[3]する。	5	40
C	貢献利益がプラスで固定費の回収に寄与、**シナジー効果**[2]による**売上拡大**[2]が期待出来るから。	4	40

～事例Ⅰのポイント・攻略法～

人事だけではなく、経営戦略の論点を意識する。

●解答のポイント

> Ｄ社が対象とする市場の長期展望を踏まえて、移動販売事業の継続により期待できる長期的効果とその根拠について、多面的に解答することがポイントだった。

【企業の価値はさまざまな角度から評価しよう】

先生：いよいよ令和３年度第２次試験のラスト問題だ！　不採算事業の継続が企業価値を損なわせず、長期的にはむしろ高める、というような書きぶりが気になるところだ。

有勝：事業単体では収益性が悪いけど、企業全体で見ればよい面もあるってことですね。Ｄ社の経営環境をもう一度おさらいしてみるのがよいかもしれません。

多川：高齢化が進む地元住民に寄り添うこの事業って、地域密着の経営スタイルを掲げるＤ社にとって、すごく相性がよいはずなんよ。社会的な課題解決に向かう姿勢に好感を持つ人は多いはずだから、長期的なメリットがあるとしたら……、そうか！

２人：企業ブランドの向上！

先生：２人とも、だいぶ仕上がってきているじゃないか！　お互いに刺激し合うことで、とてもよい相乗効果を生んでいるぞ。

有勝：（え、先生、いま相乗効果って言った？）……あっ！　本業とのシナジーも期待できませんか？　移動販売で地域のニーズに応えたり、顧客との接点も増えることで関係性が強化されていくから、Ｄ社のスーパーに好んで買い物に行く人が増えそうです。そうすると、顧客の固定化が進みそうですね。

多川：なるほどね。もともと固定客の獲得で効率のよい経営をしてきたから、それをより強化できれば、本業であるスーパーのほうで利益を回収できる可能性が出てくる。さらに言うと、これから高齢化が加速すれば、移動販売事業だってどんどんニーズが拡大してくるはず。つまり、事業全体の収益向上も期待できるってことじゃ。

先生：パーフェクト！　ちなみに、「貢献利益が正であるため廃止しない」と答えた人も僅かにいたんだ。合格＋Ａ答案の解答割合が少なく、ふぞろい流の採点基準では０点としたけれど、不採算であってもそのような状態にある可能性は否定できないから、実際には加点要素となった可能性もあるぞ。

多川：企業価値というものは、奥が深いんじゃなぁ。

先生：そうだ！　短期・長期、定量的・定性的と、幅広い視点で評価していくことが必要だ。限られたパーツだけでなく、全体的にバランスのよい身体づくりが重要になるのは、筋トレに通じるところがあるぞ。そうした意味でこの第４問は、中小企業診断士を目指す受験生にとって、多くの気づきを得られる素晴らしい問題だったね！

有勝：あとは、要因と結論をしっかり整理して解答を作成すれば大丈夫そうですね！

先生：２人とも、すっかり頼もしくなったな。今日のところはここまでにして、先生はジムに行くとしよう。では、また！　ハッ！！（笑顔）

～事例Ⅰのポイント・攻略法～

幸の日も毛深い猫。

事例Ⅳ特別企画

「『逃げ恥』に学ぶ事例Ⅳの歩き方」
～難問は避け、標準問題を確実に解く～

【逃げるは恥だが役に立つ！？】

先生：オイ、オレの筋肉！！　令和３年度事例Ⅳの振り返りをやるのかい？　やらないのかい？　どっちなんだい！？　やーる！！　勢いがついたところで下図を見てくれ。

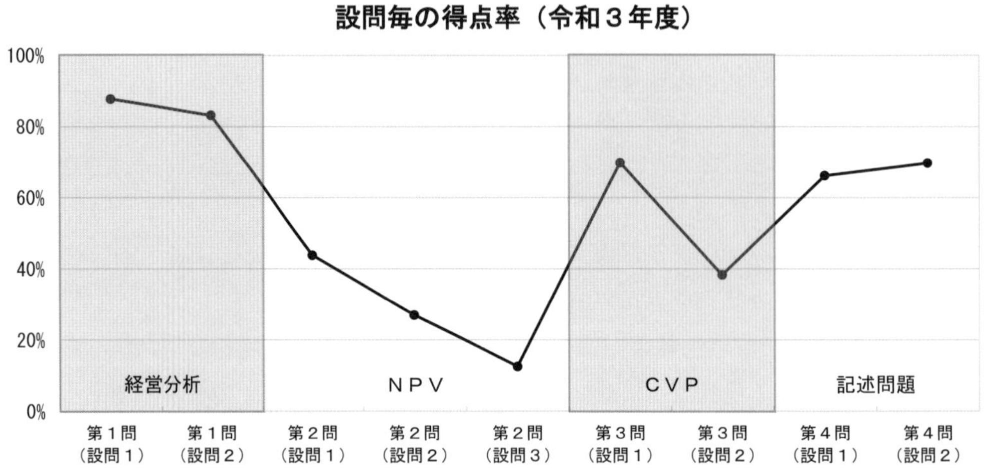

先生：ふぞろい流で採点した各設問の得点率の平均値を示しているぞ。ボディービルダーの筋肉のように、モリモリと起伏が激しいのがわかるかい？

多川：グラフを擬人化すなぁ！　けど確かに、えらいでこぼこしておるのぉ。

先生：「経営分析」「記述問題」は難易度が低く、「NPV」は難易度が高かったからね。特に、第２問（設問３）は難問で、合格＋Ａ答案でレジの価格を正答した者は０名だった。

２人：ゼロ！？

先生：そう、ゼロ。第２問（設問２）についても、合格＋Ａ答案で正味現在価値を正しく算出した者はわずか９名だった。合格＋Ａ答案のほとんどが正答していないことを考えると、第２問については部分点狙いに留め、できる限り時間をかけないことが得策だっただろう。

有勝：そのほかの標準的な難易度の問題でしっかり得点できるかどうかが重要だったのですね。

先生：そのとおり！　難しいことにチャレンジする精神は素晴らしいが、試験本番ではチャレンジ精神をグッと堪え、難問は避けて標準問題を確実に解くことが重要だ。難問と標準問題を見極める筋肉を普段からしっかり鍛えておこうね！　ハッ！！（笑顔）

～事例Ⅱのポイント・攻略法～

ダナドコ。

【ミスなしと言う勿れ】

有勝：難問は避けて標準問題を確実に解くことの重要性、よくわかりました！　けど、「経営分析」や「記述問題」はみんなができきて差がつかないのではないでしょうか？

多川：ワシもその２問は自信しかないわ。特に「経営分析」は完璧じゃ。

先生：おっと！　油断は禁物だ！　実際、B＋C答案を筆頭に単純なミスが散見されたぞ。ここでは第１問（設問１）を例に、実際にあった単純ミスを紹介しよう。

実際にあった単純ミス（1）計算式の誤り

【誤】有形固定資産回転率　3.57（回）【正】有形固定資産回転率　4.56（回）

【誤】当座比率　62.90（%）　【正】当座比率　65.45（%）

実際にあった単純ミス（2）四捨五入の誤り

【誤】有形固定資産回転率　4.55（回）【正】有形固定資産回転率　4.56（回）

【誤】当座比率　65.44（%）　【正】当座比率　65.45（%）

実際にあった単純ミス（3）有効数字の誤り

【誤】有形固定資産回転率　4.558（回）【正】有形固定資産回転率　4.56（回）

【誤】負債比率　403.823（%）　【正】負債比率　403.82（%）

実際にあった単純ミス（4）単位の誤り

【誤】有形固定資産回転率　4.56（%）【正】有形固定資産回転率　4.56（回）

【誤】有形固定資産回転率　4.56（倍）【正】有形固定資産回転率　4.56（回）

多川：のぉ！　言われてみればワシも同じミスをやっとる！！！

先生：ミスの存在を認識してもらえたら大成功だ！　僕の腹筋が大喜びしているよ！

有勝：ありがちなミスを認識して初めて対策が打てるようになりますもんね。

先生：そのとおり！　再現答案の掲載を快諾していただいた皆さんに改めて感謝だ！

【単純ミスにさよならバイバイ！】

先生：さて、２人は単純ミスを撃退するために何か工夫をしていたことはあるかな？

有勝：私はミスをすることを前提に見直しの時間を長めに取るようにしていました。

多川：逆にワシは見直し不要で済むよう、最初からゆっくり丁寧に進めていたのぉ。

有勝：単純ミスを削減するためには、多川さんのようにあらかじめミスをしない対策を講じることと、私のように一度したミスを修正することの２点が重要そうですね。

先生：そのとおり！　どちらも重要だが、ここではあらかじめミスをしないための対策について考えよう。再現答案を見て、何か気づいたことはないかな？

～事例Ⅱのポイント・攻略法～

地域貢献の論点を忘れがちなので留意する。

多川：計算問題じゃから計算式の誤りはあると思っとったんじゃけど、端数処理や単位など、計算結果の表し方に関する誤りも多いのぉ。

先生：そうなんだ。計算問題というと、つい計算自体に意識が傾いてしまいがちだが、計算結果を解答欄に記載するまで注意が必要だ。問題を解く工程を細分化し、各工程で注意すべきポイントを整理しておくとよいだろう。

有勝：工程を細分化……。計算問題では、①問われていることと制約条件の確認、②公式の想起、③計算、④端数処理、⑤単位の記載、といった感じでしょうか？

先生：そうだね。有勝さんが列挙してくれた例をもとに、各工程のミス防止策を考えてみよう。まずは、①や②について何か案がある人はいるかな？

多川：ワシは何を計算するのか忘れないように「売上高総利益率＝○○÷△△×100」とか、まず名称と公式を紙に書き出すようにしました。転記元の箇所と転記した紙の両方にチェック印をつけて、転記したことを確認してから計算を始めるんよ。

有勝：私は、たとえば第３問（設問１）なら「目標利益を達成するための年間販売数量」のところを四角で囲んだりしました。計算していて、そもそも何を問われていたかわからなくなることがあるので、あらかじめ印をつけておこうと。

先生：２人ともよい心掛けだ。計算前の準備作業は、筋トレ前のストレッチと同じくらい重要だからね！　次に、③についてはどうかな？

多川：計算は電卓に任せるで決まりじゃ！　暗算はミスしてつまらん！

有勝：電卓といえば……私は、右手で鉛筆を持ち左手で電卓を叩くスタイルなのですが、左手で叩いた後に再度右手でも叩いて検算をしていました。

多川：事例Ⅲでいう熟練職人の域！　ワシを見てみぃ。右手人差し指１本じゃ。

先生：いろいろなスタイルがあってよいだろう！　最後に、④や⑤についてはどうかな？

多川：端数処理や単位はトラップの火薬庫じゃのぉ。油断したら大事故じゃ！

有勝：私は設問文を読む際、端数処理や単位に関する指示にチェックを入れていました。問題を解く前に必ず、最終的なアウトプットの形を余白に図示していましたよ。

多川：アウトプットの形ぃ？

有勝：たとえば、設問文に「小数点第３位を四捨五入」と記載されていたら「.○○⊖↑↓」のように図示して設問要求を明示するようにしていました。

多川：ちょっと待てぃ！　隠し玉すぎる！　図示することで見直しにも生きそうじゃ！

先生：素晴らしい！　２人ともいろいろなアイディアが出てきたね。今回のように、問題を解く工程を細分化し、各工程における注意点を整理していけば自ずと単純ミスを防止できるようになるぞ。本番は極度の緊張や疲労で注意力が低下しがちだが、訓練しておけば自動的に筋肉が働いてくれるはずさ。パワー！！（笑顔）

２人：……（２人で顔を見合わせる）。ハッ！！（笑顔）

～事例Ⅱのポイント・攻略法～

アイデア勝負の試験ではないということを、よくも悪くも理解する。

ふぞろい流ベスト答案　事例Ⅳ

第１問（配点30点）

（設問１）　【得点】16点

	(a)	(b)
①	棚卸資産回転率[2]	25.79（回）[2]
②	売上高総利益率[2]	27.78（%）[2]
③	負債比率[2]	403.82（%）[2]
④	売上高営業利益率[2]	0.32（%）[2]

（設問２）　79字　【得点】14点

地	元	密	着	経	営[3]	や	こ	だ	わ	り	の	商	品[3]	で	固	定	客	が	多
く[3]	、	効	率	性[1]	や	粗	利	率	が	高	い[1]	一	方	、	競	争	激	化[2]	や
不	採	算	事	業[2]	で	収	益	性	が	低	く[1]	、	販	管	費	の	削	減[3]	や
借	入	金	の	返	済[4]	に	よ	る	安	全	性	の	向	上[1]	が	課	題	。	

第２問（配点30点）

（設問１）　【得点】10点

(a)	**25,600,000**[4]（円）
(b)	（単位：万円） ①人件費削減額**2,500**[3] ②有形固定資産売却損＝セミセルフレジの簿価2,000－下取り価格800＝**1,200**[2] ③減価償却費増加額＝フルセルフレジの減価償却費3,500－セミセルフレジの減価償却費2,000＝**1,500**[2] ④2022年度の税引前利益＝①－②－③＝△200 ⑤2022年度のキャッシュフロー＝④×（１－税率）＋②＋③＝2,560

（設問２）　【得点】10点

A：2023～2027年度各期末の差額営業CF　（単位：万円）
①各期の差額営業利益＝人件費削減額2,500－減価償却費増加額1,500＝1,000
②各期の差額営業CF＝①×（１－税率0.3）＋減価償却費増加額1,500＝2,200
③現在価値＝②×（**0.890＋0.840＋0792＋0.747＋0.705**[3]）＝8,742.8
B：2022年度期末の差額営業CF
①差額営業CF2,560
②**現在価値＝①×0.943**[3]＝2,414.08

～事例Ⅱのポイント・攻略法～
最近は変化がテーマ。これまでのターゲットをマークして、それと違うものを探すと、今後のターゲットが見える。

C：2023年度期首の差額投資CF
①当初投資予定額10,000　②現在価値＝①×**0.943**[3]＝9,430
D：2022年度期首の差額投資CF
①単価＝フルセルフレジ210－下取り価格8＝202
②数量100台
③現在価値＝①**×**②**＝20,200**[3]
投資案の正味現在価値＝A＋B＋C－D＝386.88
結論：**386.88万円**[5]と**正味現在価値が正の値になる**[3]ため、**取替投資を実行する**[2]。

（設問3）　　　　**【得点】10点**

(a)	**1,932,159**（円）[10]
(b)	求めるフルセルフレジを1台X万円と置く ①セミセルフレジ減価償却費100万円×100台÷5年＝2,000万円 ②フルセルフレジ減価償却費X万円×100台÷5年＝20X万円 ③減価償却費増加額＝②－①＝**20X万円－2,000万円**[5] A：2023～2027各期末の差額営業CF ①各期の営業利益差額＝人件費削減額2,500万円－減価償却費増加額（X万円×100台÷5－2,000万円）＝－20X万円＋4,500万円 ②各期の差額営業CF＝①×（1－税率0.3）＋減価償却費増加額（X万円×100台÷5－2,000万円）＝6X万円＋1,150万円 ③現在価値＝②**×（0.890＋0.840＋0.792＋0.747＋0.705**[5]）＝23.844X万円＋4,570.1万円 B：2023期首の差額投資CF ①当初投資予定額10,000万円 ②今回投資額＝X万円×100台＝100X万円 ③現在価値＝（①**－**②）**×0.943**[5]＝9,430万円－94.3X万円 **差額CF＞386.88万円となるXを求める（A＋B＞386.88万円）** 23.844X＋4,570.1＋9,430－94.3X＞386.88万円　∴X＝1,932,159.078円 よってXは1,932,159円（単位：円、最終的な解答で小数点以下を切り捨て）

第3問（配点20点）

（設問1）　　　　**【得点】10点**

32,143[10]（kg）

～事例Ⅲのポイント・攻略法～

与件文に散りばめられたC社の問題点を丁寧に拾う。

（設問２） 【得点】10点

(a)	**38,572**[6]（kg）
(b)	年間販売数量をQ（kg）と置くと、売上高－変動費－固定費＝利益が成り立つ **１kg当たりの変動費3,000万円×0.6/50,000kg＝0.036万円**[1] **固定費3,000万円×0.4＝1,200万円**[1] ①０≦Q≦20,000：0.14Q－0.036Q－1,200＝1,500　∴Q＝25,962kgとなり不適 ②20,000＜Q≦30,000：0.124Q－0.036Q－1,200＝1,500　∴Q＝30,682kgとなり不適 ③30,000＜Q≦40,000：**0.106**[1]Q－0.036Q－1,200＝**1,500**[1]　∴Q＝38,572kgとなり適当 ④40,000＜Q≦50,000：0.086Q－0.036Q－1,200＝1,500　∴Q＝54,000kgとなり不適 よってQは38,572kg

第４問（配点20点）

（設問１） 40字 【得点】10点

販売に係る人件費[4]と**車両資産の削減**[3]で、**売上高営業利益率**[4]と**有形固定資産回転率**[2]が改善。

（設問２） 40字 【得点】10点

高齢化[4]進む**地域に密着**[3]した事業で、**企業イメージの向上**[3]や**固定客獲得**[1]が期待できるため。

Column

家族の応援

私は当初、令和２年度の試験を受験予定でした。しかし、新型コロナウイルスの蔓延によりその年の受験を断念したタイミングで病気が発覚し闘病することになりました。

数か月の治療を終え、自宅療養に切り替えるタイミングで「やっぱり診断士の勉強をしたい！」と思い、令和３年度試験受験に向け、以前購入していたテキストを引っ張り出して勉強を始めました。自分なりに勉強が順調に進んでいた矢先、８月に入りコロナの再拡大で緊急事態宣言が出され、病気や仕事のことで直前まで受験しようか悩んでいました。

これればかりは自分の気持ちだけでは決められないと、家族に相談したら、「今年逃して来年受けられる保証は誰にもないよ。今まで頑張ったんだし受けに行きな！」と後押ししてくれました。この後押しのおかげで無事受験でき、合格することができました。ずっと応援してくれた家族には感謝しかありません！

（ちゃんみ）

～事例Ⅲのポイント・攻略法～

因果関係で知識を紐づけて整理しておく（情報共有→マニュアル作成→標準化→多能工化→工程間応援化）。

ふぞろい流採点基準による採点

100点

第１問（設問１）：与件文および財務諸表から得られる情報に基づいて指標を選択しました。

第１問（設問２）：（設問１）で指摘した指標からＤ社の財務的特徴と課題を分析し、まとめました。

第２問（設問１）：非現金支出費用（差額減価償却費と有形固定資産売却損）を加味して利益を求め、税額軽減分を計算してCFを算出しました。

第２問（設問２）：各期の差額CFを求めて投資案の正味現在価値を算出し、設問要求である取替投資案の採否判定結果を明記しました。

第２問（設問３）：フルセルフレジを１台X万円とする一次方程式を作り、「取替投資を１年延期しない場合」（設問２の結果）より有利になる金額を算出しました。

第３問（設問１）：１kgあたりの変動費、固定費を求め、目標利益を達成するための年間販売数量を算出しました。

第３問（設問２）：４つの販売単価毎に目標販売利益を達成する年間販売数量を計算し、目標販売数量の上限下限に収まらないものを除外して正解を導きました。

第４問（設問１）：Ｄ社の財務状態や移動販売事業の特徴を踏まえ、事業統合が財務指標に与える短期的な改善効果について、多面的に解答しました。

第４問（設問２）：移動販売事業の継続が企業価値に与える長期的メリットについて、Ｄ社の経営環境や長期展望を踏まえて多面的に解答しました。

～事例Ⅲのポイント・攻略法～

製造工程を簡単な図に描いて、ボトルネックを赤ペンで強調する。

第2節 ヤメトーーク！！
～合格した今だから話せる失敗談、「こんなことはやめておけ！」事例集～

当企画は、過去の受験でさまざまな出来事に遭遇してしまった“元・受験生”たちが「同じような過ちを繰り返してほしくない」との願いを込め、テーマごとに括ってエピソードを紹介する「学べるエンターテイメント・コーナー」です。時にはクスリと笑いながら、時には明日は我が身とゾッとしながら、勉強の合間にお楽しみください。MC はお馴染み、ふぞ迫（以下、ふぞ）さんとろい原（以下、ろい）さんです。ではどうぞ！

【1．８月某日放送「元・スタート出遅れ受験生」】

《出演者》ちゃんみ（以下、ちゃ）・まさひろ（以下、まさ）・ゆーきち（以下、ゆー）

ふぞ：さぁ、やって参りました「ヤメトーーク！！」のお時間です。この番組では個性豊かな“元・受験生”による数々の残念エピソードを披露していただきます。今日のゲストはこちらの方々！　では皆さん、今日の括りは何ですか？

ゆー：私たちは、「元・スタート出遅れ受験生」です！！

ろい：これはまた癖の強いやつが来よったな……。まず最初のエピソードを披露してくれるのは誰？

まさ：じゃ、僕からいきまーす。僕は、ズバリ「冬眠」ですね！！

ふぞ：え、いやいやそんなドヤ顔で言われても、いきなり意味わからんのやけど（笑）。睡眠学習ばかりしてたいう意味？

まさ：全然ドヤ顔してないですよ（笑）！　僕の３年目は、１次試験から再受験組だったんですけど、**どうしてもモチベーションが上がらなくて、そもそも受験自体どうしようか悩んでました。気づいたら４月になっていましたね。**

ろい：マジで！？　多年度受験生あるあるなんかね。特に１次試験からの再受験となると、余計にモチベーションの維持には苦労しそうやなぁ。んで、どうやって勉強再開に本腰を入れることができたん？

まさ：オンラインで知り合った仲間の頑張る姿にすごく刺激されて……。今までの自分が恥ずかしくなって、それで目が覚めて、「やったるぞ！」って気持ちになりました。ここで言えないことも多いので詳細は割愛します（笑）。

ふぞ：割愛した中身が一番気になるねんけど、敢えて触れんとくわ。**受験仲間を作り、切磋琢磨しながらモチベーションを保つということが、特に多年度受験生にとっては重要**なんやね！　ありがとう！　じゃあ次は誰が話してくれる？

ちゃ：はーい、次は私ね！　私は過去問の取り組み方に最初躓いたかなー。

ろい：お！！　王道の過去問のテーマやね。

ちゃ：私は**古すぎる過去問に手を出してしまって時間をロス**したかなーって。平成26年度を分岐点に出題傾向が変わっていて、軌道修正するのに苦労したんだよね。

ふぞ：そうなん？

ゆー：そうなん？

まさ：（僕も知らんかった）（心の声）。

ちゃ：うん、変化に気づいてからすぐに平成26年度以降の過去問に集中したことが結果的によかったと思ってるよー。社会人は時間がないからね！

ろい：なるほど！　ここは議論が分かれるところやけど、**時間がないなかでは古すぎる過去問をやっても効率がよくない**ってことかな？

ちゃ：うん、**特に１次試験後から２次試験の勉強を始める場合は直近５～７年程度に絞ったほうが効率いい**と思うなー。

ふぞ：ありがとう！　多忙な社会人にとって参考になる話やね。じゃあ最後は大学生のゆーきち、お願いします！

ゆー：OK！　待ちくたびれたよ！　僕はね、「ASAP 過去問に着手！」。これに尽きる！

ろい：……ん？「ASAP」？　何それ？　何て読むん？　アサップ？？

ゆー：いやいや、「エーエスエーピー」。As Soon As Possible の略だよ！「**できる限り早く過去問に着手しよう！**」っていう意味ね。

ふぞ：昔流行った曲のタイトルかと思たわ（笑）。どういうことなん？

ゆー：僕は１次試験後から２次試験の勉強に着手したんだけどね、**最初の２～３週間を１次知識の再整理に使ってしまった**んだよね。もっと早く２次試験の過去問に取り組めばよかったなぁ。結局時間がなくなってしまい、夢のなかにも事例企業が登場するくらい焦ってたよ（笑）。

ちゃ：わかるわ～。夢には出てこないけど（笑）。

ゆー：さらに言うなら、**１次試験の勉強と並行して２次試験の勉強を進めることが理想**だよね。もう一度受験するなら、同友館の通称『全知全ノウ』などを活用して１次試験の勉強時から２次試験で必要な知識を意識してインプットするかな。

ろい：なるほどね。**これは特にストレート合格を目指す受験生にとって参考になる**かもね。そして宣伝までありがとう（笑）。

ゆー：うん、僕は放課後の時間を使えたからまだよかったけど、まとまった**時間が取れない人は勇気を出して１次試験と２次試験の並行学習をおすすめ**します！

ふぞ：なるほど。みんなありがとう！　そのようななかでもしっかり合格している皆は素晴らしいね！　多年度受験生、ストレート受験生、両方の生の声は受験生にも参考になったんじゃないかな？　読者の皆さんはふぞろいを読んだらすぐに勉強を開始するんやで。それではまた次回お会いしましょう！

～事例Ⅲのポイント・攻略法～

解答要素の切り分けに迷ったら、どっちにもぶち込め！

【２．９月某日放送「元・迷えた子羊受験生」】

《出演者》けーし（以下、けし）・けんけん（以下、けん）・さと（以下、さと）・ただ（以下、ただ）・みっちー（以下、みち）

ふぞ：さぁ、いつもどおりいってみましょう。今日の括りは何ですか？

けし：僕たち、私たちは「元・迷えた子羊受験生」です！

ろい：まぁ、そりゃいろいろ迷ったり悩んだりするやろな。現在進行形で受験生の皆さんも共感できると思うわ。まずは誰からいく？

けし：じゃまず僕のエピソードから。僕はですね、独学で勉強してたんですけど、やっぱね、独りで勉強を続けるって、すごいしんどかったですね。

ふぞ：あー、そうやろなぁ。精神力強くならんとな。

けし：それもそうだし、何より**せっかく問題を解いても、独りだと採点や論点のチェックがやりにくいっていう難しさがある**んですよ。独りでボケて独りでツッコむみたいになってしまって。だから２次試験の本質に気づくまでにかなり時間がかかりましたね。

ろい：それは独学受験生あるあるやろうね。ほかにも独学で後悔したこととか、ある？

けん：僕もあります！　僕は２回目の受験で合格したんだけど、最初の年はどうやって勉強したらいいかわからず、最小限の努力で受からないかなとちょっと背伸びして、効率的にやれないかってことばっかり考えてしまってました。

けし：独学だと周りがどれだけやってるのかわからないからね。

ふぞ：競走馬あってこそのレースなんかもしれんな。逆に予備校生とかどうなんかな？

さと：私はちょっと予備校の罠にはまりかけましたね。

ろい：罠……？　何それ？

さと：**予備校に通ってると、そこの２次対策カリキュラムをこなすことに集中しすぎて、結果的に過去問研究に割く時間が少なくなってしまった**んです。それって予備校生の落とし穴かもしれないですね。

けん：へぇー、予備校通ってても気をつけないといけないところはあるんだね。

ふぞ：ここまで勉強スタイルについての話が多かったけど、何かほかに受験生時代、予想外の展開になったこととか、ある？

みち：はい。また別の話になるんですけれども。何かこの資格って「転職に有利な資格」っていうイメージあるじゃないですか。だから職場の人に知られたら「こいつ転職する気じゃ」って誤解されそうだなと思ってこっそり勉強してたんですよ。

ふぞ：そういう人も多いやろな。

みち：でも１次試験直前に、どうしても公表しないといけない瞬間があって。それで**思い切って言ってみたら、意外とみんな応援してくれて**ですね。何か、隠す必要なかったなと。

ろい：それは周りの人もみんないい人やったんやろな。みっちーの日頃の態度もよかったんやろうし。

ただ：あ、でも僕の場合は逆ですね。

ふぞ：逆？　周りに言った？

ただ：僕ですね、正直、受かると思ってたんですよ。１次試験の結果も模試も滅茶苦茶よくて。だから周りに受験宣言しちゃってたんですよね。

ふぞ：めっちゃ強気やん！　そんだけ自信あったんやなぁ。

ただ：……からの２次試験敗退ですよ。この空気、想像できます？

さと：それ、怖いなぁ（笑）。

ろい：でもそのくらい**自分を追い込んで結果出す人もいる**からね。何が正解かはわからんな。それにしても、みんないろいろ持ってるねぇ。

ふぞ：じゃあそのような迷える子羊だったあの頃の自分に、何か一言声かけてやって。

けし：あの頃のけーし！　現代のテクノロジーを使え！　今はZoomもTwitterもある。そこで**早く勉強仲間を見つけて、相互採点をしたり勉強会を開催したり、工夫して独学の孤独から抜け出す**んだ！　そして**自分の解答に客観的な視点を入れろ！**

ただ：確かに、今の時代は離れてても切磋琢磨する相手を見つけることが可能になってるからね。

けん：僕もあの頃の自分に言いたい！　**小賢しく構えないで、泥臭く努力しろ！**　うまくやり切ろうとばかりせず、**この試験に慣れるために量をこなすことも必要**だぞ！

ふぞ：みんな熱いなー。さとは？

さと：あの頃の私！　予備校の問題ばっかりに頼らず、過去問から逃げずに真剣に向き合って、研究して！　**解答も解法も、誰かから教えてもらうのを待つだけじゃなくて、自分なりのスタイルを探すのよ！**

けし：それホント大事だよね。この試験は能動的になることで開ける試験だと感じるよ。

みち：僕は冷静に言いますね。もっと早く**「社員がこの資格を取得するメリット」や「受験にかかる期間やコスト」などを職場に伝えてほしい**。そしたら人事考課や自己啓発支援の対象に入れてもらえたかもしれない。

ろい：これは真剣な助言やな。

みち：まぁでも、最終的には周囲の理解者に恵まれたから、いいんですけどね。

ふぞ：よし、じゃあただ、最後トリで！

ただ：ただ！　妻に「保育園のママさん会で夫の受験のことは言わないで」と言っておけ！　**言う必要がある相手かどうか、しっかりと見極めるんだ！**

ろい：最後に力入ったな！　でも本当に今まさに頑張っている受験生に響く言葉たちやったと思うわ。皆さんも迷い道で長居しないように気をつけて。ではまた次回お会いしましょう！

～事例Ⅳのポイント・攻略法～

設問の汚し方が肝。単位、年数、制約など、マーカーして見落とさないようにする。

【3．10月某日放送「元・あの日に戻れたら受験生」】

《出演者》もっちゃん（以下、もつ）・マコト（以下、マコ）・がき（以下、がき）

ふぞ：さぁ、いよいよこの日がやって参りました。本日は試験直前スペシャル！「ヤメトーーク！！」の日でございます。皆さんの合格を祈って元気よくいってみましょう。今日の括りは何ですか？

もつ：僕たちは「元・あの日に戻れたら受験生」です！

ろい：満を持してふぞろった奴らが来たね。これ、どういうこと？

もつ：僕らはですね、早い話が受験日当日にやらかした奴らです。

ろい：それはもう、合否に直結やん。それで、何があったん？

もつ：余裕こいて試験会場にギリギリに到着するスケジュールで家を出てしまったんです……。電車が遅延したり、道に迷ったりしたら「遅刻」してしまうということに、家を出た後に気づきあたふたしてしまいました。

ふぞ：これはあかーーん！　こんなん平常心で試験受けられへんやん。

もつ：しかも、ようやく会場に着いたら、自分の席に別の人が座っていて……。「えっ？あれ？」って感じでもうパニックでした。しかも、声かけてもなぜかどいてくれなくて（泣）。

ろい：何それ怖すぎやろ！　えっ、何かの妖怪なん？？

もつ：早く家を出て余裕を持って会場に到着すれば、あの人よりも先に席に座れただろうし、事例Ⅰを平常心で受けられたと思います……。

ふぞ：なるほどなー、焼肉屋のオープンと**試験会場への到着は早さが大事！**

ろい：ちょっと何言ってるかわからんけど……マコトは何があったん？？

マコ：自分は難問にこだわってしまい、時間を大きくロスしてしまいました……。

ふぞ：あー、これは２次試験あるあるやな！　ズバリ事例Ⅳやろ！

マコ：そうです。令和２年度の事例Ⅳで**【難しすぎる★★★】**のNPVにムキになって取り組んでしまい、時間を浪費しました。時間がなくなって見直しが甘くなり経営分析も失敗、結果「C」判定で令和２年度は不合格となりました……。

ろい：これは悔しいな。**時間配分と取れる問題の見極めは大事**やな。その反省は令和３年度に生かせた？

マコ：はい！　令和３年度はNPVの問題を見た瞬間に後回しにして、記述とCVPに全精力を注ぎました！　解答を書いて、見直しまでしてから最後にNPVに取り組みましたが、（設問１）に少し数式書いた程度です。それでも点数は「79点」で大躍進でした！

ろい：これは凄いな。リベンジおめでとう！　じゃあ、次。がきは何があったん？？

がき：自分はシャーペンを多く持ちすぎてました……。

ふぞ：いやいや、どういうこと？　二刀流みたいなこと？

がき：自分すごく心配性で、「もし試験中にシャーペンが壊れたらどうしよう」って考え

～事例Ⅳのポイント・攻略法～

あきらめずに部分点狙い。

たら心配で心配で……。気がついたら0.5mm × ２本、0.3mm × ２本を握りしめてました。試験の最中も、うまく解答が書けないとシャーペンをとっかえひっかえして、筆圧も解答欄によって微妙に違うし、そもそもシャーペンを替えることと解答の内容は全然関係ないのに……。

ろい：**試験中は考えないといけないことが多いから、どっちのシャーペンを使うかで悩む時間はもったいない**なー。

がき：事例Ⅱで「まずアイテムの絞り込みを行い……」みたいな解答書いてるのに、自分はシャーペンを絞り込めずとっかえひっかえしていました……。

ふぞ：うまいこと言わんでええねん（笑）。

ろい：まぁいろいろあったけど、ホンマ皆、受かってよかったな。最後に受験生だったあの頃の自分に向けてメッセージをどうぞ。

もつ：**１時間前に会場に到着しろ！**　家でコーヒー飲んでる場合じゃないぞ！

マコ：悩む時間は無駄だ！　**難問はみんな解けない、解ける問題から進めるんだ！**

がき：**試験前にシャーペンは決めておけ！**　ちなみに、解答欄は思ってるより小さいから0.3mmの細さは強みになるぞ！　いや、でも0.5mmの力強さも捨てがたい。うーん、設問によって使い分けるのが……。

ふぞ：がき、あかーーん！　まだ絞り込めてないやんけ！

ろい：まあまあ、**とにかく試験前の準備が大事**ということやね。これからはふぞろいな診断士として頑張っていってください。そして現役受験生の皆さんには、当日こういった“元・受験生”のようにならないよう、**体調と精神を整えて受験に臨んでください**。皆さんの合格を心より祈っております。
それでは皆さん、また来年～！

Column

「最後まで諦めない」ことの大切さに気づいた合格年

「やってしまった…」。事例Ⅲ終了時に心のなかで思わずつぶやいた一言です。2020年、２次試験を初めて受けたとき、本番の緊張感と解答の整理がうまくいかなかったことから、事例Ⅲの解答記入残り20分頃から手が震えだして字が書けなくなりました。人生で初めての経験です。その後１年間、模試や演習では手の震えが起きることはありませんでした。

そして2021年の２次試験。本書を読んでいただけるとわかるかと思いますが事例Ⅲはかなりの難問。何度も解答を逡巡し、書き直すうちに、再び手の震えが始まりました。事前に「手が震えたら左手で利き手を押さえ固定すれば、なんとか字は書ける」と対応策を準備していたので、ギリギリ読める範囲の字を書くことができました。それでも震えた字ですし、最終問は少し余白を残してしまいました。もう事例Ⅳは考える気力もないし、適当にやって終わらせようかと思いましたが、自分自身の１年を否定するような気がして気力を絞りだしました。結果、合格。「とにかく最後まで諦めない」ことの大事さを学んだ気がします。あと「字は読めれば問題ない」ということもわかりました（笑）。　（がき）

～事例Ⅳのポイント・攻略法～

タイムマネジメント。わからない問題は後回し。できるところを正確に解く。

第3節 B答案！　何が足りなかった？
～合格基準に届くためには～

この節では、Ｂ答案とＡ答案を比較、分析します。Ｂ答案は各事例で50～59点の答案で、「あともう少し」で合格ラインのＡ答案（60点以上）に届きます。この「あともう少し」の要素が何なのか、どうすればA答案になるかを考えます。

事例Ⅰ～Ⅲの合計13問（設問単位）を対象にして、難易度別に分析を行いました。ふぞろい流の採点で得点率を算出したものが以下の表です。

	第１問	第２問	第３問	第４問	第５問
事例Ⅰ	★☆☆	★☆☆	★★☆	★★★	★★☆
事例Ⅱ	★☆☆	★★☆	★★★	★★★	
事例Ⅲ	★★☆	★☆☆	★★☆	★★☆	

難易度別平均得点率			
難易度	A答案	B答案	差
みんなができた	64.5%	57.4%	**7.1%**
勝負の分かれ目	65.8%	55.8%	**10.0%**
難しすぎる	61.5%	49.3%	**12.2%**

この表から読み取れることは、以下の３つです。①**難易度が上がるほど、Ａ答案とＢ答案の得点率の差が広がる。**②Ａ答案でも、比較的解答しやすい「みんなができた」に分類される設問で高得点を取っているわけではなく、**満点を狙った解答作成は非常に難しい。**③Ａ答案は「難しすぎる」に分類される設問でも**得点率６割以上を維持**している。

以上から、「比較的解答しやすい設問で満点を狙うのではなく、**難しい問題でも配点の半分以上の得点を狙い、満遍なく解答作成する**」という戦略が有効であると考えました。そこで、Ａ答案とＢ答案に差がみられる「難しすぎる」難易度の設問について両者の解答を比較し、Ｂ答案に足りない要素を考察します。

【Ａ答案とＢ答案の比較】

【Ａ答案】　事例Ⅰ　第４問（配点20点）　　　　【ふぞろい流採点】16点

①**外部連携をさらに強化**[5]し、事業案件に合わせた新規連携先の獲得を志向する。②販路開拓についても外部企業と協業で行い、**新規客の獲得**[4]と**売上拡大**[3]を図る。③**サプライチェーン管理を強化**[4]し**他社との差別化**[2]を図る。

【Ｂ答案】　事例Ⅰ　第４問（配点20点）　　　　【ふぞろい流採点】８点

外部への依存度が高い状態のため、①**外注管理を強化**[3]し品質を維持向上すること、②複数の**外部企業と連携**[5]しリスクを分散すること、③外部企業との定例会議実施など、連携強化を図ること、以上により発展させていく。

～家族の協力を得る方法～

なんでもない日にケーキを買って帰ってくる。

Ｂ答案は解答において②、③いずれもが「外部との連携」についての記述であり、内容がかなり重複しています。これにより、必要以上に文字数を使用しています。その分、Ａ答案にある「新規客の獲得」といった具体的な施策の効果が記述できていません。

【Ａ答案】　事例Ⅱ　第４問（配点25点）　　**【ふぞろい流採点】19点**

製	品	は	新	し	い	素	材	を	使	っ	た	菓	子	で	人	気	の	**和**	**菓**
子	**店**	**と**	**共**	**同**	**開**	**発**[6]	し	、	移	動	販	売	で	得	た	主	婦	層	の
ニ	**ー**	**ズ**	**を**	**反**	**映**[4]	し	た	も	の	と	す	る	。	新	商	品	の	モ	ニ
タ	ー	募	集	や	SN	S	へ	の	投	稿	依	頼	等	、	**双**	**方**	**向**	**交**	**流**[2]
で	**関**	**係**	**強**	**化**[4]	し	、	**固**	**定**	**客**	**化**[4]	と	**売**	**上**	**拡**	**大**[2]	を	図	る	。

【Ｂ答案】　事例Ⅱ　第４問（配点25点）　　**【ふぞろい流採点】10点**

新	し	い	素	材	を	使	っ	た	菓	子	で	人	気	を	博	す	**和**	**菓**	**子**
店	**と**	**協**	**業**[6]	し	て	商	品	を	品	揃	え	る	。	コ	ミ	ュ	ニ	ケ	ー
シ	ョ	ン	は	①	新	商	品	の	紹	介	な	ど	を	発	信	し	、	②	**顧**
客	**か**	**ら**	**の**	**感**	**想**	**を**	**収**	**集**	**し**	**て**	**商**	**品**	**開**	**発**	**に**	**反**	**映**[4]	し	、
③	販	売	日	な	ど	を	告	知	す	る	。								

事例Ⅱの基本、「ダナドコ」を使って解答することが有効だと考えられる設問ですが、Ｂ答案は「効果」について記述されていません。つまり、加点候補となる要素の一部が抜けてしまっています。また、コミュニケーション戦略の部分において「①新商品の紹介などを発信～」と記述し、さらに「③販売日などを告知する」と、同じ「情報発信に関する内容」を重複して表現しています。

【まとめ：Ｂ答案がＡ答案になるために】

Ｂ答案とＡ答案を比較しました。そのうえで、以下の２点を意識することが必要だと考えます。①**必要な構成要素を踏まえて解答する（記述のモレを防ぐ）**、②**多面的な解答にするためにも、重複した内容を書かない（記述のダブりを防ぐ）**。

多面的に、「モレなく・ダブりなく」な解答を意識することで、難問でも一定の点数を稼ぐことは可能です。その際、重要なのは解答の切り口・フレームワークの知識と活用です。以下に代表的なフレームワークを表記しますので、ぜひ参考にしてみてください。

事例	設問で問われていること	切り口・フレームワーク
Ⅰ	組織戦略（人事戦略）	幸の日も毛深い猫（採用・賃金・能力開発・評価・モチベーション・権限委譲・部門・階層・ネットワーク・コミュニケーション）
Ⅱ	施策・戦略	ダナドコ（誰に・何を・どのように＋効果）
Ⅲ	生産のIT化	DRINK（データベース・リアルタイム・一元管理・ネットワーク・共有）

～家族の協力を得る方法～

家事をやる。料理作る！　でも試験前は手をケガするからやめとく。

あとがき

親愛なる『ふぞろいな答案分析７』の読者の皆さま

このたびは本書をご購入いただき、ありがとうございます。皆さまの受験勉強に役立ちましたでしょうか。この本は、再現答案編と合わせて『ふぞろいな合格答案』のエピソード15とエピソード16のエッセンスを別途編集したものです。この『ふぞろいな合格答案』シリーズは、われわれプロジェクトメンバーだけでなく、多くの受験生および診断士受験生を応援している方々のご協力をいただき、世に出すことができました。この場をお借りして、読者の皆さま、ご協力いただいた多くの方々に厚く御礼申し上げます。

皆さんは、日々の試験勉強を行う時にどのような気持ちで取り組んでいますか？　高い成果を出すためには、「何をするか」だけでなく「どんな気持ちでするか」も大切な要素です。昭和期の商業評論家である倉本長治氏の言葉に「常に本日開店のときの心構えと努力を保てば、商店というのは必ず利益が上がるものだ」という言葉があります。開店初日は、店内の清掃、品ぞろえや接客など、最高の準備をしてその日を迎えるはずです。その気持ちを毎日持つことができれば、おのずと商売は上手くいくということを伝えているのだと思います。

皆さんが中小企業診断士の勉強を始めた時は、合格後のことを想像してワクワクしながら、好奇心や知識欲とともに、参考書の１ページ目を開いていたのではないでしょうか。合格を意識して試験勉強を進めていくなかでは、初めのころに抱いたそのような感情を忘れてしまった人も多いのではと思います。初心を持ち続けることは、新たな気づきを得ることや、モチベーションを高く維持する効果があり、きっと日々の勉強の成果を後押しするものになるでしょう。それは小さな変化かもしれませんが、たとえば１％の変化・成長を365日間続けることで、その効果は37.8倍になります。試験勉強を始めた時の「初心」をキーワードに、ぜひ日々の勉強を振り返ってみてください。

本書をお手に取った皆さまが、魅力的な診断士の世界に入ってきていただければと、この『ふぞろいな答案分析７』は製作されました。皆さまご自身の夢を実現するためのパートナーとして、手元に置いてご活用いただけますと幸いです。まだまだ発展途上な部分もあるかと思います。皆さまの温かい叱咤激励や、ご意見・ご要望を頂戴できればと思います。

最後になりましたが、診断士試験に臨む皆さまがいつもどおりの力を発揮し、見事合格されますことを当プロジェクトメンバー一同祈念しております。

ふぞろいな合格答案プロジェクトメンバーを代表して
仲光　和之

【編集・執筆】

仲光　和之　玉川　信　中島　正浩　髙橋　賢人　一条　真
柏原　雄太　おみそ

◆ふぞろいな合格答案エピソード15

沖　忠彦　飯田　裕貴　小峰　智之　宮本　咲子　宮下　聡一郎
山本　桂史　石垣　健司　志田　遼太郎　赤坂　優太　関　聡恵
山本　勇介　中島　正浩　谷口　美保　篠田　章秀　浦野　歩
髙橋　賢人　高橋　健也　梅田　さゆり　安田　昭仁　三井　崇史
一条　真　籾井　裕次　小林　正樹

◆ふぞろいな合格答案エピソード16

野中　聡志　岩村　隼人　いのっち　柏原　雄太　おみそ
勝又　明彦　梶原　勇気　小山　俊一　亀井　周斗　けーた
伊丹　千里　今泉　卓真　樋口　光夏　池田　一樹　中村　宇雄
耳川　直諒　中村　泰規　松本　江利奈　神竹　穂香　たくろう
立木　淳之介　梶原　駿　尾関　将徳　樋口　友則

2024年 5月10日　第1刷発行

ふぞろいな答案分析７【2022～2023年版】

ⓒ編著者　ふぞろいな合格答案プロジェクトチーム
発行者　脇　坂　康　弘

〒113-0033　東京都文京区本郷2-29-1
TEL. 03（3813）3966
FAX. 03（3818）2774
URL　https://www.doyukan.co.jp
発行所　株式会社同友館

乱丁・落丁はお取替えいたします。　三美印刷
ISBN 978-4-496-05703-8　Printed in Japan